U0119445

蘭臺出版社

中國文化研究叢書第一輯 7

總編纂 党明放

唐代諫議制度與文人

丁家桐題

傅紹良 著

中國學術研究叢書系列
總編纂　党明放

中國文化研究叢書第一輯

党明放　　鄭茂良、陳　濱　肖愛玲　韋明鏵　許友根
艾永明　　傅紹良　　王　勇　李憲堂　雷　戈

《中國學術研究叢書》出版總序

党明放

　　國學，初指國立學校，明置中都國子學，掌國學諸生訓導政令。後改稱中都國子監，國子監設禮、樂、律、射、御、書、數等教學科目。

　　國學，廣義指中國歷代的文化傳承和學術記載，狹義指以儒學為主的中國傳統學說，根據文獻內容屬性，國學分經、史、子、集四類，各有義理之學、考據之學及辭章之學。

　　國學是以先秦經典及諸子百家為根基，涵蓋了兩漢經學、魏晉玄學、隋唐佛學、宋明理學、明清實學和同時期的先秦詩賦、漢賦、六朝駢文、唐詩宋詞元曲與明清小說等一脈特有而完整的文化學術體系，並存各派學說。

　　學術，指系統而專門的學問，是對客觀事物及其規律的學科化。學問，學識和問難，《周易》：「君子學以聚之，問以辯之。」而自成系統的觀點、主張和理論，即為學說，章炳麟《文略》：「學說以啟人思，文辭以增人感。」無論是學術、學問、學說，皆建立在以文化為主體之上。

　　「文化」一詞源於拉丁文 Colere，本義開發、開化。最早將其作為專門術語加以運用的是英國文化人類學創始人愛德華・泰勒（Edward. B. Tylor 1832—1917），他在《原始文化》書中寫道：「文化或文明是一個複雜的總體，它包括知識、信仰、藝術、道德、法律、風俗以及作為一個社會成員的個人通過學習獲得的任何其他的能力和習慣。」

　　人類社會可劃分為政治部分、文化部分和經濟部分。一個國家，有其政治制度、文化面貌和經濟結構；一個民族，有其政治關係、文化傳統和經濟生活。在人類社會發展進程中，文化是「源」，文明是「流」。文化存異，文明求同。

　　文化是產生於人類自身的一種社會現象。《周易》云：「觀乎天文，以察時變。觀乎人文，以化成天下。」東漢史學家荀悅《申鑒》云：「宣文教以章其化，立武備以秉其威。」南齊文學家王融〈曲水詩序〉云：「設神理以景俗，敷文化以柔遠。」

　　文化是人類的內在精神和這種內在精神的外在表現。文化具有多方的資源、特質、滯距，以及不同的選擇、衝突和創新。

　　文化分為物質文化、精神文化和制度文化。文化不僅在人類學、民族學、社會學、考古學，以及心理學中作為重要內涵，而且在政治學、歷史學、藝術學、經濟學、倫理學、教育學，以及文學、哲學、法學等領域的核心價值。

　　文化資源包括各種文化成果和形態。比如語言、文字、圖畫、概念、遺存、精神，以及組織、習俗等。其特性主要體現在文化資源的精神性、多樣性、層次性、區域性、集群性、共享性、變異性、稀缺性、潛在性以及遞增性。

　　歷史文化資源作為人類文化傳統和精神成就的載體，構成了一個獨立的文化主體，並具有獨特的個性和價值，可分為自然文化資源和社會文化資源，自然文化資源依靠文化提升品味，依靠時間形成魅力；社會文化資源包括人文景觀、歷史文化和民俗風情等。

　　民族文化資源具有獨特性、融合性和創新性，包括有形的文化資源和無形的精神文化資源，諸如：民俗節慶、遊藝文化、生活文化、禮儀文化、制度文化、工藝文化以及信仰文化等。

　　我國是一個多種宗教並存的國家，諸如佛教、道教、基督教、天主教以及伊斯蘭教等，在漫長的歷史發展進程中，各類宗教和宗教派別形成了寶貴的宗教文化資源。宗教文化具有很大的包容性，幾乎囊括了從哲學、思想、文學、藝術到建築、繪畫、雕塑等方面的所有內容，並且具有很大的旅遊需求和開發價值。

　　文化資源具有社會功能和產業功能。社會功能具有明顯的時代性、可變性、

擴張性、商品性、潛在性，以及滯後性，主要體現在促進文化傳播、加強文化積累、展現國民風貌、振奮民族精神、鼓舞民眾士氣和推動文明建設等方面。

文化是一個國家和民族的凝聚力、生命力和影響力的集中體現。人類文化的交往，一種是垂直式的，稱之為文化傳遞；一種是水平式的，稱之為文化傳播。垂直式的文化交往屬於文化積累，或稱文化擴散，能引發「量」的變化；水平式的文化交往屬於文化融合，或稱文化采借，能引發「質」的變化。一切文化最終將積澱為社會人群的內涵與價值觀，群體價值觀建築在利它，厚生，良善上，這族群的意識模式便影響了行為模式，有了利它，厚生為基礎的思維模式，文化出路便往利它，厚生，豐盛溫潤社會便因之形成。這個群體因有了優質文化而有了安定繁盛的社會，生活在其中的人們可以快樂幸福。

東漢王符《潛夫論》云：「天地之所貴者，人也；聖人之所尚者，義也；德義之所成者，智也；明智之所求者，學問也。」歷代學人為了文化進程，著手文獻整理，進行編纂，輯佚，審校，註釋，專研等，「存亡繼絕」整校出版文化傳承工作。

蘭臺出版社擬踵繼前人步伐，為推動時代文化巨輪貢獻禹人之力，對中國傳統文化略盡固本培元，守正創新，傳佈當代學界學人，對構建中國傳統文化研究的成果，將之整理各類叢書出版，除冀望將之藏諸名山，傳諸百代之外，也將為學人努力成果傳佈，影響更多人，建立更好的優質文化內涵。並將此整校編纂出版的重責大任，視其為出版者的神聖使命，期盼學界學人共襄盛舉！

蘭臺出版社社長盧瑞琴君致力於中國文化文獻著作的整理出版，首部擬策劃出版《中國學術研究叢書》，接續按研究主題分類，舉凡國家制度、歷史研究、經濟研究、文學研究、典籍史論，文獻輯佚、文體文論、地理資源、書法繪畫、哲學思想，倫理禮俗，律令監督，以及版本學、考古學、雕塑學、敦煌學、軍事學等領域，將分門別類，逐一出版。邀稿對象多為國內知名大學教授、社科機構研究員，以及相關研究領域裡的專家和學者的專業研究成果為主，或國家社會科學、文化部、教育部，以及省級社科基金項目的代表性科研成果，諸位教授主持國家社科基金重大招標項目，以及擔任部省級哲學、社會科學重大攻關項目首席專家，並且獲得不同層次、不同級別、不同等級的成果獎項為出版目標。

　　中國文化研究首部《中國學術研究叢書》的出版，將以此重要的研究成果，全新的文化視野，深邃厚重的歷史文化積澱和異彩紛呈的傳統文化脈絡為出版稿約。

　　清人張潮《幽夢影》云：「著得一部新書，便是千秋大業；注得一部古書，允為萬世宏功。」人類著述之根本在於人文關懷。叢書所邀作者皆清遠其行，浩博其學；學以辯疑，文以決滯；所邀書稿皆宏富博大，窮源竟委；張弛有度，機辯有序。

　　文搜百代遺漏，嘉惠四方至學。《中國學術研究叢書》開啟宏觀視覺，追溯本紀之源，呈現豐贍有趣的文化圖景。雖非字字典要，然殊多博辯，堪為文軌，必將為世所寶。

　　瑞琴君問序於余，鄙人不才，輒就所知，手此一記，罔顧辭飾淺陋，可資通人借鑒焉。

王寅端月識於問字庵

作者係文化學者、蘭臺出版社駐北京總編輯、中國學術研究叢書總編纂

目　錄

總　序　V

緒　論　1

第一章　唐代諫官制度與文人政治地位的確立　39
　　第一節　唐代諫官體系的設置與運作　39
　　第二節　唐代政治意義上的文學　53
　　第二節　唐代諫官任職資格中的文學因素　63

第二章　唐代諫官中的文學家　73
　　第一節　唐代低級諫官中的文學家　73
　　第二節　唐代高級諫官中的文學家　84
　　第三節　唐代諫諍風氣與文學家諫官的命運　97

第三章　唐代的儒學與諫官　114
　　第一節　唐朝開國時期的諫官與王通的儒學　114
　　第二節　唐代的經學家與諫官　132
　　第三節　儒家諫政意識與唐代君臣之學　148

第四章　唐代文學家諫官中的道隱角色　163
　　第一節　道家的政治道德與諫諍意識　163
　　第二節　唐代道教的政治理性　175
　　第三節　唐代的道隱與諫官　186
　　第四節　唐代文學家諫官與道隱特徵　192

第五章　唐代文人的諫臣意識與文學意識　202

第一節　貞觀時期諫官的文學設計　202

第二節　陳子昂的諫臣意識與唐詩的自我確認　214

第三節　中唐文學家的諫臣意識與詩文革新思潮　226

主要參考文獻　244

後　記　256

緒　論

　　中國古代政治文化是一個看似簡單其實又十分複雜的結構。說它簡單，是
因為其基本特徵就是君主專制，所謂「二千年之政，秦政也。」說它複雜，是
因為構成中國古代政治文化的諸多因素，如君主權威、倫理秩序、禮法仁德等，
既具有悠久深遠的歷史蘊含，又具有強烈的時代特色。特別是作為政治主體的
帝王和官僚，自秦漢以後，已逐漸與文學相結合，到唐代科舉以詩賦取士，文
學與政治在政治功用上實現了真正的結合。而作為文學主體的人，無論是作家
本身還是文學人物，又在有意無意間成了政治的組成部分。文學離不開政治，
政治需要文學，這是中國古代政治文化主要特色。簡言之，我們說中國古代政
治文化複雜，就是因為它十分細膩而深刻地揭示了在所謂專制政體下文人為實
現其政治角色而進行的政治實踐，其中的社會關係、思想演變、精神情操等等，
是多麼的豐富、深邃、多變。作為一項從事政治與文學研究的課題，本文任務
就是要通過唐代諫官與文學的關係，從複雜的政治文化中充分認識中國的文人
與文學。

「有限君權」：諫諍的理論基礎

　　儒家思想並沒有「君權有限」這個概念，這個概念來自於西方政治學。中
國古代政治文化中，治國理論發達，而政治體制理論貧弱。我們現在使用的許

多有關政治體制的術語，包括「君主制」或「君主專制制」也都來自於西方的政治學理論。茲先將其大略梳理一下。

　　從古希臘的柏拉圖、亞里士多德到十九世紀的聖西門、馬克思、恩格斯，幾千年的西方政治思想史上，政體理論派別眾多，觀點紛雜。概而言之，西方政治思想「大歷經歷了自然政治觀、神學政治觀和權利政治觀幾個階段。」古希臘、羅馬時代是自然政治觀，中世紀基本是神學政治觀，從十五世紀到現代，基本是權利政治觀。[1] 無論在哪個階段，他們討論的基本內容都是君主制、貴族制和民主制（共和制）三種形態，而且對這三種政體的規定也大同小異。如亞里士多德說：「政體（政府）的以一人為統治者，凡能照顧全邦人民利益的，通常就稱為『王制（君主政體）』。凡政體的以少數人，雖不止一人而又不是多數人，為統治者，則稱『貴族（賢能）政體』——這種政體加上這樣的名稱或是由於這些統治者都是『賢良』，或由於這種政體對於城邦及其人民懷抱著『最好的宗旨』。末了一種，以群眾為統治者而能照顧到全邦人民公益的，人們稱它為『共和政體』。」[2] 斯賓諾沙說：「由眾人的力量所確定的共同權利通常稱為統治權，它完全被授予這樣一些人，這些人根據共同一致的意見管理國家事務。……如果這些職能屬於由眾人全體組成的大會，那麼這個國家就叫做民主政體；如果屬於僅僅由選定的某些人組成的會議，這個國家就叫做貴族政體；最後，如果國家事務的管理以及隨之而來的統治權被授予一個人，那麼這個國家就是君主政體。」[3] 盧梭說：「第一種形式是把政府委任於全體人民。或者委任於其中的絕大部分的人，使行政官的人數多於單獨公民的人數。這種形式叫做民主制。第二種形式是主權者把政府委任於少數人，使普通公民的數目多於行政官的人數。這種形式，叫做貴族制。第三種形式是，主權者把政府集中於一個人，其餘所有的人的權力，都從他那裡取得。這個一人政府即為皇家政府。這種形式叫做國君制。第三政府形式最為常見。」[4] 從他們對三種基本政體的規定中我們不難看出，西方政治學家劃分政體類型的基本原則是在如何處

1　參見徐大同，〈西方政治思想史的基本線索〉，《中西政治文化論叢‧第一輯》（天津：天津人民出版社，2001），頁 5–56。

2　亞里士多德，《政治學》（北京：商務印書館，1997），頁 133。

3　斯賓諾沙，《政治論》（北京：商務印書館，1999），頁 19。

4　盧梭，〈社會契約論‧第三卷〉，《西方四大政治名著》（天津：天津人民出版社，1998），頁 516。

理最高權力與最高統治者的關係。在任何一種政體下，最高權利都是民眾利益。然而在不同的政體下，最高權力的行使權往往不同。在貴族政體下，行使最高權力的是少數「賢能」，在共和政體（民主政體）下，行使最高權利的是某一代表全民的組織，在君主制度下，行使最高權利的是君王。由於在十五世紀以前，西方社會制度多以君主制為主，所以盧梭說這種政體「最為常見」。不僅如此，西方政治理論中有關君主制的論述也最為豐富。西方人對君主制的態度比較複雜，有的贊成，有的批判，有的主張在維持的前提下予以改造。其基本傾向是尊重法律，兼顧權力，公正平等，為此，他們幾乎無一例外地將君主制與專制暴政區別開來。如「蘇格拉底把建立在人民意志和國家法律基礎上的政權稱之為君主制；把違反民意，不是建立在法律而是建立在統治者專橫之上的政權稱之為暴君制。」[5] 中國當代政治理論學者注意到了西方政體理論中的這一特色，指出：「顯然，這裡提出了一個頗為奇特的君主制概念，這個概念與我們今天對於君主制的理解頗為不同。這表現為，儘管權力仍由君主一人行使，但君主的權力受到兩點限制。其一，君主的所作所為必須符合人民的意志，即人民的利益，全社會的利益。其二，君主要以法從事，他要在法律的範圍內活動，受法律的約束。這種君主制和個人獨攬大權，不顧民意，無法律約束的專制主義當然不同。」[6] 的確，從古希臘、羅馬到中世紀再到近現代，西方政論家多從概念上將君主政體與專制政體區別開來，並賦予不同的感情色彩。如柏拉圖將政體分為君主政體、僭主政體、貴族政體、寡頭政體、民主政體、暴君政體六種，其中君主政體和僭主政體的共同點是「一人專政」，不同點是前者依法進行統治，並得到被統治者的擁戴，後者用暴力進行統治，其統治權力的獲得是不合法的。在柏拉圖看來，「一人專政的政府，如果是根據好的成文法律來統治，就是六種政府中最好的；可是如果他不根據法律，那就是最無情的，對他的國民的壓迫也是最屬害的。」[7] 亞里士多德把君主政體分為五類：「第一，史詩時代的古制，王位由人民所公推，而權能限於領軍、主祭和裁斷法案。第二，蠻族君王出於世襲，雖說憑成法進行統治，但具有專制的權力。第三，所謂民選總裁，只能算是一種公推的僭主。以及第四，斯巴達式的諸王，他們是

5　蔡拓，《西方政治思想史上的政體學說》（北京：中國城市出版社，1991），頁 29。

6　蔡拓，《西方政治思想史上的政體學說》（北京：中國城市出版社，1991），頁 29。

7　柏拉圖，〈政治家〉，《西方法律思想史資料選編》（北京：北京大學出版社，1983），頁 18－19。

世襲的統帥，終身握有軍事指揮的權力。……第五，是具有絕對權力的君主，由他一人代表整個氏族或整個城市，全權統治全體人民的公務；這種形式猶如家長對於家庭的管理。」[8] 儘管亞里士多德在政治態度上主張建立「法治」的政府，但他對君主制並未否定，因為他認為君主制的存在是必然的，合理的，他說：「最優良的政體就該是由最優良的人們為之治理的政體。這一類型的政體的統治者或為一人，或為一宗族，或為若干人，他或他們都具有出眾的才德，擅於為政，而且邦內受治的公眾都有志於，也都適宜於，人類最崇高的生活。……凡是可使人們成德達善的教育和習慣的訓練也同樣可以用來教育並訓練成一個優良的政治家或一個優良的君王。」[9]「如果一個家族，或竟是單獨一人，才德遠出於眾人之上，使他為王，這就是合乎正義的了。」[10] 然而，同柏拉圖一樣，亞里士多德對不依法治國的暴君專制政體——「僭主政體」是非常鄙夷甚至是堅決否定的，他認為那是「絕對君主政體的反面型式」，因為在那種政體下，「單獨一人統馭著全邦所有與之同等或比他良好的人民，施政專以私利為尚，對於人民的公益則毫不顧惜，而且也沒有任何人或機構可以限制他的權力……這是暴力的統治，所有世間的自由人當然全都不願忍受這樣的制度。」[11] 即使是神權政治家阿奎那，在推崇君主政體的同時，也強調法的作用，認為它是「人們賴以導致某些行動和不做其它一些行動的準則或尺度」，[12] 他認為，在上帝的意旨下建立的一種符合神法的政體，應該是由一位德行高超的人來治理國家，另一批有德行的人參與治理，在這個政體中，應該讓大家都在某一方面參與政治。[13] 顯然，這已不是簡單意義上的君主專制主張，而具有君主制與民主制相結合的混合政體特徵。所以在神學政治那裡，君主制度的理想形態也不是專制，而是在尊重法律的基礎上君臣共治。斯賓諾沙對君主的絕對權利也是持否定態度的，他認為，即使君主享有至高無高的權利，君主的行政行為也不是毫無約束的，只有在依法為政的前提下行使自己的權利，才是一個成功的君王：「愈是將國家的權利無保留地交付給一個君主，這個君主就愈不享有自己的權利，

8　亞里士多德，《政治學》（北京：商務印書館，1997），頁 161。

9　亞里士多德，《政治學》（北京：商務印書館，1997），頁 173–174。

10　亞里士多德，《政治學》（北京：商務印書館，1997），頁 173。

11　亞里士多德，《政治學》（北京：商務印書館，1997），頁 203。

12　馬清槐譯，《阿奎那政治著作選》（北京：商務印書館，1982），頁 104。

13　參見徐大同，《西方政治思想史》（天津：天津人民出版社，2000），頁 82。

而其國民的情況就愈是不幸。因此，為了適當地加強君主起見，必須使它建立在若干堅固的基本原則之上。依據這些基本原則，君主得到安全，民眾得到和平，從而保證在君主最充分考慮民眾的福利時，他也能充分享有自己的權利。」[14]在十八世紀斯賓諾沙的政體理論中，君主制與專制制被明確區別開來，他說：「政體有三種，共和政體、君主政體、專制政體。共和政體是全體人民掌握最高權力的政體；君主政體是一人單獨執政，但遵照固定的、已確立的法律行事的政體；專制政體是既無法律、又無約束，由單獨一人按照自己的意志和一時的心血來潮來指揮一切的政體。」[15]而且這三種政體的為政方式也明顯不同：「共和國需要品德，君主國需要榮譽；而專制政體則需要恐怖。」[16]與西方傳統的政體分類相比，孟氏不再從執政者的數量上來規定政體，不再拘泥於一個人、少數人還是全體人執掌政權，而是突出法律在國家事務中的地位和作用，建立了一種質量原則，將君主也納入了憲法約束之中。不再把專制作為君主制度的變態，這不僅僅是理論上改進，而是從法律的角度重新給君主一個確認，明確了君主不是超凌於憲法之上的存在，其行政權應受到司法權、立法權諸方面制約。而一旦他將諸種權利集於一身，享有無限權利的話，那麼這個國家便不是君主制，而是專制制。「在專制政體下，君主把大權全部交給他所委任的人們。……在專制的國家裡，政體的性質要求絕對服從。君王的意志一旦發出，便應確實發生效力。……在專制的國家裡，絕無所謂調節、限制、和解、條件、等值、商談、諫諍這些東西。」[17]而且，在君主制與專制制下，執政的手段和效果也是明顯相反的，君主政體「具有另一個動力，這就是榮譽。榮譽就是每個人和每個階層的成見，它代替了我所說的政治品德，並且處處做品德的代表。在君主國裡，它鼓舞最優美的行動；它和當律的力量相結合，能夠和品德的本身一樣，達成政府的目的。」而在暴君的專制下，這種榮譽感是行不通的，「榮譽怎能為暴君所容忍呢？它把輕視生命當作光榮，而暴君之所以有權力在於他能剝奪別人的生命。榮譽怎麼容忍暴君呢？榮譽有它所遵循的規律和堅定不移的意欲，而暴君沒有任何規律，他的反覆無常的意欲毀滅其他一切人的意欲。」[18]

14　斯賓諾沙，《政治論》（北京：商務印書館，1999），頁49–50。
15　孟德斯鳩，《論法的精神》（北京：商務印書館，1982），頁26。
16　孟德斯鳩，《論法的精神》（北京：商務印書館，1982），頁26。
17　孟德斯鳩，《論法的精神》（北京：商務印書館，1982），頁26。
18　孟德斯鳩，《論法的精神》（北京：商務印書館，1982），頁24、26。

可見，在西方政治學家那裡，君主制度與專制制度是有區別的，其根本的區別在於如何運用權力。君主擁有最高的執政權，但卻並非最絕對意義上的最高權力的擁有者。一個君王如果意識到自己權力的有限性，那麼，他就是有可能使君主制走向正常；如果一個君王一直以為自己擁有絕對的權力，那麼他就會成為一個千夫所指的獨裁者、暴君。因此，無論在哪個階段，無論是推崇哪一種政體的人，都十分注意對君王權力的制約。綜而論之，實現這種制約可從內在和外在兩方面著手。

從外在方面來說，就是實行混合政體。柏拉圖在其〈法律篇〉中說：「有兩種典型的國家形式，其他國家形式可以說都是從這兩種典型推演出來；我們稱一種為君主制，稱另一種為民主制；波斯體現了前一種典型，雅典體現了後一種典型。我們可以這樣說，所有其他國家，都是不同程度地按照這兩種形式構成的。那麼，如果我們選擇自由而又把它與智慧（注：此指法律）妥善地結合，就可以在一個國家中具有這兩種形式的政府，這樣得出的結論是什麼呢？我們的結論是，一個國家如果不是由這兩種因素組成，就不可能是治理得最好的國家。」、「我們如果一方面受專制的統治，另一方面又和自由政府中的較溫和的一種（注：此指混合政體）混合起來，我們便可以發現它們享受到最高的繁榮。」[19] 在這種政體下，君主的權利因法律而受到部分制約，亞里士多德把這種制約下的君王稱為「依法為政的君王」，這種君王「為政遵循法律，不以私意興作」，與享有絕對權利的君王相比，這種君王是「有限君王」。[20] 對於不依法為政的君王，西方政治學提出了質疑：「如果君主命令去做違背神法的事情，臣民們也必須服從他嗎？對實行壓迫和毀滅國家的君主進行反抗是合法的嗎？」最後有人肯定地說：「可以進行這種反抗，直至殺死暴君。」[21] 這種約束，從基本的行政原則到最終的政治命運給君王以明確的規定，它清楚地指明了君王的權利、職責以及違背法律或民心後可能受到的懲處，它表明君王的權利是有限的。

內部的約束則主要來自於君王的道德自律。阿奎那認為：「由於君主獲得

19　柏拉圖，〈法律篇〉，《西方法律思想史選編》（北京：北京大學出版社，1983），頁22、23。

20　亞里士多德，《政治學》（北京：商務印書館，1997），頁167。

21　〔義〕薩爾沃·馬斯泰羅內，《歐洲政治思想史》（北京：社會科學文獻出版社，1992），頁58。

了廣泛的權力，除非這個大權在握的人具有完美的德性，君主政治就很容易蛻化為暴君政治。」不過他把君王道德自律的權力賦予了上帝，「他規定他們（君王）應當怎樣潔身自好，不應『擴大他們的車輛、馬匹或妻妾的數目，也不應蓄積龐大的財產』，因為從這種欲望出發，君王就會立刻變成暴君，並且背離正義。他也規定他們應當以怎樣的態度對待上帝，要他們『經常研究和考慮上帝的律法，始終服從和畏懼上帝』。最後，他規定他們應當怎樣對待他們的臣民，不得『傲慢地輕視他們，不得壓迫他們，也不得侵害他們的權利』。」[22] 這種來自內部的約束，主要是以上帝的名義對君王的生活習慣、行為規範及為政原則提出明確的要求，讓君王自覺地履行這種責任和義務。

綜上所述，在西方政治學家那裡，專制制度是最不能容忍的。好的君主政體是正義的政治，而壞的君主政體則是非正義的政治。實行正義的政治需要幾個要件：首先是君主自身優良的德性；其次是切實可行的法律；再次是普遍而深層次的民眾關懷。如果君主政體不具備上述條件，那麼君主則可能變成暴君，而君主政體則會變成專制的、獨裁的政體。就是說，在君主制度下，君王雖然享有最高地位，是一個國家當然的最高統治者；但是在執政過程中，他們並不能隨心所欲地行使國家的最高權利。一旦他們凌駕於道德法律之上，肆無忌憚地毀滅一切公正和原則時，君主制度便演變為專制制度。所以，他們認為，君權有限的君主制度是最好的政體。

在古代中國，儒家知識分子（包括政治理論家）「從未對君主制產生過懷疑」[23]，所謂「孔子三月無君，則皇皇如也」[24]、「天子勢位最尊，無敵於天下。」[25] 眾所公認，「儒家學說，可謂中國民族精神之說明者。」[26]，所以有人認為，「在中國，孔子學說被當作封建專制主義的理論基礎，時間長達二千年之久。」[27] 這種看法是不全面的。孔子及儒家思想固然不反對君主制度，但他們決不提倡和擁護無限君權制，儒家無論是在理論上還是實際上，都是反對暴政，

22　馬清槐譯，《阿奎那政治著作選》（北京：商務印書館，1982），頁 130。

23　〔美〕杜維明，《道‧學‧政——論儒家知識分子》（上海：上海人民出版社，2000），頁 28。

24　《孟子‧滕文公下》。

25　《荀子‧正論》。

26　楊幼炯，《中國政治思想史》（北京：商務印書館，1998），頁 11。

27　蔡尚思，《孔子思想體系》（上海：上海人民出版社，1982），頁 224。

推行仁政，並盡可能從觀念和行為上對君王權力有所約束，從而達到「君權有限」的理想政治效果。

如何約束王的權力是古代中西方學者經常討論的話題。由於君王擁有了最高地位和權力，所以能夠約束他們、實現「君權有限」的主要手段不多。作為一種理想政治的設計，他們認為約束君王的手段主要可分為內外兩方面。內在的指道德和人格的自律，外在的指行之有效的法律和行政制度。西方政治學者認為，完全自覺的人格自律在君王那裡是很難實現的，君王權力的約束和限制的手段主要是「依法為政」[28]。盧梭說：「我們始終把君主當成一個由法律力量構成的道德的和集體的人格，當成國家行政力的受托者來看待的。……作為一個絕對的國王，絕對有效的方法，莫過於自己受到人民的愛戴。這是一個非常美的準則。……然而，很明顯，它是不穩定的，是有條件的。君主們絕對不會接受這一準則。即使是最好的國王，他也想為所欲為。」[29]而只有法律才能約束君王的「為所欲為」：「君主政體是這樣一種政體，各個分子集合於政府的元首一人之下，但是這個元首既不是絕對的指導者，也不是獨斷的統治者，而是一種權力，它的意志一樣要受法律原則的制約，和臣民的服從法律並無區別。」[30]西方政治學家的這種法律意識在中國儒家知識分子的政治理念中表現得並不強烈，因為中華法系是一種倫理化的法律制度，儒家倫理道德在中華法系的形成過程中起了重要的作用。法律史家認為，中華法系有五大特點：（1）皇帝是最高的立法者和最大的審判官；（2）法律受儒家道德觀念的深刻影響；（3）家族法在法律體系中占有重要地位；（4）「諸法合體」，司法受行政的干涉；（5）法律經常受其他法律形式的補充和制約。[31]這樣的法律體系，對皇帝的絕對約束是不存在的，因此，不可能出現西方政治學家所描述的「它的意志要受法律原則的約束」的情形，相反，儒家「尊王忠君」的道德觀念，以一種絕對的等級把君王與臣民劃開，使其不可能與臣民一樣去遵守一定的法律。

那麼是不是儒家思想容忍帝王違反法律，為所欲為呢？當然不是。儒家以「仁」和「禮」為核心的道德倫理體系，是一個具有超法律意義的政治行為和

28　亞里士多德，《政治學》（北京：商務印書館，1997），頁 167。

29　盧梭，〈社會契約論〉，《西方四大政治名著》（天津：天津人民出版社，1998），頁 522–523。

30　黑格爾，《歷史哲學》（上海：上海書店出版社，1999），頁 121。

31　張晉藩，〈中華法系特點探源〉，《法律研究》，第 4 期（1980）。

社會秩序評判準則，不僅臣民要服從，帝王也必須要遵守，這是儒家政治家所設計的「君權有限」的理論基礎。本著「仁」和「禮」這一評判原則，儒家知識分子主要從道德倫理和敬天保民兩方面去思索約束君王的有效辦法。相較而言，道德倫理偏重於內在的人格自律，敬天保民偏重於外在的力量攝控。不過，在實踐操作過程中，這兩方面卻是二而一、一而二的。具體來說，儒家知識分子所設計和實踐的對君權的約束機制主要有以下幾個方面。

首先，「修己以安人」的道德修養。儒家基本的政治範疇是「仁」、「義」、「禮」、「智」、「信」，這些範疇既是政治的，也是道德的，既是針對臣民的，也是針對君王的。在中國人的觀念中，天下是國的擴大，國是家的擴大，因而君王是天下大家的「家長」。「這個政府與其說是管理民政，毋寧說是管理家政。」[32]而他要擔起治理天下國家的重任，就必須以自身為本，從「修身」開始。孟子說：「人有恆言，皆曰『天下國家』。天下之本在國，國之本在家，家之本在身。」[33]君王只有加強自身的道德修養，才能施惠於百姓，贏得天下人的愛戴，孔子把它稱之為「修己以安人」、「修己以安百姓」[34]。因此，在儒家那裡，為政並不神秘，「其身正，不令而行；其身不正，雖令不從。」、「苟其身正矣，於從政乎何有？不能正其身，如正人何？」[35]。因此，「修己以安人」的思想成了君王為政的「規矩」成了他必守之道：「規矩，方員之至也；聖人，人倫之至也。欲為君，盡君道。」、「愛人不親，反其仁；治人不治，反其智；禮人不答，反其敬。行有不得者皆反求諸己，其身正而天下歸之。」[36]在一個重人治的國度，君王的道德修養往往是治國平天太下之本：「知所以修身，則知所以治人；知所以治人，則知所以治天下國家矣。」[37]「君仁，莫不仁；君義，莫不義；君正，莫不正。一正君而國定矣。」[38]

其次，以「禮」為紐帶的君臣關係。西方法學家也認識到了中國古代重「禮」的特點，孟德斯鳩說：「中國的立法者們主要的目標，是要使他們的人

32　孟德斯鳩，《論法的精神》（北京：商務印書館，1982），頁 129。

33　《孟子·離婁上》。

34　《論語·憲問》。

35　《論語·子路》。

36　《孟子·離婁上》。

37　《中庸·二十章》。

38　《孟子·離婁上》。

民能夠平靜地生活。他們要人人相互尊重，要每個人時時刻刻都感到對他們負有許多義務；要每個公民在某個方面都依賴其了公民[39]，他們制定了最廣泛的『禮』的規律。」[40]「禮」是儒家最高的行為規範，是治國之基本方略。孔子曰：「為國以禮」（《論語·先進》），「上好禮，則民莫敢不敬。」（《論語·子路》），「上好禮，則民易使。」（《論語·憲問》）。即使是所謂「君君，臣臣，父父，子子。」，也是在「禮」規範下的一種嚴格的人倫秩序，為此，孔子提出了這樣的君臣關係：「君使臣以禮，臣事君以忠。」（《論語·八佾》）。在這個關係中，「忠」也是一種禮，是臣對君應盡的義務，這也是儒家「忠君」觀念的最原始的表達。然而臣盡「忠」的義務的前提是「君使臣以禮」，這裡所說的「禮」，並不是簡單的「禮貌」，而是一種由宗教、法律、風俗、禮儀組合而成的為政風範和道德品質。《荀子·子道》篇中記載了孔子與弟子的一段對話，足以說明這一點。「魯哀公問孔子曰：『子從父命，孝乎？臣從君命，貞乎？』三問，孔子不對。孔子趨出，以語子貢曰：『向者君問丘也，曰：子從父命，孝乎？臣從君命，貞乎？三問而丘不對，賜以為何如？』子貢曰：『子從父命，孝矣；臣從君命，貞矣。夫子有奚對焉？』孔子曰：『小人哉！賜不識也。昔萬乘之國，有爭臣四人，則封疆不削；千乘之國，有爭臣三人，則社稷不危；百乘之家有爭臣二人，則宗廟不毀。父有爭子，不行無禮；士有爭友，不為不義。故子從父，奚子孝？臣從君，奚臣貞？審其所以從之之謂孝、之謂貞也。』」從倫理秩序上來說，君君、臣臣、父父、子子，是不可褻瀆的，然而上下尊卑的倫理秩序並不是卑服從尊、下服從上的絕對理由。所謂的「孝」和「貞」（忠）是雙向的，只有君王是一個值得「忠」者、父親是位值得「孝」者，臣子才能服從君王，兒子才能服從父親。用荀子的話說是：「人主不公，人臣不忠也。」[41]董仲舒說得更直白：「在位者不能以惡服人也。」，「父不父，則子不子，君不君，則臣不臣。」[42]足見，「忠君」既是人臣最高的政治倫理，又是對君主人格的最終考驗。

39　「公民」，這是西方人貫用的帶有民主色彩的詞。在古代中國，沒有「公民」，只有「臣民」、「子民」──引者按。

40　孟德斯鳩，《論法的精神》（北京：商務印書館，1982），頁312。

41　《荀子·王霸》。

42　《春秋繁露·玉杯》。

因此，在「臣事君以忠」的同時，孔子又提出了「以道事君，不可則止」[43]的原則。這裡的「道」是一種超出君權的符合「禮義」的政治正義，是臣出仕與盡忠的道德前提，「邦有道則仕，邦無道則可卷而懷之。」（《論語‧衛靈公》）孔子「以道事君」的君臣觀念，到孟子那裡更發展為一種人格和道義上的君臣平等。他本著「聖我同類」、「人皆可以為堯舜」[44]人性觀，提出了一種對君權具有挑戰性的君臣觀：「君之視臣如手足，則臣視君如腹心；君之視臣如犬馬，則臣視君如國人；君之視臣如草芥，則臣視君如寇讎。」[45]「君有過則諫，反覆之而不聽，則去。」、「君有大過則諫，反覆之而不聽，則易位。」[46]因而，誅殺無德之君也是符合正義的：「賊仁者謂之賊，殘義者謂之殘，殘賊之人謂之『一夫』，聞誅一夫紂，未聞弒君也。」[47]荀子發揮了孟子「誅一夫」的思想，把它納入「臣道」之中：「奪然後義，殺然後仁，上下易位然後貞。功參天地，澤被生民，夫是之謂權險之平。」[48]這種君臣之道其實就是以絕對君權的一種否定，是對君王專制的挑戰。因此，明太祖朱元璋為維護自己的專制統治，刪去了《孟子》書中的這些不利於絕對君權的文字，而這正好說明了孔孟所設計的儒家君臣之道，對君主極權是有約束力的。

圖 1　孟子

43　《論語‧先進》。

44　參見《孟子‧告子下》。

45　《孟子‧離婁下》。

46　《孟子‧萬章下》。

47　《孟子‧梁惠王下》。

48　王先謙《荀子集解》注曰：「權危險之事，使至於平也。或曰權變也。既不可扶持，則變其危險，使治平也。」

　　再次，保民富國的民本意識。天──君──民三者的關係是中國古代政治家們最關心的問題，解釋三者的關係也是中國古代政治理論的一個基本命題。遠古及殷商時期的上帝崇拜重帝神合一，以原始宗教的神性確立君主的絕對權威。法家重「法」、「勢」，以「君生法」[49] 的順天意識明確君王的絕對權威，「古者立天子以貴之者，非以利一人也。曰天下無一貴，則理無由通。通理以為天下也，故立天子以為天下，非立天下以為天子也。立國君以為國，非立國以為君也。立官長以為官，非立官以為長也。法雖不善，猶愈於無法，所以一人心也。」[50] 相對而言，法家的這種絕對權威感已經沒有了宗教的愚昧，更多的是「法」與「刑」的威懾。與法家相比，儒家的君民關係具有濃厚的人文光輝。他們以民本精神為基點，提出了敬天保民的仁政模式。在「神」與人的關係上，儒家思想表現得十分理性，他們以現世世界的人文關懷，取代了原始宗教裡的萬能的「神」，在治國安民的基本政策方面，「鬼神」讓位於「民人」：「未能事人，焉能事鬼。」[51]「國將興，聽於民；將亡，聽於神。」[52] 所以，孔子所說的「畏天命」並非畏「天神」，而是要統治者遵循「天所賦之正理」，「戒謹恐懼」[53]。本著這種民本位的理性，重民富民自然成了為政之要：「子貢問政。子曰：『足食。足兵。民信之矣。』」、「百姓足，孰與不足」。[54] 因此，富民強國成了儒家仁政的一基本目標，基於這一目標，君王與百姓的關係也發生了變化：「民為貴，社稷次之，君為輕。」[55] 如果還要承認「天」在人們心中的崇高感的，那麼，「天」也應增加更多的民本因素：「天之愛民甚矣，豈其使一人肆於民上，以從其淫，而棄天地之性？必不然矣！」[56] 所以在孟子那裡，傳統的「天賦君位」之說也動搖了，「萬章曰：『堯以天下與舜，有諸？』孟子曰：『否。天子不能以天下與人。』、『然則舜有天下也，孰與之？』曰：『天與之。』、『天與之者，諄諄然命之乎？』曰：『否。天不言，以行與事示之而已矣。』曰：『以行與事示之者，如之何？』曰：『天子能薦人於天，不能使天與之天下。

49　參見《管子·任法》。
50　《慎子·威德》。
51　《論語·先進》。
52　《左傳》，閔公元年。
53　朱熹，《論語集注》，卷8，「君子三畏」條注。
54　《論語·顏淵》。
55　《孟子·盡心下》。
56　《左傳》，襄公十四年。

諸侯能薦人於天子，不能使天子與之諸侯。大夫能薦人於諸侯，不能使諸侯與之大夫。昔者，堯薦舜於天而天受之，暴之於民而民受之。故曰：天不言，以行與事示之而已矣。』曰：『敢問薦之於天而天受之，暴之於民而民受之，如何？』曰：『使之主祭，而百神享之，是天受之；使之主事而事治，百姓安之，是民受之也。天與之，人與之，故曰天子不能以天下與人。舜相堯二十有八載，非人之所能為也，天也。堯崩，三年之喪畢，避堯之子於南河之南，天下諸侯朝覲者，不之堯之子而之舜；訟獄者，不之堯之子而之舜；謳歌者，不謳歌堯之子而謳歌舜，故曰天也。夫然後之中國，踐天子位焉。而居堯之官，逼堯之子，是篡也，非天與也。』〈太誓〉曰：『天視自我民視，天聽自我民聽。』，此之謂也。」[57]君位是「人與之」，因此君王的為政不得不注重「民視」、「民聽」。自此以後，民本觀念成了儒家政治思想約束君王為政的重要武器。荀子曰：「選賢良，舉篤敬，興孝弟，收孤寡，補貧窮。如是，則庶人安政矣。庶人安政，然後君子安位。傳曰：『君者、舟也，庶人者、水也；水則載舟，水則覆舟。』此之謂也。故君人者，欲安、則莫若平政愛民矣；欲榮、則莫若隆禮敬士矣；欲立功名、則莫若尚賢使能矣。——是人君之大節也。」[58]「民水君舟」觀念成了後世統治階級的共識，能否愛民，也成了關係國家存亡的大計：「君人者，愛民而安，好士而榮，兩者無一焉而亡。」[59]因而「民」不僅應「保」，而且還值得「畏」，漢代賈誼鑒於秦之滅亡，告誡帝王：「民不可不畏也」，「與民為敵者，民必勝之」，「與民為仇者，有遲有速，而民必勝之。」[60]這無異於時時響在帝王耳邊的警鐘。

　　第四，敬天崇祖的「君權神制」。西方神權政治時期，作為萬物創造者的上帝對人間政治和法律具有絕對的統治權，「他有最高權統治萬物，他凡百施為不是由於被動強迫而是由於他的絕對的命令與恩惠。萬物都必須聽命於他，他不須聽命於任何東西。」[61]因此，上帝制定的法律就是人類不可違背的「永恆法」：「就萬物都由神的智慧創造這一點來說，神的智慧所抱有的理想就具有一個範本、藝術或理念和性質；同樣地，被認為是推動萬物以達到它們的適當

57　《孟子‧萬章》。

58　《荀子‧王制》。

59　《荀子‧君道》。

60　賈誼，《新書‧大政》。

61　斯賓諾莎，《神學政治論》（北京：商務印書館，1996），頁199。

目標的神的智慧所抱有的理想，就具有法律的性質。因此，永恆法不外乎是被認為指導一切行動和動作的神的智慧所拘有的理想。」[62] 與西方神學政治相比，中國古代也將「天」作為最高權力的象徵，但是在以宗法社會制度為主的古代中國卻並沒有因此而產生一種統治萬物的「永恆法」，中國法系一個突出的特徵便是「以儒家思想為理論基礎，擺脫了宗教神學的束縛。」[63] 儒家禮學認為，「凡治人之道，莫急於禮。禮有五經，莫重於祭。」[64] 祭禮包括兩大類，即天地自然與祖宗神靈。皇帝最高的祭典是「祭天」，祭天的典禮，包括郊祭、禘祭、明堂祀五帝，「它是自然崇拜與祖先崇拜的合一，是代表古人對人類和天地萬物總根源的一種認識。」[65] 祭天不是為了從上天或祖先那裡求得更大的「權」，而是為了完善帝王之「德」，達到「以德配天」的政治效果。這種神化君權的伎倆，一直發展為董仲舒「君權神授」形成了中國古代神權政治的基本格局。

　　然而，儒家以「仁」為內核的政治倫理並未注重神靈的自然性，而是借助神靈崇拜強化「仁政」意識，使「仁德」成為一種評判政治優劣的絕對標準。羅素說：「孔子不是宗教家，他與斯巴達的萊克爾加斯、雅典的梭倫一樣都是政治家，而不是宗教家。他是個注重實際的政治家，所討論的都是治國之策，他所追求和培養的美德，不是個人的得道升天或者企求來世的幸福，而是希望造就繁榮昌盛的社會。」[66] 羅素對儒家的神靈觀的認識是準確的。早在西周時，就有了「以德配天」的政治倫理，在孔子眼中，「天」有時表示一種自然力，如：「天何言哉？四時行焉，百物生焉，天何言哉！」[67] 有時表示一種客觀規律，如「五十而知天命」[68]，有些用來表示一種具有政治意味的道德。如衛國權臣王孫賈勸孔子不要依於君王，而應依附於權臣，說：「與其媚於奧，寧媚於竈。」孔子順其意，答曰：「獲罪於天，無所禱也。」[69] 這裡的「天」，即指倫理道德。而宗教意義上的「天」的確很少出現。「天」在儒家政治觀念中是最高道德的

62　馬清槐譯，《阿奎那政治著作選》（北京：商務印書館，1982），頁 111。

63　《中國大百科全書・法學卷》，「中華法學」條。

64　《禮記・祭統》。

65　鄒昌林，《中國禮文化》（北京：社會科學文獻出版社，2000），頁 202。

66　羅素，《中國問題》（上海：學林出版社，1996），頁 28。

67　《論語・陽貨》。

68　《論語・為正》。

69　《論語・八佾》。

代表者和審判者。所以，「以德配天」、「君權神授」等政治觀在神化君權的同時，又成了約束君權的一種虛擬的然而卻又至高的力量。這在董仲舒那裡表現得猶為突出。董仲舒從「天人感應」的原理出發，提出了瑞祥說和天譴說，既宣揚了君權神聖論，同時表示了君權有限的政治理性。他說：「仁之美者在於天。天，仁也。天覆育萬物，既化而生之，有養而成之，事功無已，終而復始，凡舉歸以奉人。察於天之意，無窮極之仁也。」[70]「行天德者謂之聖人。」[71]，也只有「好仁」之君才能配天：「為人主者，予奪生殺，各當其義，若四時。列官置吏，必以其能，若五行。好仁惡戾，任德遠刑，若陰陽。此之謂能配天。」[72] 可見，所謂「天」已完全成了象徵儒家政治倫理的人格神，他以絕對的權威，行使著對君王的懲戒及對君權的予奪，「天之生民，非為王也，而天立王以為民也。故其德足以安樂民者，天予之；其惡足以賊害民者，天奪之。《詩》云：『殷士膚敏，祼將于京，侯服于周，天命靡常。』言天之無常予，無常奪也。……王者，天之所予也，其所伐者皆天之所奪也。……故夏無道而殷伐之，殷無道而周伐之，周無道而秦伐之，秦無道而漢伐之。有道伐無道，此天理也，所從來久矣，寧能至湯武而然耶？」[73] 顯然，董仲舒的「君權神授」中又飽含著「君權神奪」的宗教政治意味，在這裡，「民意」通過「天」而獲得了絕對的權威，成了國家的最高利益，使「伐無道」的革命合法化。由此，「敬天保民」對君權的約束力便顯示出來了，由君權神

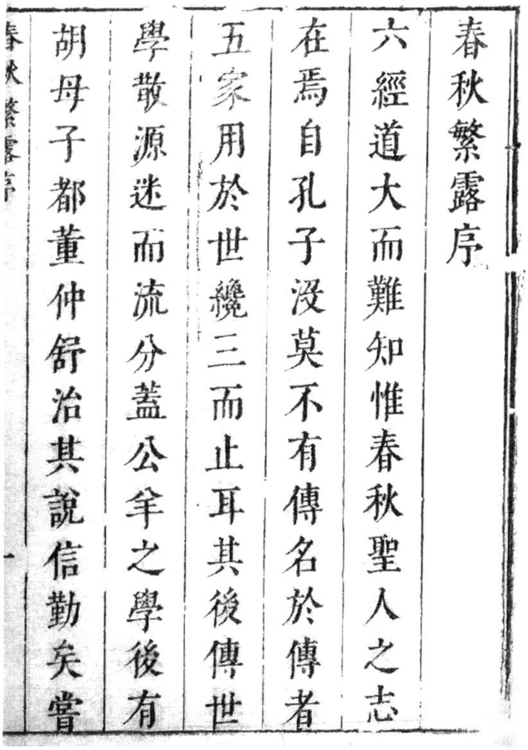
春秋繁露序
六經道大而難知惟春秋聖人之志
在焉自孔子沒莫不有傳名於傳者
五家用於世纔三而止耳其後傳世
學散源迷而流分蓋公羊之學後有
胡母子都董仲舒治其說信勤矣嘗

圖 2　《春秋繁露》

70　《春秋繁露・王道通三》。
71　《春秋繁露・威德所生》。
72　《春秋繁露・天之為》。
73　《春秋繁露・堯舜不擅移、湯武不專殺》。

授變成了君權神制，如果將神的外罩揭開的話，君權神制便成了君權民制[74]。

以上四點，從君王自身修養、君臣關係、君民關係、君神關係諸方面構成了對君主權力的約束。其中，修身是根本，只有符合仁德要求的君王，才能贏得臣子的輔佐，贏得民心，贏得天佑。而這，卻不是一天半日的功夫，它要求君王時時以仁德自律，任用賢臣，敬天保民，如有疏怠和放縱，都會招致民怨天譴，離心離德，自亡天下。孔子感歎道：「為君難」[75]，其難處就在於，君王不應享有為所欲為的絕對權力。儒家政治思想從理論上設計的這一套約束君王權力的機制，在實際上還是發揮了一定

圖 3　孔子

效用的。俞榮根說：「儒家的大一統君主主義由於有家族倫理主義、民本主義的互補、制約，尚不同於君主獨斷專制的絕對君主專制主義。」[76]而西方漢學者日爾內說得更明確：「如果某人認為儒學僅僅是為政府服務的官方意識形態，那就錯了。它恰巧經常是在官方對立面手中的一個武器。」[77]

也許，在具體的政治實踐中，儒家思想所設計的這套約束機制所發揮的作用是很有限的，它無法徹底根除中國君主制度下的專制因素，而且將帝王的道德自律作為權力約束之首，以人治代替立法，這給擁有最高權力的皇帝行使專制提供了便利。儘管如此，我們還是得肯定儒家思想在約束君王權力方面的努力。

74　對此，當代法學家已有共識，俞榮根認為君權神授包含「屈民伸天」和「屈君伸天」兩方面。「屈民伸天」體現了絕對君權論，而「屈天伸民」別有深意。他說：「董仲舒君權神授論的後一半又同法家大相異趣，變成了君權神制論，而實質上是君權民制論。在這裡，君主不能獨裁，他的意志必須服從天的意志，他的權威來自天的權威。而『天意』實質上便是民意。所以『屈民而伸天』，無異於『屈君而伸民』。這樣，由『屈民而伸君』到『屈君而伸天（＝民）』便形成了一個邏輯上的圓圈，前者是對現實的承認，後者是對現實的改良。所以，『君權神授』既是對君權的神化，又是對君權的限制。」（俞榮根，《儒家法思想通論》（廣西：廣西人民出版社，1992），頁 585。）

75　《論語‧子路》。

76　俞榮根，《儒家法思想通論》（廣西：廣西人民出版社，1992），頁 146。

77　日爾內，《中國文化史》，轉引自俞榮根，《儒言治世──儒學治國之術》（成都：四川人民出版社，1995），頁 21。

士大夫與「君權有限」理論的實踐

從理論上看，中國古代君主制是君權有限型的，作為封建政治理論基礎的儒家思想在宣揚和維護君主政治的同時，又設計了一套約束君權的理論，它為評判政治提供了客觀標準、為批評或譴責朝政的錯誤提供了精神武器、為改朝換代提供了合法的理由。那麼在政治生活中，是誰實踐了儒家這套理論，承擔起監督君主決策、引導君主行仁、批評君王過失、譴責君王荒淫暴虐的使命呢？很顯然，是那些以「道」自任、以社會良知自負的士大夫們，中國文化史上則將士大夫的這一系政治行為稱為「諫」，因而，這樣的士大夫也被稱為「諫臣」。

士大夫，現代人通稱其為「統治階級中的知識分子」[78]，吳晗說：「照我的看法，官僚、士大夫、紳士、知識分子，這四者實在是一個東西，雖然在不同的場合，同一個人可能具有幾種身分，然而，在本質上，到底還是一個。」[79]簡單些說，士大夫具有「知識分子」和「官僚」雙重品格，閻步克又將其概括為「一身二任」，即「亦儒亦吏」[80]。在這二種品格中，顯然是「知識」確立了「士」的特殊身分[81]《白虎通義‧爵》「士」條：「士者事也，任事之稱也。」《穀梁傳》成公元年：「古者有四民，有士民，有商民，有農民，有工民。」與其

---

[78]　《辭海‧歷史分冊》（中國古代史）「士」條（上海：上海辭書出版社，1980），頁39。又，陶希聖認為：「士大夫身分和『知識階級』不同，我們可以說士大夫身分是知識階級的特定形態，卻不能概指中國現在的知識階級為士大夫。」見氏著，《中國社會之史的分析》（沈陽：遼寧教育出版社，1998），頁6。

[79]　吳晗、費孝通等，《皇權與紳權》（天津：天津人民出版社，1988）。陶希聖亦認為：「士大夫曾經是社會的瑰寶，只因其為士大夫之故，便獲政治上經濟上優越的地位，在官為官吏，在野為縉紳，在農村為地主。」見氏著《中國社會之史的分析》（上海：新生命書局，1929），頁6。

[80]　閻步克，《士大夫政治演生史稿》（北京：北京大學出版社，1996），頁10。

[81]　顧頡剛〈武士與文士之蛻變〉一文認為，文士是從武士蛻變而來的。文中說：「吾國古代之士，皆武士也。士為低級之貴族，居於國中，有統馭平民之權利，亦有執干戈以衛社稷之義務，故謂之『國士』以示其地位之高。」即使在孔子時代，「士皆有勇，國有戎事則奮身而起，不避危難，文武人才初未嘗界而為二也。」戰國時期，「大部分人皆趨重於知識、能力之獲得，蓋戰國時有才之平民皆得自呈能於列國君、相，知識既豐，更加以無礙之辯才，則白衣可以立取公卿。公卿縱難得，顯者之門客則必可期也……甯越不務農，蘇秦不務工商，而惟讀書為專業，揣摩為手腕，取尊榮為目標，有此等人出，其名曰『士』，與昔人同；其事在口舌，與昔人異。於是武士乃蛻化而為文士。」（顧頡剛，《史林雜識初編》（北京：中華書局，1963），頁85–91。）余英時反對這個觀點，認為「文士並不是從武士蛻化而來的，他們自有其禮樂詩書的文化淵源。」見氏著《士與中國文化》（上海：上海人民出版社，1987），頁26。

他三民相比，「士」的特徵是「學習道藝者」（范寧注），而「道藝」則指士「任事」所具備的文化知識和道德品格。正如閻步克所說：「最早出現於中國歷史上的可稱為士大夫的那個階級，既是政務的承擔者，又是文化的承擔者。」[82]在當時特定的歷史條件下，士大夫階級所承擔和傳播的文化，是「詩」、「書」、「禮」、「樂」之「王官之學」。《禮記・王制》云：「樂正崇四術，立四教。順先王詩、書、禮、樂以造士，春秋教以禮樂，冬夏教以詩書。」〈文王世子〉亦云：「瞽宗秋學禮，執禮者詔之；冬讀書，典書者詔之。」直到春秋時期，「禮樂崩壞」，「王官之學」散為百家，而孔子繼承「郁郁乎文哉」的周文化，創儒家學派，弘揚「詩書禮樂」。因而士大夫又可特指儒家知識分子或儒士。

受「詩書禮樂」熏陶的儒士，大都具有深厚的歷史感和強烈的現實感，有對現實問題的敏銳感受和理性評判[83]，有明道弘道的雄心和恆心[84]，從而形成了一種以「仁」和「禮」為核心的文化心理結構和社會行為模式。孔子把這種具備這些品格者的士稱為「君子」。應該說，在先秦諸子都愛用「君子」來表述自己的理想人格，李宗桂比較簡練地概括了諸家的「君子」所代表的理想人格：道家用「君子」代表其隱逸人格；墨家用「君子」代表其義俠人格；法家用「君子」代表其英雄人格，而儒家的「君子」則在中國政治文化中最具有典型性。他具體論道：「『君子』一詞，就其語言的褒義方面而言，諸家具有『通約性』。這是『君子』人格能夠成為傳統中國社會普遍人格的一個重要原因。更為重要的是，由於中國宗法制農業經濟的結構是建立在以水為生的自然經濟和血緣心理基礎之上的，因此，溫柔敦厚、文質彬彬，以他人為重等君子風格是其邏輯的產物。另一方面，專制主義的政治結構，則又需要一種為全社會所認同的，不觸犯專制王權並為其效力的人格，而這又決非墨家的義俠、道家的隱士、法家的英雄等類型的人格所能奏效。相反，義俠容易『以武犯禁』；隱士流於看破紅塵，走上無政府主義道路；英雄終歸要表現自己，顯示強力，與專制王權相抵觸。只有由儒家賢人理想演變而來的君子人格，才能既為專制王權所容許，

82　閻步克，《士大夫政治演生史稿》（北京：北京大學出版社，1996），頁74。

83　《白虎通義・爵》「士」條：「故《傳》曰：『通古今，辯然否，謂之士。』」

84　子謂子夏曰：「女為君子儒，無為小人儒。」（孔曰：「君子為儒，將以明道。小人為儒，則矜其名。」）正義曰：此章戒子夏為君子也。言人博學先王之道，以潤其身者，皆謂之儒，但君子則將以明道，小人則矜其才名。言女當明道，無得矜名也（《論語注疏・雍也》）。

且與社會經濟、政治結構相契合。」[85] 這一番話中有兩處值得注意：其一，「溫柔敦厚、文質彬彬」是否能代表儒家的「君子」人格？其二，儒家的「君子」人格是否是為適應專制王權而設計的？如果我們全面了解儒家思想與中國君主制度的關係，會明顯發現，這兩種說法比較片面的。

不能否認，士大夫作為統治階級的一分子，儒家思想作為一種為統治階級認可的思想，在根本利益上與君王是相同的，協調社會關係、強化政治秩序、維護君王利益，在儒家政治設計中占有相當的比重。然而，多數人在研究儒家政治時，常常將這一比重擴大，如杜維明說：「一方面，儒家有能力使政治道德化，使崇尚嚴刑峻法或由軍人統治的社會轉變成道德社會，我們看到了給人深刻印象的有關歷史記載。然而我們也必須認識到，儒家的道德價值經常被政治化，為殘暴的極權統治服務。」[86] 儒家思想「為殘暴的極權統治服務」，在宋明理學有所體現，然而，先秦原始儒學及此後受此儒學影響的士大夫裡裡，是不主張「極權統治」的，而他們所確立的「君子」，正是一種制衡王權的理想人格。如上所述，士大夫不僅具有「知識分子」和「官僚」雙重品格，而且還是因「知識」而「官僚」的，在他們的人格結構中，既有臣屬關係所產生的「忠順」意識，又有因「知識」的優越感所產生的對君臣關係的超越。余英時對這種超越評價極高，他說：「事實上，如果『士』或『知識分子』完全不能超越他的社會屬性，那麼，不但中國史上不應出現那許多『為民請命』的『士大夫』，近代西方也不可能產生為無產階級代言的馬克思了。」為此，他「把『士』看作中國文化傳統中的一個相對的『未定項』。所謂『未定項』即承認『士』有社會屬性但並非為社會屬性所完全決定而絕對不能超越者。」[87] 正因為有對自我所屬的社會屬性的超越，所以，古代的士大夫們才能在實現「有限君權」的政治理想中起監督、引導、評判、批判的作用，才能在他們中間產生無數的敢言君過的「諫臣」。

為什麼士大夫能擔當起「諫臣」的使命，敢於「為民請命」呢？這裡我們可以借助現代社會學理論來解釋。社會學研究表明，人們的社會行為總是受到

85　李宗桂，〈試論傳統文化中的理想人格價值取向和社會心理〉，《中國文化月刊》，第 113 期。

86　〔美〕杜維明，《道・學・政──論儒家知識分子》（北京：生活・讀書・新知三聯書店，2013），頁 10－11。

87　余英時，《士與中國文化・自序》（上海：上海人民出版社，1987）。

某種價值觀的驅使，這種價值觀通常產生於「意義」。「『意義』具有兩種含義，首先，這一詞是指在給定的特殊行動者的具體行動中實際存在的意義，或者是指分布在給定的多數行動者之中的平均意義或一般意義；其次，它是指理論上被設想出來的主觀意義的純粹類型，這種主觀意義被歸之於給定的行動類型中假設的活動者。」[88] 這個方法告訴我們，對某一階層成員社會行為的分析，在兼顧到共性的同時，還必須要特別注重其個性以及影響這種個性的原因。士大夫是封建社會政治結構中的一個層面，代表著統治階級的根本利益，這是不可否認的。但是以「知識」為內核的文化基因，又使其作為特殊的階層，具有超越其階級屬屬性的理想性，也就說，這個階層也有超越現有政治，創造新政治的潛在動因。[89] 而促使他們產生這種超越的重要原因，當他們作為一種理想而存在時，深遠的歷史意識、強烈的現實感受和深刻的民族精神又會作為一種崇高的價值觀，引導他們走向超越。[90] 依上述可知，士大夫與純官僚或純地主的區別就是，他們是因「知識」而官僚的，以詩書禮樂為內核的文化修養，不僅是他們入仕的資本和條件[91]，而且也是他們抗禮諸侯和君王的精神支柱。而當君主暴殘、專橫無道時，這種文化修養又為他們投身於改朝換代的時代風暴之中提供了理論依據。

　　士大夫習詩書禮樂，注重培養自己的社會責任感和政治實踐能力，使其成為一個具有崇高道德的人。荀子說：「學惡乎始？惡乎終？曰：其數則始乎誦經，終乎讀禮。其義則始乎為士，終乎為聖人。真積力久則入，學至乎沒而後止也。

88　〔德〕馬克斯·韋伯，《社會科學文法論》中譯本（北京：華夏出版社，1999），頁36。

89　陶希聖認為，「士大夫實為中國治亂之原」，「改朝易代的不變法則，我們遂可得而言：一、在朝的士大夫腐敗相仍，優秀有為者沉淪下位。二、政治惡劣，賦稅煩苛，農民群眾感受痛苦。三、農民暴起，造成新軍事集團。四、沉淪的優秀有為的士大人依附於新軍事集團，以推翻舊統治階級。」見氏著《中國社會之史的分析》（上海：新生命書局，1929），頁36。

90　余英時說：「『士』的傳統雖然在中國延續了兩千年，但這一傳統並不是一成不變的。相反地，『士』是隨著中國史各階段的發展而以不同的面貌出現於世的。概略地說，『士』在先秦是『遊士』，秦漢以後則是『士大夫』。但秦漢以來的兩千年中，『士』又可更進一步劃成好幾個階段，與每一時代的政治、經濟、社會、文化、思想各方面的變化密相呼應。」見氏著《士與中國文化·自序》（上海：上海人民出版社，1987）。

91　子曰：「小子何莫學乎詩。夫詩，可以興，可以觀，可以群，可以怨。邇之事父，遠之事君。」（《論語·陽貨》），又：《周禮·地官·鄉大夫》：「三年則大比，考其德行道藝，而興賢者能者。」

故學數有終，若其義則不可須臾舍也。為之人也，舍之禽獸也。故《書》者，政事之紀也；《詩》者，中聲之所止也；《禮》者，法之大分類之綱紀也。故學至乎《禮》而止矣。夫是之謂道德之極。」[92] 所以，「士大夫」是一批有道德修養的政治家。這很容易讓我們想聯想起德國哲學家康德提出的「道德的政治家」的概念，他說：「道德政治家是『這樣來設想政治智慮的原則，以使它們能與道德共存的人』。……道德政治家所生活的環境是充滿了競爭與衝突，甚至是爾虞我詐的。與他相伴的其他政治家的動機往往是卑劣的，腐敗的，然而道德的政治家卻不隨波逐流。與普通人一般都具有正確的道德意識一樣，道德的政治家也有著相似的責任感，他了解什麼樣的目的是符合人類的道德要求的，是與人的真正道德利益一致的。」[93] 其實，中國古人早已經將有道德人稱為「君子」：「或稱君子者何？道德之稱。」[94] 可以這樣說，君子──「道德的政治家」是古代士大夫最高的人格追求。

有意思的是，康德在提出「道德的政治家」這一概念的同時，還提出了「政治的道德家」這一相對立的概念。他說：「政治的道德家是『為自己鑄造一種道德從而使之適合政治家的利益的人。』……與道德的政治家相比，政治的道德家完全是另一類人。他們『在人性沒有能力按照理性為他們所規定的觀念而達到善的這一借口之下，掩蓋著違反正義的國家原則』……政治的道德家將道德當成了實現某個政治目的的手段與借口，可以說，它們完全錯誤地理解了道德與政治的關係，以一種完全錯誤的方式將二者連繫起來。……將本來只是特殊的、有限的目的說成是普遍的、符合道德的。」[95] 這個概念也能讓我們聯想到了儒家學說中的「小人」。作為「君子」的對應者，孔子時常將其與「小人」對稱，以突出其區別。如：「君子喻於義，小人喻於利」（〈公冶長〉）「君子而不仁者有矣，未有小人而仁者也」（〈憲問〉）「君子學道以愛人，小人學道則易使也。」（〈陽貨〉）「君子有勇而無義為亂，小人有勇而無義為盜」（〈陽貨〉）「女為君子儒，無為小人儒」（〈雍也〉）等等。在中國歷史

92　《荀子・勸學》。

93　李梅，《權利與正義：康德政治哲學研究》（北京：社會科學文獻出版社，2000），頁 145─148。

94　《白虎通義》。

95　參見李梅，《權利與正義：康德政治哲學研究》（北京：社會科學文獻出版社，2000），頁 145─148。

上每當小人得志的時候，總是君主專制最嚴重的時候；而每當正人君子得到重用的時候，也總是政治相對開明的時候。從這個意義上來說，在中國封建時代對君主政治能起來到約束作的士大夫只能是那些符合儒家政治倫理要求的「君子」，也就是「道德的政治家」，而非「政治的道德家」。

孟子有一段話較全面地規定了「君子」的行為特點和道德境界。他說：「君子所以異於人者，以其存心也。君子以仁存心，以禮存心。仁者愛人，有禮者敬人。愛人者，人恆愛之；敬人者，人恆敬之。有人於此，其待我以橫逆，則君子必自反也：我必不仁也，必無禮也，此物奚宜至哉？其自反而仁矣，自反而有禮矣，其橫逆由是也，君子必自反也：我必不忠。自反而忠也，其橫逆由是也，君子曰：『此亦妄人也已矣。如是則與禽獸奚擇哉？於禽獸又何難焉？』是故君子有終身之憂，無一朝之患也。乃若所憂則有之：舜人也，我亦人也。舜為法於天下，可傳於後世，我猶未免為鄉人也，是則可憂也。憂之如何？如舜而已矣。若夫君子所患則亡也。」[96] 在這段話中，我們可以看到，那些胸懷仁禮的「君子」──「道德的政治家」在政治人格的確認是，具有鮮明的平等觀念[97]，他們將聖賢作為帝王和平民在人格塑造方面的共同目的，提出了「人皆可為堯舜」[98] 的人生目標[99]，不僅每個人都應該以聖賢作為理想人格，而且實現聖賢人格的方式也是相同的，「自天子以至於庶人，一是皆以修身為本」（《大學》）。聖賢人格上的相同，使得「君子」在君王面前有一種優越感：「以位，則子君也，我臣也，何敢與君友也；以德，則子事我者，奚可以與我友。」[100]人格上的自覺與自負，使得士大夫在必要的時候能超越既定的政治角色，在仕

96　《孟子‧離婁下》。

97　黑格爾說：「在中國，實際上人人是平等的，所有的一切差別，都和行政聯帶發生，任何人都能夠在政府中取得高位，只要他具有才能。」可作參考。見氏著，王造時譯，《歷史哲學》（上海：上海書店出版社，1999），頁130。

98　《孟子‧告子下》。

99　李宗桂〈試論傳統文化中的理想人格價值取向和社會心理〉一文中說：「儒家理想人格是聖賢。對統治者而言，是以聖王為追求目標和行為典範，其榜樣是堯、舜、禹、湯、文、武、周公。對一般士大夫和庶民百姓來說，則以賢為追求目標和行為規範。從本質上和終極目的來看，儒家追求的聖賢理想人格，重點在賢而不在聖。」（載《中國文化月刊》第113期（臺北：臺灣東海大學出版社））如果參照孟子之文，李氏之言似說得過於絕對化，中國人追求的「聖賢」似沒有必要分得過細。

100　《孟子‧萬章下》。又〈盡心上〉：「古之賢王好善而忘勢，古之賢士何獨不然？樂其道而忘人之勢，故王公不致敬盡禮，則不得亟見之。見且不由得亟，而況得而臣之乎？」

與道或者說官位與正義之間有了更大的選擇自由：「篤信善學，守死善道。危邦不入，亂邦不居。天下有道則見，無道則隱。」[101] 可見，政治角色的超越為他們匡諫君過、維護政治正義提供了足夠的心理能量。

孔子曰：「君子坦蕩蕩，小人長戚戚。」[102] 膺負「仁」和「禮」，使得士大夫們獲得一片獨立而神聖的精神世界，在這個世界裡，他們因為道德的完滿而自足，故能「有恆產而有恆心」[103]，這種「恆心」，是儒家知識分子獨特的「思想上的信念」[104]，這種「思想上的信念」也是孔子大力提倡和培養的，他說：「士志於道，而恥惡衣惡食者，未足與議也。」（〈里仁〉）「君子謀道不謀食。耕也，餒在其中矣；學也，祿在其中矣。君子憂道不憂貧。」（《論語・衛靈公》）這種富貴觀能激發士大夫克服對統治有依附感（這是士大夫階層與生俱來的弱點），以道德正義來支配自己的出處進退，從而獲得政治行為上的相對獨立：「士窮不失義，達不離道。窮不失義，故士得己焉；達不離道，故民不失望焉。古之人，得志，澤加於民；不得志，修身見於世。窮則獨善其身，達則兼善天下。」[105] 在這種獨立的精神世界中，士大夫可以不去計較仕途的窮通，超越名利，以道自任，[106] 用道的權威抗衡君王的權威，獨享一種自由自足的精神空間，正如《荀子・儒效》所云：「君子無爵而貴，無祿而貴。不言而信，不即怒而威。窮處而榮，獨居而樂。」這種富貴榮樂觀給士大夫的極大地影響了士大夫的社會生存方式，使他們超越自我對政權的依附、堅守政治正義和社會良知。

如果說「不憂貧」的生活態度是孟子所說的「無一朝之患」，那麼「憂道」則是而其所謂「終身之憂」。「仁」是儒家最高的道德，行仁道於天下，是儒者最終的政治目標。可以說，每一個「道德的政治家」都承負著永恆而普遍的道德責任感和政治義務感，並以堅強的意志和頑強的毅力努力實踐他們那崇高的道德。「士不可不弘毅，任重而道遠。仁以為己任，不亦重乎？死而後已，不亦遠乎？」[107]「居天下之廣居，立天下之正位，行天下之大道。得志，與民

101　《論語・泰伯》。

102　《論語・泰伯》。

103　《孟子・梁惠王上》。

104　余英時，《士與中國文化》（上海：上海人民出版社，1987），頁38。

105　《孟子・盡心上》。

106　「天下有道，以道殉身；天下無道，以身殉道。」（《孟子・盡心上》）。

107　《論語・泰伯》。

由之;不得志,獨行其道。富貴不能淫,貧賤不能移,威武不能屈。此之謂大
丈夫。」[108] 因此,儒家的「君子」品格,除了「溫柔敦厚」的中庸之外,還有
一種胸懷天下、威武不屈的剛性。如《論語‧憲問》:「君子道者三,我無能
焉:仁者不憂,知者不惑,勇者不懼。」又《中庸》:「知、仁、勇三者,天
下之達德。」等等,將這種剛性品格發揮到道德實踐中,便可以使這些「道德
的政治家」們在君主政治中起到一定的監督和約束作用。杜維明所說:「儒家
知識分子是行動主義者,講求實效的考慮使其正視現實政治的世界,並且從內
部著手改變它。」[109] 士大夫們改造世界的手段是「仁」,目的也是「仁」,那
是一種由道德的完美所實現的政治的完美。康德十分注重道德對政治的約束效
果,「康德相信,不管政治家多麼邪惡,道德原則都會強迫他注意到正義的概
念。他認為,『人類在他們的私下關係中也正如在他們的公共關係中是同樣地
不能回避權利概念的,他們也不會公開地敢於將政治只建立在機會主義的圖謀
之上,因而完全拒絕服從任何公共權利的概念。』」[110] 儒家知識分子不僅相信
道德能對君主政治產生有效的約束力,而且把以德化君、以德諫君作為為臣之
道。孟子十分鄙薄那些不肯行使政治約束力的人,說如果國王與這些人為伍,
國家是不可能治理好的,「士止於千里之外,則讒諂面諛之人至矣。與讒諂面
諛之人居,國欲治,可得乎?」[111] 荀子更是把那些不能「以德事君」者稱為「國
賊」:「有大忠者,有次忠者,有下忠者,不國賊者。以德覆君而化之,大忠也;
以德調君而補之,次忠也;以是諫非而怒之,下忠也。不卹君之榮辱,不卹國
之臧否,偷合苟容,以持祿養交而已耳,國賊也。」[112] 因而,當君王暴虐無道
而導致王朝滅亡時,士大夫有的還超越「臣無二心,天之制也」[113] 的道德範疇,

108　《孟子‧滕文公下》。

109　〔美〕杜維明,《道‧學‧政——論儒家知識分子》(上海:上海人民出版社,
　　　2000),頁15。杜氏又云:「他們意欲改變世界的一致努力受到對人類問題的廣泛關
　　　注所驅使,因此,他們既不能安於現狀,也不能允許自己接受限定於狹隘的權力關係
　　　之中的遊戲規則。他們對禮儀、行為規範、保存常識信條、為人類價值提供超越基礎
　　　的關懷,引導他們在社會中發生可與教士相比擬的作用。他們對知識、智慧、做人的
　　　尊嚴、社會準則、理想生活的追求,又促使他們扮演哲學家的角色。」同書,頁11。

110　李梅,《權利與正義:康德政治哲學研究》(北京:社會科學文獻出版社,2000),
　　　頁150。

111　《孟子‧告子章句下》。

112　《荀子‧臣道》。

113　《左傳》,莊公十四年。

加入到放伐暴君的行列。

　　綜上所述，士大夫——受儒家禮樂文化教育的儒家知識分子——「道德的政治家」其所以能成為「有限君權」的實踐者，是儒家以「仁」為核心的普遍道德所決定的。「仁」的崇高性給它的膺負者以尊嚴，「仁」的人間性給它的實踐者以義務，「仁」的實踐性給它的受用者以規範。儒家知識從他接受教育開始，就已經將那種尊嚴、義務、規範融入到自己的政治品格中，而當他走向進政治時，那種實踐也是下意識的，或者說是超越自己的。

焦慮與對話：「君權有限」的文學實踐

　　中國古代的君主制度中，君權專制機制和君權約束意識幾乎是同時並存的。「普天之下，莫非王土，率土之濱，莫非王臣。」[114]「民臣之心，不可一日無君」[115] 等，這些維護和歌頌君權的文字讓人感受到君王的權威存在於中國人生活的每一個角落和每一個時刻，而「唯王建國，辯方正位，體國經野，設官分職，以為民極，」[116] 則又從制度上確立了君王的絕對權力。然而，儒家政治思想並未放棄對王權專制的約束，正如牟宗三所說的：「徵之於歷史，儒者無一擁護獨裁極權之暴君的。」[117] 對君權的約束也是儒家道德的一個重要組成部分，接受儒學教育的知識分子，其政治角色是入仕為官，社會職業則是為文弘道，「志於道、據於德、依於仁、遊於藝」[118]，「仕而優則學，學而優則仕」[119]，學與政二而一，一而二，以仁德為目標的做人與為文是古代知識分子不缺少的人格修養。因此，如果我們承認儒家政治思想不擁護獨裁，主張「有限君權」的話，那麼，我們完全可以說，與政治緊密連繫的作為知識分子立身之本的文學，也應該而且能夠成為實踐「有限君權」的手段之一。

　　其實，在文學與學術的界限還不明確之前，《詩》、《書》是道德教科書，是儒家禮樂道德不可缺少的組成部分，直接作用於人們的社會和政治生活。子

114　《詩經・小雅・東山》。

115　《春秋繁露・玉杯》。

116　《周禮注疏・天官》。

117　牟宗三，《政道與治道》（臺北：臺灣學生書局，1987），頁 32。

118　《論語・述而》。

119　《論語・子張》。

曰：「興於詩，立於禮，成於樂。」（〈泰伯〉）「誦詩三百，授之以政，不達；使於四方，不能專對，雖多，亦奚以為？」（〈子路〉）儒家的道德規範、價值觀念以及政治準則都是通過它們表達出來的。特別漢代以後，經書系列的形成，更是形成了中國文學中一個源遠流長的政、道、文三位一體的文化傳統。孔子曰：「詩可以興，可以觀，可以群，可以怨。邇之事父，遠之事君。」[120]《漢書・藝文志》：「《書》曰：『詩言志，歌詠言。』故哀樂之心感，而歌詠之聲發。誦其言謂之詩，詠其聲謂之歌。故古采詩之官，王者所以觀風俗，知得失，自考正也。」《毛詩序》云：「情發於聲，聲成文，謂之音。治世之音安以樂，其政和；亂世之音怨以怒，其政乖；亡國之音哀以思，其民困。故正得失，動天地，感鬼神，莫近於詩。先王以是經夫婦，成孝敬，厚人倫，美教化，移風俗。」[121]等等，都是這一傳統的經典表述。

在社會生活中，這種傳統可以產生一種超人個的「意義情結」，影響士大夫的文學價值取向。現代文化學家十分精確地描述了這種影響的作用形式及效用，他們認為，現實生活中的人，「可以說機械地掌握著一些對他確實有意義的情結。來自先天遺傳和學習獲得的東西，來自傳統、習慣的各種沉澱，以及他本人以前對意義的構造，這些都能被記住和再度復活，由此而建立的他生活世界的貯備是一個封閉的有意義的情結。生活世界的經驗有其獨特的證實方式。這種方式是協調所有單個經驗的過程的結果。」[122]在中國的文學長河中，時代精神和歷史遺傳、道德倫理和政治正義，共同構成了普遍的「意義情結」，在一定的時間和空間中，廣泛作用每一個社會行動者，而以社會關懷為人生目標的士大夫對這種「意義情結」的體悟和接受是最敏感最全面的。因而學術與道德合一、學術與文學合一的文化觀念，即使在文學與學術分開之後，依然深深地影響到文學的政治價值取向。即使是作為中國第一部系統的文學理論專著的《文心雕龍》，在編排體例上也未能超出這一教化範疇。劉勰認為文章應「本

120　《論語・陽貨》。

121　阮元刻《十三經注疏》本，《毛詩正義》卷1。

122　〔美〕傑弗里・亞歷山大，賈春增等譯，《社會學二十講》（北京：華夏出版社，2000），頁186。同書第215頁所引狄爾泰語亦可參考：「更廣闊的外部精神現實總是包圍著我們……從一閃而過的印象到上百年來的憲法和法典。每一種思想表達都代表客觀精神領域中一個共同特徵……我們生活在這種氣氛之中，它永遠包圍著我們，我們沉浸於其中。我們處於歷史和理解的世界中的各個角落；我們理解它的觀念和意義；我們自己就被編織在這個共同的環境之中。」

乎道，師乎聖，體乎經，酌乎緯，變乎騷」（《文心雕龍·序志》），將「明道」、「徵聖」、「宗經」、「正緯」、「辨騷」諸篇列於書首，作為「文之樞紐」，明確提出「道沿聖以垂文，聖因文而明道」（〈原道〉）的主張，紹續並發揚傳統的儒家教化理論，開「文以明道」之先河。在士大夫的政治實踐中，「道」是其與君王抗禮的精神力量，而在文學創作中，「道」又是其實現與君權對話的「意義情結」。

　　文學與政治的對話，是一種自覺的生命意義追求。如果說「道」是誘發這種對話的「意義情結」，那麼，「志」則是實踐對話的特定的文學話語體系。它雖然發自文人的內心，但卻必須符合儒家社會倫理和政治規則，也就是朱自清所說的「表見德性」。[123] 因此，「志」和「道」一樣，都是一種具有恆久遺傳力和現實影響力的「意義情結」。現代社會學家認為，當行動者所處的環境能決定他的行動方向時，「感情和言辭一樣並不是個人的內部狀態。它們也不是根據明顯的行為推斷出來的：它們都是公開的行為，所以也是可以直接觀察到的。因此它們只是一些行動，我們無需特別的命題去描述它們的效果。」[124] 的確，當作家以「思無邪」為標準來審察自己的思想情感時，「意義情結」便作為教化意識規範了對話的話語體系，其所言之「志」也是體道合經的。質言之，作為與政治對話的「志」，不是指「個人的內部狀態」情感，而是那些體現了普遍的道德規範、對社會民生有益的思想，「言志」可以等於抒情，但其情感必須符合聖賢之旨，必須要達到「觀風俗，知得失」的社會政治效果，而那些風花雪月之情，那些狹隘的個人私情，都不在「言志」之列。正如清代袁枚所云：「詩人有終身之志，有一日之志，有詩外之志，有事外之志，有偶然興到，流連光景，即事成詩之志。志字不可看殺也。謝傅之遊山，韓熙載之縱伎，此其本志哉？多識於鳥獸草木之名，亦夫子之餘語及之，而夫子之志豈在是哉？」[125] 可見「志」所代表的文學話語體系是一種以社會關懷為主體的道德實踐，它源自作者的社會認識，超越了作家自身的情感，體現了一種更廣泛更深厚的人文精神。「言志」是一種崇高、一種責任、一種義務，當文學家具備這種崇高、勇於擔當這種責義、成功履行這種義務時，文學才有可能實現與君

123　朱自清，《詩言志辯》（長沙：湖南人民出版社，2010）。

124　〔美〕傑弗里·亞歷山大，賈春增等譯，《社會學二十講》（北京：華夏出版社，2000），頁 217。

125　袁枚，〈再答李少鶴書〉，《小倉山房尺牘》，卷 10。

王權力的對話。

　　「言志」、「明道」這一「意義情結」的社會功用，明確了文學與君權的對話道德必然性，生活中的每一個有責任感的士大夫將對話視作自己的義務，自覺地運用仁道標準對君王政治作出評判，以「志」為標志的文學話語體系成了溝通社會民生與為政方略的紐帶。因此，文學與君權對話的前提是文學家必須有深厚的自身道德修養和對社會細致觀察，它既是個人情感的抒發，又是對現實社會的寫照。政治學家指出：「在人類的共同生活中，可以將個人與制度方面區別開來。在個人的實踐中，包括一個自然人的思考與決斷，他的利益、動機和目的，還有原則和態度、品性。與此相對，在制度的實踐中，則包括關係形式，諸如婚姻和家庭，經濟和教育制度或法和國家，這些在很大程度上預先規定了個人的行為。對人類共同生活的這兩個方面，我們都可以用正義或非正義這兩個詞語來說明，這是指道德的觀點來說的，倘若承認這一觀點，人們便可以彼此對對方有所期待。」[126] 據此，我們也可以將對話的話語系統分為「個人的」與「制度的」。所謂「個人的」，指與作家本人的人生經歷和情感體驗密切相關的道德判斷，它通常指向「我與社會」的倫理義務與責任；所謂「制度的」，指與朝廷政治和策略相關的一種道德判斷，它常常指向「君王與民生」的倫理義務與責任。這兩個話語體系在表面上有時還有些衝突，如孔孟都提倡「以道事君」，「天下有道則見，無道則隱」，「窮則獨善其身，達則兼濟天下」，當自我生存與社會境無法協調時，他們選擇了「隱」和「獨善」。然而這種選擇並不是逃避責任，而是通過與「無道」之君保持距離而維護自己人格的完美，其「獨善」的內容和途徑與儒家道德所要求的「慎獨」是完全相同的[127]。可以說，無論是入仕還是出仕，無論是「窮」還是「達」，無論是「見」還是「隱」，其道德規範和行為準則不會改變，更不會放棄與君權對話的權利。

　　文學與政治的對話，用語言將士大夫的社會關懷與道德評判轉化為一種君臣可以相互溝通的藝術形式，使自我的價值期待與政治正義得以藝術表現，從而實踐生命的意義。共同的道德倫理讓士大夫與帝王有一種期待與約定，所謂

126　〔德〕奧特弗利德・赫費，龐學銓等譯，《政治的正義性》（上海：上海譯文出版社，1998），頁 42。

127　《大學》：「所謂誠其意者，毋自欺也，如惡惡臭，如好好色，此之謂自謙，故君子必慎其獨也。小人閑居為不善，無所不至，見君子而後厭然，揜其不善，而著其善。人之視己，如見其肺肝然，則何益矣。此謂誠於中，形於外，故君子必慎其獨也。」

「恤民為德，正直為正，正曲為直，參和為仁」[128]，「天地養萬物，聖人養賢以及萬民」[129]。以德為政，尊賢愛民君主的品質義務，也是道德評判的標準。如果符合仁禮的道德期待，會得到頌歌；如果不符合仁禮的道德期待，會遭受批評譴責甚至詛咒。從文學的表現形式上來說，前者為美，後者為刺。

那麼在文學與君權的對話中，哪種聲音最響，最富有政治正義感呢？顯然應該是後者。在德化政治氛圍中，道德評判是政治正義的評判，享有優先權。它不僅能激發士大夫的政治參與欲，更能對君王行為產生極強的政治約束力。這是社會學家最樂於稱道的：「正義也是一種社會的約束力，實現這種約束力，不僅可以使人們彼此間接近，獲得好印象，更重要的是可以相互要求，彼此指望，也許甚至相互負有義務。善意、憐憫或團結只有在滿足了要求，滿足了正義的地方才開始出現。正是在這個意義上，正義在社會道德範圍內應在享有優先性，對一個強制性的社會社會制度來說，也許只有正義是合法的。」[130]道德正義的優先性和合法性，給行使道德評判的士大夫們以更強烈的責任，這責任一方面約束了他們的社會行為，另一方面也激勵他們更好地行使臣道。臣道有二，一曰忠君，二曰匡君。在有政治正義感和社會責任感的士大夫心中，匡君的責任比忠君的道德義務更重要，因為「君有過失者，危亡之萌也；見君過失而不諫，是輕君之危亡也。夫輕君之危亡者，忠臣不忍為也。」[131]他們認為，真實地反映民生疾苦，揭露政治的弊端，是政治之必然，而不是「謗訕」君王。所以，為政者不能將「刺」與「謗」等同起來，否則將招致覆滅。同樣，在文學創作中，「刺」君也不能與「謗」政齊觀。關於這一點，清代程廷祚〈刺詩之由〉一文，有所論述：「夫詩之有刺，非苟而已也。蓋先王之遺澤，尚存於人心，而賢人君子弗忍置於度外，故發為吟詠，動為所關。自邶、鄘以至曹、檜，無國無之，國謂盛矣。豈若後世之為詩者，於朝廷則功德祥瑞，於草野則月露風雲，而甘出於無用者哉。漢儒茫然不能發明刺詩之由，紫陽出而擬諸謗訕。然而上以風化下，而下即以風刺上，古之人何相報之薄耶？」[132]君有過則刺，

128　《左傳》，襄公七年。

129　《周易・象傳》。

130　〔德〕奧特弗利德・赫費，龐學銓等譯，《政治的正義性》（上海：上海譯文出版社，1998），頁 41。

131　劉向，〈正諫〉，《說苑》，卷 9。

132　程廷祚，〈論詩六〉，《青溪集》，卷 1。

不縱其惡，是完全符合儒家的為臣之道的。如荀子就十分反感那種無道德正義、獻媚邀寵之人，稱其為態臣：「內不足使一民，外不足使距難，百姓不親，諸侯不信。然而巧敏佞說，善取寵乎上，是態臣者也。」[133] 因此，「美」與「刺」雖不能有絕對的比例，但敢於「刺」上者，不失忠君之道。正如程廷祚云：「漢儒言《詩》，不過美刺二端。《國風》《小雅》為刺者多，《大雅》則美多刺少，豈其本原固有不同者歟？夫先王之世，君臣上下有如一體。故君上有令德令譽，是臣下相與詩歌以美之。非貢諛也，實愛其君有是令德令譽而欣豫之情發於不容已也。或於頌美之中，時寓規諫，忠愛之至也。其流風遺韻，結於士君子之心，而形為風俗，故遇昏主亂政，而欲救之，則一托之於詩。〈序〉曰：『主文而譎諫，言之者無罪，聞之者足以戒。』然則刺詩之作，亦何往而非忠愛之所流播乎？是故非有愛君之心，則《天保》《既醉》，只為奉上之諛詞。誠有愛君之心，則雖《國風》之刺奔刺亂，無所不刺，亦猶人之人子諫父母而涕泣隨之也。」[134]

由「刺」的寫作態度我們可以感受到，強烈的社會責任和政治道德，已經成為士大夫的一種心理結構，內化為一種人格精神，直接作用於士大夫的政治生活和文學創作，愈是政治混亂、國家危亡時，他們憂國傷時的心態便愈重，與君權對話的機率就愈多。所以，「刺」詩不僅體現了士大夫強烈的政治參與意識，而且大都具有一種傷時憂天的焦慮感。荀子曰：「天下不治，請陳佹詩。」[135]《毛詩序》云：「國史（王室史官——引者）明乎得失之跡，傷人倫之廢，哀刑政之苛，吟詠情性，以風其上，達於事變而懷其舊俗者也。」對刺詩的內容和風格都有了規定。在《詩經》中，無論是「國史」所采的「風」，還是士大人自作的「雅」，那些有「刺」意的作品，大都帶有「憂」、「哀」、「傷」、「怨」等具有憂患色彩的詞句。如「家父刺幽王」《毛詩》的〈節南山〉：「……昊天不傭，降此鞠訩。昊天不惠，降此大戾。君子如屆，俾民心闋。君子如夷，惡怒是違。不弔昊天，亂靡有定。式月斯生，俾民不寧。憂心如酲，誰秉國成？不自為政，卒勞百姓。……昊天不平，我王不寧。不懲其心，覆怨其正。家父作誦，以究王訩。式訛爾心，以畜萬邦。」、「大夫刺幽王」《毛詩》的〈正月〉：

133　《荀子・臣道》。

134　程廷祚，〈論詩十三〉，《青溪集》，卷3。

135　《荀子・賦篇》。

「憂心惸惸，念我無祿。民之無辜，並其臣僕。哀我人斯，于何從祿？瞻烏爰止，于誰之屋。……心之憂也，如或結之。今茲之正，胡然厲矣。燎之方揚，寧或滅之。赫赫宗周，褒姒滅之。」又如「大夫刺幽王」《毛詩》的〈十月之交〉：「黽勉從事，不敢告勞。無罪無辜，讒口囂囂。下民之孽，匪降自天。噂沓背憎，職競由人。悠悠我里，亦孔之痗。四方有羨，我獨居憂。民不莫逸，我獨不敢休。天命不徹，我亦不敢傚我友知逸。」

　　這種政治焦慮將「天」作為怨恨和譴責的對象，作者行使「道」賦予的責任，向最高權威發出了不滿，這類詩句在《詩經》中比比皆是。如：「昊天不傭，降此鞠凶。」、「昊天不惠，降此大戾。」（《小雅・節南山》）「悠悠昊天，曰父母且。無罪無辜，亂如此幠。昊天已威，予慎無罪。昊天泰幠，予慎無辜。」（《小雅・巧言》）「浩浩昊天，不駿其德。降喪饑饉，斬伐四國。昊天疾威，弗慮弗圖。舍彼有罪，既伏其辜。若此無罪，淪胥以鋪。」、「如何昊天，辟言不信。如彼行邁，則靡所臻。」（《小雅・雨無正》）這裡的「天」有的指政治意義上超現實的人格神，有的則直接指人間的君王。無論是直接還是間接，作為批評的對象，作者此時已經超越了權力的界限，用鋒利的詩句與最高權力對話，對其為政的失誤和荒謬進行正義的評判。從對話的氣氛中我們可以感受到詩人心中蘊蓄的焦慮和憂憤。君王昏憒，小人當道，忠良遭讒，百姓受難，最後導致王朝覆滅，這一切都深深地刺痛了詩人，故悲怨憤懣之情盡現於詩。因此，司馬遷說：「《詩》三百，大抵聖賢發憤之所為作也。」[136]劉勰亦云：「風雅之興，志思蓄憤，而吟詠情性，以諷其上，此為情而造文也。」[137]如果說，「詩言志」是一種理論意義上的道德政治設計，那麼，這些「發憤」之作就是這種設計的現實化。《禮記・經解》云：「孔子曰：『入其國，其教可知也。其為人也，溫柔敦厚，《詩》教也。』……溫柔敦厚而不愚，則深於《詩》者也。」這能加深我們對「刺」詩的認識，因為「溫柔敦厚」是君臣關係的底線，就是說，只要出於維護國家利益、忠誠於君王為目的，在詩歌中抒寫對統治者的怨恨和憂憤是允許的，也是必要的，才是「不愚」的表現。所以程廷祚又云：「詩人自不諱刺，而詩之本教，蓋在於是矣。」[138]文學與政治的對話，以其正義性

136　《史記・太史公自序》。

137　《文心雕龍・情采》。

138　程廷祚，《青溪集》，卷 1。

和真實性，在現實政治對君權的絕對性起了一定的約束作用。《國語·周語》載：「厲王虐，國人謗王。邵公告曰：『民不堪命矣！』王怒，得衛巫，使監謗者，以告，則殺之。國人莫敢言，道路以目，王喜，告邵公曰：『吾能弭謗矣，乃不敢言。』邵公曰：『是障之也，防民之口，甚於防川。川壅而潰，傷人必多，民亦如之。是故為川者決之使導，為民者宣之使言。故天子聽政，使公卿至於列士獻詩，瞽獻曲，史獻書，師箴，瞍賦，矇誦，百工諫，庶人傳語，近臣盡規，親戚補察，瞽、史教誨，耆、艾修之，而後王斟酌焉，是以事行而不悖，民之有口，猶土之有山川也，財用於是乎出，猶其原隰之有衍沃也，衣食於是乎生。口之宣也，善敗於是乎興，行善而備敗，其所以阜財用，衣食者也。夫民慮之於心而宣之於口，成而行之，胡可壅也？若壅其口，其與能幾何？』王不聽，於是國莫敢出言，三年，乃流王於彘。」這則史例說明，文學與政治的對話在疏導民心、匡護政治方面極有意義，一個常設的對話機制可以給這種對話以制度的保證，從而使君王和臣子形成一種獻詩與納詩的契約，把它當作政治義務，如果臣子盡義務，而君王不能履行自己的義務，將會受到譴責，甚至更大的處罰。

「寫天地之輝光，曉生民之耳目」，[139] 文學家的特殊性一開始就給中國文學以明確的政治定位，賦予其崇高的社會使命。行使政治正義，擔當社會良心，抒寫民生疾苦，糾正朝政弊端，這是文學功利性的最高體現。雖然我們肯定文學發展應該多樣化，但是不能不承認，積極而有效的文學與政治的對話是士大夫政治實踐的重要手段，是古代文學的主流。從政治效用上來說：一個有政治正義和社會良心的文人，就是一個稱職的諫臣。

文人的諫諍精神與文學的政治母題

在中國古代政治制度中，納諫與進諫是君臣間的一種道德契約，君王用賢納諫，臣子盡忠進諫，是君道和臣道的基本要求：「君所謂可而有否焉，臣獻其否以成其可；君所謂否而有可焉，臣獻其可能去其否。是以政平而不干，民無爭心。」[140] 而文學作為諫政議政的工具，其政治功用早在西周時期的采詩制

度和賦詩應對[141]的政治交往中就確認了，伴隨著文人的諫諍行為的普遍化和制度化，文學也逐漸形成了恆久而普遍的政治母題，與政治保持著一種永恆的連繫。

　　士大夫有一種文化優勢：「仕而優則學，學而優則仕」，這種優勢既增加了他們的參政欲望，給他們諫議政治提供必要的知識基礎，也給他們在仕途的進退提供了巨大的自由空間。孔孟高倡的「有道則見，無道則藏」和「窮則獨善其身，達則兼濟天下」，就是這種自由的體現。不過，提倡「慎獨」的儒家知識分子即使在「隱」和「藏」的時候，也是信守仁禮道義的。杜維明對儒家之「學」論述道：「據當時的記載，『學』可分成互相關聯的五部分：詩、政、社會、史、形而上學。綜合起來，它們代表了一項包容廣大的計劃的展開：找回處在危機之中的人類文明的深層意義。」他認為，這種「深層意義」便是將「原始公社」理想化，以「仁」的道德觀喚起人們的共鳴，而這正是詩歌感化作用的寓義所在[142]，這種深層的普遍的社會關懷，使得儒家知識分子在「學」上所花的功夫及所取得的成就，遠遠超過了對文獻本身的興趣和關注：「他們承擔了進行全方位教育的義務，傳播儒學的文字規範，初衷也並非為政府服務。不過，儒家無可否認是古代經典的繼承者。道家試圖超越文字，法家試圖將文獻限定為法律典冊，墨者試圖把文獻當作意識形態武器，陰陽家則試圖將其神秘化，儒家與他們都不相同，而是利用全部文獻，憑借闡釋的藝術將生命力注入其中，並將之作用神聖使命，擔負在自己肩上。他們在解釋學方面的努力創造出了人類的歷史上包容最廣的文學傳統之一。」[143]

　　「仕」與「學」只是兩種不同的生存形態，無論在哪一種生存形態下，其內容和意義沒有本質的區別。議政匡君的諫諍行為既存在於士大夫入仕為官的從政實踐中，也存在於他們未入仕的日常生活裡，這就是孔子所云：「天下有道，

141　《論語・子路》：「子曰：『誦詩三百，授之以政，不達；使於四方，不能專對；雖多，亦奚以為？』」

142　〔美〕杜維明，《道・學・政──論儒家知識分子》（上海：上海人民出版社，2000），頁5。

143　〔美〕杜維明，《道・學・政──論儒家知識分子》（上海：上海人民出版社，2000），頁19。

則庶人不議。」[144] 孟子所云：「聖王不作，諸侯放恣，處士橫議。」[145] 一般說來，士大夫的「未入仕」基本有兩種情形，一種是求仕而未得，一種是不願入仕。而對有「道」之士來說，仕與不仕本身便是一種政治選擇，帶有鮮明的評判意識。當年孟子在回答陳子所問「古之君子何如則仕」時說：「所就三，所去三。迎之致敬以有禮，言將行其言也，則就之；禮貌未衰，言弗行也，則去之。其次，雖未行其言也，迎之致敬以有禮，則就之，禮貌衰，則去之；其下，朝不食，夕不食，饑餓不能出門戶，君問之曰：『吾大者能行其道，又不能從其言也，使饑餓於我土地，吾恥之。』周之，亦可受也，免死而已矣。」[146] 有道君子的去就原則是君主是否有道，其就仕，意味著對君王道德人格和為政原則的肯定；去仕，則意味著否定。因此，在戰國時期，就有一批「不治而議論」的文人。《史記·田敬仲完世家》云：「宣王喜文學遊說之士，自騶衍、淳于髡、田駢、接予、慎到、環淵之徒七十六，皆賜列第為上大夫，不治而議論，是以齊稷下學士復盛，且數百千人。」[147] 所以，無論士大夫「學」與「仕」，「諫諍」都是不可缺少的，它不僅是其人格結構的一部分，而且還是其實現其人生價值的必要途徑。

諫諍精神是一種強烈的政治實踐意識激勵下的社會關懷的體現，它作為文人人格結構的一部分，內化為一種深層的道德原則，規範自己的人生行為。在以詩諫政的政治環境下，無論是采詩獻詩還是諫諍，都需要有相當的文學修養，才能用合適的手段諷諫政治，達到匡正君過的政治效果。而這種修養首先又得從為學做人開始，所謂「興於詩，立於禮，成於樂」[148] 是也。「詩」以正心、「禮」以正身、「樂」以養性[149]，三者最終都要歸於「仁道」，施於教化。詩、禮、

144　《論語·季氏》。

145　《孟子·滕文公下》。

146　《孟子·告子下》。

147　桓寬《鹽鐵論·論儒》所論與此相似：「昔齊宣王褒儒尊學，孟軻淳於髡之徒，受上大夫之祿，不任職而論國事，蓋齊稷下先生，千有餘人。」

148　《論語·泰伯》。

149　朱熹《論語章句》注曰：「興，起也。詩本性情，有邪有正，其為言既易知，而吟詠之間，抑揚反覆，其感人又易入。故學者之初，所以興其好善惡惡之心，而不能自已者，必於此得之。……禮以恭敬為本，而有節文度數之詳，可以固人肌膚之會，筋骨之束。故學者之中，所以能卓然自立，而不為事物之所搖奪者，必於此得之。……樂有五音十二律，更唱迭和，以為歌舞八音之節，可以養人之性情，而蕩滌其邪穢，消融其查滓。故學者之終，所以至於義精仁熟，而自和順於道德者，必於此得之，是學之成也。」

樂雖是做人三部曲，但是當他們施於教化時，又是不可分割的整體。荀子曰：「君子以鐘鼓道志，以琴瑟樂心，動以干戚，飾以羽旄，從以磬管。故其清明象天，其廣大象地，其俯仰周旋有似於四時。故樂行而志清，禮修而行成。耳目聰明，血氣和平。移風易俗，天下皆寧，美善相樂。故曰樂者樂也，君子樂得其道，小人樂得其欲，以道制欲，則樂而不亂；以欲忘道，則惑而不樂。故樂也者，所以道樂也；金石絲竹，所以道德也。樂行而民向方矣，故樂者，治人之盛者也。」[150] 當時是詩樂不分的，荀子在這裡雖然只論「樂」功用，其實詩之功用亦然。詩和樂一樣，都應具有「治人」的社會價值和政治效用。文人的諫諍精神與這種教化意識是相對應的。一方面教化意識培養了文人的諫諍精神，另一方面，諫諍精神又弘揚了文學的教化意識。所以，文人所習之「詩」、「書」、「禮」、「樂」，是以「學」為本，以「政」為用，表裡一致，皆合於「聖」。[151]

　　「道」的廣泛性，形成了傳統士大夫「學」、「政」一體的修養模式，深深地影響到了士大夫的為學做人準則；「聖」的崇高性，又形成了傳統文學「詩」、「教」一體的價值體系，奠定了傳統文學的政治母題。所謂政治母題，是說這些政治因素作為一種文化積澱內化為一種穩定的形式，可以有意或無意、直接或間接地作用於文學創作的每一個過程，從而使文學與政治保持相應的適當的連繫。概而言之，傳統文學中的政治母題包括三個方面：以仁德為基準的內在修養、以感物言志為媒介的社會良心、以諷諫為目的政治功用。

　　仁德修養是政治母題的內化過程。具備了仁德修養，就擁有了評判是非的道德標準，獲得了諫諍的勇氣和膽量，明確了文學的創作方向。孔子曰：「小子何莫學乎詩？詩可以興，可以觀，可以群，可以怨。邇之事父，遠之事君。」[152] 這是人們都知道的名句，然而，這段話只說明了學詩的作用，卻沒有說明如何學詩，如何寫詩。後者在荀子那裡論述得較透，其〈勸學〉篇云：「學惡乎始？惡乎終？曰：其數始乎誦經，終乎讀禮；其義則始乎為士，終乎為聖人。」有了這種知識積累和人格修養，就有非同凡俗的「言辭」：「君子之於言也，志好之，行安之，樂言之。故君子必辯。凡人莫不好言其所善，而君子為甚。故

150　《荀子‧樂論》。

151　《荀子‧儒效》：「聖人也者，道之管也。天下之道管是矣，百王之道一是矣，故詩、書、禮、樂之歸是矣。詩言是，其志也；書言是，其事也；禮言是，其行也；樂言是，其和也。」

152　《論語‧陽貨》。

贈人以言，重於金石珠玉；觀人以言，美於黼黻文章；聽人以言，樂於鐘鼓琴瑟。故君子之於言不厭。」[153] 荀子所強調的「辯言」，其實是一種用完美的語言表現出來的思想，這種思想是符合仁德標準且具有感染力的，這種內在涵養正是士大夫們所追求的。[154] 儒家知識分子為學做人，就是要將詩書禮樂內化為豐富的自我修養，自我修養的提高，意味著文學水平的提高，意味著政治參與能力的加強。因此，培養個人道德修養的過程，是其諫諍精神形成的前提，也是文學的政治母題的內化過程。

感物言志是政治母題的感發階段。「詩言志」是一個古老的話題，儒家將其納入自己詩學體系中，賦予其更鮮明的詩教色彩。中國文學史上，關於「志」與「情」的爭議一直不斷，不過爭議焦點是能否克服「情」的個人因素，使其也像「志」一樣符合教化的需要。[155] 我們暫且撇開「志」或「情」的狹隘功利，單就「言」和「情」的所指而言，我們說「言志」或「緣情」都是文學的政治母題表現的手段。孔穎達釋《詩大序》云：「詩者，人志意之所適也。雖有所適，猶未開口，蘊藏在心，謂之為志。發見於言，乃名為詩。言作詩者，所以舒心志憤懣，而卒成於歌詠。故〈虞書〉謂之『詩言志』也。包管萬慮，其名曰心；感物而動，乃呼為志。志之所適，外物感焉。言悅豫之志則樂興而頌聲作，憂愁之志則哀傷起而怨刺生。《藝文志》云：『哀樂之情感，歌詠之聲發』，此之謂也。」[156] 相對而言，孔穎達的解釋比較符合文學創作規律。感物生情，發言為志，客觀現實（物）──主觀情感（情）──政治教化（志）合而為一，整合為一種深刻而廣泛的政治母題。可見，政治母題的表現，依然離不開作家的諫諍精神。作家內在諫諍精神激發他的政治責任感，使其將目光投向社會，

<hr>

153　《荀子‧非相》。

154　孔子曰：「質勝文則野，文勝質則史。文質彬彬，然後君子。」（《論語‧雍也》）。

155　宋代張戒云：「孔子曰：『詩三百，一言以蔽之，曰：思無邪。』世儒解釋，終不了。余嘗觀古今詩人，然後知斯言良有以也。《詩序》有云：『詩者，志之所之也。在心為志，發言為詩，情動於中，而形於言。』其正少，其邪多；孔子刪詩，取其思無邪者而已。自建安七子、六朝、有唐及近世諸人，思無邪者，惟陶淵明、杜子美耳，余皆不免落邪思也。六朝顏、鮑、徐、庾，唐李義山、國朝黃魯直，及思邪之尤者。魯直雖不多說婦人，然其韻度矜持，冶容太甚，讀之足人蕩人心魄，此正所謂邪思也。魯直專學子美，然子美詩，讀之使人凜然興起，蕭然生敬，《詩序》所謂『經夫婦、成孝敬、厚人倫、美教化、移風俗』者也。豈可與魯直詩同年而語耶？」（《歲寒堂詩話》卷上）

156　孔穎達，《毛詩正義》，卷1。

關注民生疾苦，「饑者歌其食，勞者歌其事」[157]，這才是社會的良心。因此文學家所感之事受其內在良知的誘發，他感物生情與諫諍精神是同步的，感物言志可感發政治母題，也可寄托作家的諫諍精神。

諷諫實踐是政治母題的實現階段。諫諍精神決定了士大夫不會滿足於在文學中自我陶冶，他們要充當社會的良心，針砭時弊，匡君之過；而進諫與納諫的政治設計給文學的諷諫實踐提供了制度基礎，[158] 因此，無論作家在朝還是在野，當文學作品作用於朝政時，文學的政治母題便實現了。《詩經》在這一方面的實踐對後代影響最為直接。在《詩經・大雅》中，有兩首明確使用了「大諫」字眼的詩，一首是〈民勞〉：「王欲玉女，是用大諫」，[159] 一首是〈板〉「靡聖管管，不實於亶。猶之未遠，是用大諫。」[160] 據《毛詩序》，「〈民勞〉，召穆公刺厲王也。」、「板，凡伯刺厲王也。」歷來注《詩經》者對此說都沒有多少異議。這兩首詩用真實的事實，憂憤的情感，向那位暴虐之君提出了「大諫」，諫諍精神體現得非常鮮明。〈民勞〉中，每章都重複了「民亦勞止」、「無縱詭隨」這兩句，以突出「勸告厲王安民防奸」[161] 的諷諫主題。至於那些未用「諫」或「大諫」字樣，而盡諷諫之職的作品就更多了，如〈蕩〉，即「召穆公傷周室大壞也。厲王無道，天下蕩蕩然無綱紀文章，故作是詩也。」（《毛詩序》）如〈桑柔〉，即「周厲王好專利，芮良夫諫而不入，退賦〈桑柔〉之詩以諷。」[162]《詩經》包括《詩經》時代的政治實踐，奠定了文學諷諫政治的基本模式，王逸〈楚辭章句序〉云：「其後周室衰微，戰國並爭，道德陵遲，譎詐萌生，於是楊、墨、鄒、孟、孫、韓之徒，各以所知著造傳記，或以述古，或以明世。而屈原履忠被譖，憂悲愁思，獨依詩人之義，而作〈離騷〉，上以諷諫，下以自慰。」漢代采詩制度的延續產生了樂府詩，楚辭的諷諫精神在賦中得到發揚。自此以後，儘管采詩制度不再存在，儘管絕大部分文人並不能入仕為官，但文學的政治母題和文人的諫諍精神卻深深地植根於他們的人格修養

157　何休，《春秋公羊傳注疏》，卷 16，宣公十五年解詁。

158　《禮記・王制》云：「命大師陳詩以觀民風。

159　林義光《詩經通解》：「玉女，謂財貨與女色也。」

160　《鄭箋》：「王無聖人之法度，管管然以心自恣。」又「不能用實於誠信之言，言行相違也。」亶：誠信。

161　參見程俊英等，《詩經注析》（北京：中華書局，1999），頁 836。

162　王符，《潛夫論・遏利篇》。

中，只要有適當的時機，他們都不會放棄實踐政治母題的努力。這是中國傳統文學的一大特色。

　　人格修養、感物言志、諷諫實踐所構成的文學的政治母題，在文人的社會生活和政治實踐中具有極大的統懾力。由於士大夫本身兼具文人（知識分子）和官員兩種身分，作為君主權力的依附者，他有著強烈的求仕為官的欲望，而「學」文化的優勢使他們以「道」抗禮「勢」，有著極強的道德評判意識。而在儒學觀念中，人格修養並不是階段性的，它貫穿於人的一生，因此，無論是求仕為官還是在野閑居，他們首先要求自己是一個守道者。這種行為宗旨使得中國古代的文人終身都難以擺脫與現實的關係，只他們以社會良心關注社會時，諫諍精神引導他們成為民眾的代言人，成為維護君主政體而又約束君主權力的諫臣。

第一章　唐代諫官制度與文人政治地位的確立

　　中國古代政治中，制度的集權性與政治觀念的反專制性時常發生矛盾。為了消彌這種矛盾，君臣之間幾乎達成了一種道德的默契。從道義上說，君主應任賢納諫，臣子應盡忠進諫。因而，在古代政治生活中，「諫」出現的頻率最高，特別是諫議作為一種制度確立下來之後，普遍意義上的諫臣演化專職的諫官。諫官制度從秦漢到隋唐經歷了由草設到完善的過程。唐代是諫官制度最成熟的時期，也是文人的政治地位得到制度上的確認的時期。

第一節　唐代諫官體系的設置與運作

　　諫官以規諫君之過為職責，在古代政治制度中占有相當重要的地位。早在周朝時就有「掌諫五惡」的保氏，[1]秦漢時設散騎、諫議大夫、給事中諸官職，專司諫諍。自秦漢至唐以前，擔當言諫之職的基本還是這是官員。唐朝官制基本依於隋，諫官的設置多形式上似乎沒有多大的變化，但在責權體系和運作方式上卻有所不同，這種不同也正是唐代諫官能較主動地行使諫職的主要原因。

　　一

　　唐代實行中書省、門下省、尚書省三省制度，宰相由三省長官擔任，而有

1　《周禮》，卷4，〈地官・司徒下〉。

司諫職能的官職多在門下省和中中書省。隸屬門下省的有給事中、左散騎常侍、左諫議大夫、左補闕、左拾遺、起居郎；隸屬中書省的有右散騎常侍、右諫議大夫、右補闕、右拾遺。唐時兩省諫官人數很多，當時已有「諫院」之稱。如李肇《唐國史補》卷下云：「每大朝會，監察御史押辦不足，則使下御史因朝奏者攝之。諫院以章疏之故，憂患略同。」又吳融〈和陸拾遺題諫院松〉，亦明確提取「諫院」一詞。足見諫官隊伍龐大，諫官已成為唐代政治體系中重要的組成部分。茲將諸諫官之設置與職責介紹於此。

散騎常侍。秦時置散騎，為加官，又置中常侍散騎，並乘輿，後中常侍得入禁中，皆無員，漢因之，並加官。散騎有常侍侍郎與侍中黃門侍郎，後漢中初省散騎，而中常侍改用宦者，魏文帝黃初置散騎，合於中常侍，謂之散騎常侍。「散騎常侍掌規諫，不典事」，[2] 唐初置散騎常侍，從三品，仍為散官。貞觀十七年（643）改為職事官，置二員，隸門下省。顯慶二年（657）分左右置，中書、門下各二員。廣德二年（764）升為正三品，加置四員。《唐六典》中明確規定了散騎常侍的諫官職責：「常侍奉規諷，備顧問應對。」散騎常侍是一種地位極顯的諫官，「謂之極侍，宰臣次列。」[3] 由於任此職者多為元老及罷政大臣，所以雖然職為「侍奉規諷」，實則侍奉多而規諷少，以至於唐代有人對此極為不滿。如長慶四年（824）諫議大夫李渤奏：「據《六典》，常侍（脫一侍）奉規諷，其官久不舉職，習已成例，若設官不責其事，不如罷之，以省其費；苟未能罷，臣請特勅，令准故事，行其職業。」[4] 當然，也並不是每個散騎常侍都素餐，貞觀時期的劉洎、太和年間的崔玄亮，都是以散騎常侍的身分進諫的。

給事中。秦置，漢因之，位次於中常侍，侍中黃門，無員，為加官。《文獻通考》曰：「有以事殿中，故曰給事中。」東漢時省，魏代復置，或為加官，或為正員，晉無加官，亦無常員。南北朝時期，此官時設廢，官無定員。隋代初年無此官，至開皇六年（公元586），始詔吏部置給事郎，煬帝大業三年（607）移作門之下職，位次黃門下，置員四員，從六品上。唐高祖武德三年（621），改給事郎為給事中，定為四員，正五品上。高宗龍朔二年（662）改為東臺舍人，咸亨元年（670）復舊。

2　《文獻通考》，卷50。

3　《唐會要》，卷54，〈左右散騎常侍〉。

4　《唐會要》，卷54，〈左右散騎常侍〉。

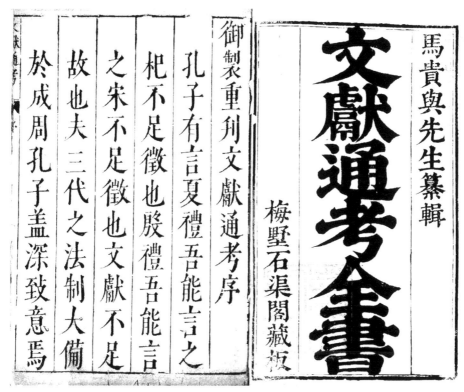

圖4　《文獻通考》

給事中始以在內廷服務為職，唐以前隸屬關係尚未固定，執掌至隋代逐漸清楚：「侍從左右，獻納得失，省諸奏聞文書，意異者，隨事為駁。」[5]唐代，「給事中為門下省之要職」[6]，雖用舊名，但執掌之多，諫權之重，已非此前可比：「主常待從，讀署奏抄，駁正違失，分制省事，若侍中侍郎並闕，則監封題，給驛券。前代雖有給事中之名，非今任也。」[7]《唐六典》中規定：「給事中，掌奉左右，分判省事。凡百司奏抄，侍中審定，則先讀而署之，以駁正違失。凡制勅宣行，大事則稱揚德澤，褒美功業，覆奏而請施行；小事則署而頒之。凡國之大獄，三司詳決，若刑名不當，輕重或失，則援法例退而裁之。凡發驛遣使，則審其事宜，與黃門侍郎給之；其緩者給傳，即不應給，罷之。凡文武六品已下授職官，所司奏擬，則校其仕歷深淺，功狀殿最，訪其德行，量其才藝，若官非其人，

5　《隋書》，卷26，〈百官志上〉。

6　瞿蛻園，〈歷代職官簡釋〉，附載於《歷代職官表》（上海：上海古籍出版社，1980）。

7　《獻典》，卷21，〈職官三〉。

理失其事，則白侍中而退量焉。若文武進級至於三品五品，則覆其入仕之階，考會所由之狀而奏裁之，凡制敕文簿，授官甲曆皆貯之於庫，監其檢覆以出入焉。其弘文官圖書繕寫讎校，亦課而察之。凡天下冤滯未申，及官吏刻害者，必聽其訟，與御史與中書舍人，同計其事宜而申理之。」[8]《新唐書・百官志》把給事中的駁封稱為「塗歸」：「凡百司奏鈔，侍中既審，則給事中駁正違失，詔敕不便者塗竄而奏還，謂之塗歸。」可見，給事中在唐門下省中是舉足輕重的，審讀奏章、駁封制敕、聽訟斷獄、考核官員、上書言事等，「具有集諫官、憲官、法官的某些特徵於一身的特點」，[9]已不再是普通意義上的侍從官，而是一個責任重大、職權極高的職位。不僅許多名臣都曾任此職，如太宗朝的魏徵、張玄素；而且許多人還以此職直接任宰相，如呂元膺、李藩。

　　諫議大夫。從名稱和職責上來看，諫議大夫的諫官特色是最鮮明的。《文獻通考》卷 50 云：「秦置諫議大夫，無常員，多至數十人，屬郎中令。至漢武帝元狩五年，始更置之。後漢增諫大夫為諫議大夫，亦無常員。二漢並屬光祿勳。後魏亦曰諫議大夫，北齊有七人，屬集書省，後周地官府有保氏下大夫，規諫於天子，蓋比其任也。」隋文帝立諫議大夫，七員，屬門下省，從四品下。煬帝廢之。唐武德五年（622）復置，屬門下。正五品上。[10]龍朔二年（662）改諫議大夫為正諫大夫。後又置諫議大夫，屬中書。開元以後廢正諫大夫，以諫議大夫屬門下，共四人。德宗貞元四年（788）分左右置，各四員，分屬門下、中書兩省。《唐六典》卷八云：諫議大夫的職守是：「常侍從贊相，規諫諷諭。」隋朝時諫議大夫雖然品級高於唐朝，人數多於唐朝，但卻少有以「諫議大夫」之職顯於史者。原因何在？主要原因是唐朝將諫議大夫作為參政議事的主要成員，使得這個官職的議政功能落到了實處。如貞觀時期，「中書門下及三品以上入內平章國計，必使諫官隨入。得聞政事，有所開說，太宗必虛己以納之。」

8　《大唐六典》卷 8。（日本）廣池千九郎訓點，內田智雄補訂。広池學園事業部，1973年刊行本。《舊唐書・職官志二》所載基本同此。又白居易〈鄭覃可給事中制〉云：「給事中之職，凡制敕有不便於時者，得封奏之；刑獄有未合於理者，得駁正之；天下冤滯無告者，得與御史糾理之；有司選補不當者，得與侍中裁退之。」（《白居易集》卷 48）。

9　張國剛，《唐代官制》（西安：三秦出版社，1987），頁 37。

10　關於諫議大夫的品級，《新唐書》卷 47〈百官二〉云：「左諫議大夫四人，正四品下。」與《舊唐書》有出入。《唐六典》卷 8：「諫議大夫四人，正五品上。」姑依《舊唐書》及《唐六典》，係於五品。

而諫議大夫甚至還有署敕之權。如「武德九年，上（太宗）遣使點兵，封德彝奏：『中男雖未十八，其軀幹壯大者，亦可並點。』上從之。敕出，魏徵固執，以為不可，不肯署敕（胡三省注：按唐制，中書舍人則署敕，魏徵時為諫議大夫，抑太宗亦使之連署邪？），至於數四。」[11] 而在此後，諫議大夫可知制誥，更有以諫議大夫同平章事，[12] 足見唐代的諫議大夫的行政職能較此前有了空前加強，而唐代許多名臣如魏徵、王珪、褚遂良等，都在此任上做出過卓越的成績。而作為一種榮譽，睿宗特以「諫議大夫」追封蘇安恆、燕欽融、郎岌等忠貞之臣。

　　補闕、拾遺。補闕與拾遺創置於武則天垂拱元年（685）。關於補闕，《唐六典》云：「言國家有過闕而補正之，故以名官焉。《詩》云：『袞職有闕，仲山甫補之。』蓋取此義。」關於拾遺，《唐六典》云：「言國家有遺事，拾而論之，故以名官焉。」補闕與拾遺的授官條件十分優厚：「其才可則登，不拘階敘」。[13] 初置時左右補闕各二人，從七品上，左右拾遺各二人，從八品上。天授二年（691），增至各五人。大曆七年（772）加至各七人。補闕和拾遺的職責十分明確：「掌供奉諷諫，扈從乘輿。凡發令舉事，有不便於時，不合於道，大則廷議，小則上封。若賢良之遺滯於下，忠孝不聞於上，則條其事狀而薦言之。」[14] 補闕和拾遺雖然只是七品八品的小官，但由於肩負諫諍之職，官職不由吏部注擬而由皇帝和宰相親授，是清選近侍之官，為時人所重。白居易剛任拾遺時，曾感慨道：「驚近白日光，慚非青云器。」[15] 因此，在這兩個職位上的諫官都十分盡職，產生了許多以「直聲」著稱的人物。而唐代許多著名的政治家和文學家都曾任過此職，如張說、張九齡、杜甫、白居易、元稹等。

　　起居郎。唐朝創置的史官。《唐六典》卷8云：「起居郎，因起居注以為名。起居注者，紀錄人君動止之事。」《文獻通考》敘古代史官之歷史曰：「周官有左右，《史記》記其言事，蓋今起居之本。漢武帝有禁中起居，後漢馬皇后撰明帝起居注，則漢起居似在宮中，為女史之任。又王莽時置柱下五史，秩如御史，聽事侍傍，記其言行，此又起居之職。自魏至晉，起居注則著作掌之，

11　《資治通鑑》，卷192。
12　《舊唐書》卷165〈柳公權傳〉：「以諫議知制誥。」又同書卷167〈趙宗儒傳〉：「與諫議大夫崔損同日以本官同中書門下平章事。」
13　《唐六典》，卷8。
14　《舊唐書》，卷43，〈職官二〉。
15　白居易，〈初授拾遺〉，《白居易集》，卷1。

其後起居皆近侍之臣錄記也，錄其言行與勳伐。歷代有職而無其官。後魏始置其起居令史，每行幸宴會，則在御史左右，記錄帝言及宴賚客訓答。後又別置修起居注二人，以他官領之，北齊有起居省，後周有外史掌書王言及動作之事，以為國志，即起居之職。又有著作二人掌綴國錄，則起居注著作之任自此分也。」史官所兼有的諫官之職在唐朝得到了進一步加強。《舊唐書·職官二》云：「隋始置起居舍人二員。貞觀二年省起居舍人，移其職於門下，置起居郎二員。顯慶中又置起居舍人，始與起居郎分在左右。龍朔二年改為左史。」起居郎從六品上，其職責是：「掌錄天子起居法度。天子御正殿，則郎居左，舍人居右。有命，俯陛以聽，退而書之，季終以授史官。」[16] 起居郎和起居舍人職責各不一樣。《舊唐書·百官志二》曰：「起居郎掌起居注，錄天子之言動法度，以修記事之史。凡記事之制，以事繫日，以日繫月，以月繫時，以時繫年。必書其朔日甲乙，以紀曆數，典禮文物，以考制度，遷拜旌賞以勸善，誅伐黜免以懲惡。季終則授之國史焉。」、「起居舍人掌修記言之史，錄天子之制誥德音，如記事之制，以記時政損益。季終則授之國史官。」起居郎和起居舍人雖然都屬記注官，都為修撰國史收集實事，但所司之職側重點不同，起居郎更具諫官色彩，而起居舍人則未列入諫官，如魏徵的後代魏謩於唐文宗大和三年由右補闕轉起居舍人，「紫宸中謝，帝謂之曰：『以卿論事忠切，有文貞之風，故不循月限，授卿此官。』……謩將退，又召誡之曰：『事有不當，即須奏論。』謩曰：『臣頃為諫官，合伸規諷。今居史職，職在記言，臣不敢輒踰職分。』」[17] 而柳公權由諫議大人任起居舍人後，依然直言進諫，文帝曰：「極知舍人不合作諫議，以卿言事有諍臣風彩，卻授卿諫議大夫。」[18] 所以，唐代多以起居郎兼居諫職，「以給事中、諫議大夫兼知起居注，或知起居事。」[19] 太宗之後，起居郎的諫議功能有所削弱，據《唐會要》載：「貞觀中，每日仗退，太宗與宰臣參議政事，即令起居郎一人，執簡記錄。由是貞觀注記政事，稱為畢備。及高宗朝會，端拱無言，有司唯奏辭見二事。其後許敬宗、李義府用權，多妄論奏，恐史官直書其短，遂奏令隨仗便出，不得備聞機務。因為故事。」[20] 而且，在奸臣亦常常

16　《新唐書》，卷47，〈百官志二〉。
17　《舊唐書》，卷176，〈魏謩傳〉。
18　《舊唐書》，卷165，〈柳公權傳〉。
19　《新唐書》，卷176，〈百官志二〉。
20　《唐會要》，卷56，「起居郎起居舍人」條。

在史官與諫職之間做文章，以削弱史官的諫政功能。如唐德宗時，裴延齡專權，張薦以諫議大夫充史館修撰，「時裴延齡恃寵，讒毀士大夫，薦欲上書論事，屢揚言未果。延齡聞之怒，奏曰：『諫官論朝政得失，史官修人君善惡，則領職者不宜諫議。』德宗以為然。薦為諫議月餘，改秘書少監。」[21] 儘管如此，有唐一代還是不乏「不隱善、不諱惡、善惡必書」的良史，對朝政起到了一定的諫諍作用。所以有人贊歎道：「世人不知史官權重宰相，宰相但能制生人，史官兼制生死，古之聖君賢臣所以畏懼者也。」[22]

二

虛心納諫和直言進諫是唐代君臣最關心的問題，諫官的設置意在從制度上建立納諫與進諫的機制，調動大臣進諫的積極性，激勵君王納諫的主動性。這個機制首先體現在諫官的設置從體制上來說是相當完整的。散騎常侍、給事中、諫議大夫、起居郎、補闕、拾遺等，自上而下，職責分明，相互配合，構成了一個相當嚴密的責權體系，使得唐代諫官成為一個極富責任感和影響力的諫議群體。因此，分析唐代諫官的責權體系，對我們認識唐代諫議制度的設置特點，是十分重要的。

唐太宗對君臣關係的認識比較開明，他以隋亡為鑒，心中常有一種亡國的憂患感，他認為只有「納諫」和「直言」君臣關係才能真正實現「君臣契合」：「君臣本同治亂，共安危，若主納忠諫，臣進直言，斯故君臣合契，古來所重。若君自賢，臣不匡正，欲不危亡，不可得也。君失其國，臣亦不能獨全其家。至如隋煬帝暴虐，臣下鉗口，卒令不聞其過，遂至滅亡，虞世基等尋亦誅死。前事不遠，朕與卿等可得不慎，無為後所嗤。」[23] 這種認識在唐代士大夫那裡也得到了認同。人們樂於稱道的《貞觀政要》是史官吳兢編寫呈給唐玄宗的，[24] 其中最精彩的篇章便是言「諫」部分，這是對唐太宗英明政治的歌頌，也表明了士大夫的政治理想，它向君王發出一個信息：只要在宜適的政治氣氛下，大臣的「諫議」行為將是非常積極主動的。這是一種更具有時代感的君臣契合意識，

21　《舊唐書》，卷149，〈張薦傳〉。

22　《新唐書》，卷115，〈朱敬則傳〉。

23　《貞觀政要》，卷3，〈君臣鑒戒〉。

24　吳宗國〈《貞觀政要》與貞觀君臣論治〉一文以為是獻給唐睿宗的。參見《國學研究》第三卷。

這種意識也正是唐代諫官制度設置的政治心理基礎。

唐代諫官制度的設置，就是有效地落實以「諫」為紐帶的君臣契合意識，明確了一套完整的責權體系。唐代諫官打破了以前諫官多為加官、有職無權的傳統，繼承隋制，使諫官均為實職，即使是榮譽性的散騎常侍，也以實職侍之。散騎常侍、給事中、諫議大夫、起居郎、補闕、拾遺，官職由從三品到從八品，責權也滲透到了朝政的各個層面。而每個層面上的諫職互有側重，相互配合，構成了一個分工明確的責權體系。

散騎常侍掌規諷過失，侍從過問；給事中掌駁正違失；諫議大夫掌諫諭得失，侍從贊相；起居郎掌起居注，記錄政言得失；補闕拾遺掌供奉諷諫。散騎常侍作為侍之極，以元老或罷政大臣的榮譽之職，儘管有「規諫」之責，但元老和罷政大臣的天性，又使得他們在諫議方面不可能過於主動，或於激烈。為了彌補這一不足，唐代諫議制度的設置上加重了給事中和諫議大夫的職權。作為門下省的重要官員，給事中在朝廷政治中承擔了極重要極關鍵的職責。「讀署奏鈔、駁正違失、分判省事」，可以說，給事中的盡責與否，直接關係到皇帝為政的好壞，而當他以諫官的身分行使憲官和法官的職權時，諫官所表現不僅僅是議政，而是實實在在地執政。給事中從秦漢一直到南北朝諸代，雖均有「掌獻納、省諸奏聞」之責，但為「加官」，人員未定，無多實權。唐繼隋制，賦予了給事中更大的參政職權，使諫官在百官中占據了舉足輕重的地位：「吏部、兵部主文武選，凡奏擬皆過門下省，百司奏抄，侍中既審，給事中讀之，有違失則駁正。」[25] 以至於奸臣為惡時，感覺阻力最大的便是給事中，如「（大曆六年）秋七月，丙午，元載奏，凡別勅除文、武六品以下官，乞令吏部、兵部無得檢勘。從之。時元載所奏擬多不遵法度，恐為所司所駁故也。」[26] 如果說給事中之職權重在詔書草發布之前的「駁違」，那麼諫議大夫則重在草詔之前的諫爭，前者是事後的糾正，後者是事前的諫止。唐朝諫官制度中有關諫議大夫隨宰相與三品以上官員同入議事之規定，突出了諫官在朝廷決策方面的作用。補闕拾遺雖然品級最低，卻是唐代諫官中最活躍的一分子。身為左拾遺白居易道出了個中的原因：「其選甚重，其秩甚卑。所以然者，抑有由也。大凡人之情，位高則惜其位，身貴則愛其身。惜其位則偷合而不言，愛其身則苟容而不諫，

25　《資治通鑑》，卷232，胡三省注「不如給事則有吏過、兵過」。

26　《資治通鑑》，卷224。

此必然之道也。故拾遺之置，所以卑其秩者，使位未足惜，身未足愛也。所以重其選者，使上不忍負恩，下不忍負心也。夫位未足惜，恩不忍負，然後能有闕必規，有違必諫；朝廷得失無不察，天下利病無不言，此國朝置拾遺之本意也。」[27] 所以補闕拾遺兩類諫官以其卑微之品級，認真地行使了諫官之責，在諫議大夫和給事中之外，起到了「補闕拾遺」的作用。至於起居郎，唐朝用給事中和諫議大夫兼知，亦在於以直史精神，盡規諷之責，並對皇帝的言行起到一定的約束作用。正如貞觀時期的給事中兼起居杜正倫所云：「君舉必書，言存左史，臣職當修起居注，不敢不盡愚直。陛下若一言乖於道理，則千載累於聖德。非直當今損於百姓。願陛下慎之。」[28]

唐代諫官制度的責權體系，不僅體現在諫官職責的層次性和針對性，而且還體現在諫官責權的一致性和互補性，能讓諫官在從同的角度構成一個立體的監督網，使諫官的諫議形成一種強大政治合力，從而增加諫官議政和參政的整體效果。在唐代諫官的意識中，儘管品級不同，職權不一，但匡諫君過是其一致的目標，只要朝中需要諫諍之聲，所有的諫官都會匯成一股宏亮的大合唱。在這個時候，他們超越了各級諫官的品階限制，發揮了一個群體的巨大優勢。如文宗大和五年（831），「宰相宋申錫為鄭注所構，獄自內起，京師震懼。」、「左常侍崔玄亮、給事中李固言、諫議大夫王質、補闕盧鈞、舒元褒、羅泰、蔣係、裴休、竇宗直、韋溫、拾遺李群、韋端符、丁居晦、袁都等一十四人，皆伏玉階下奏以申錫獄付外，請不於禁中訊鞫。文宗曰：『吾已謀於公卿大僚，卿等且出。』玄亮固言，援引今古，辭理懇切。玄亮泣涕久之，文宗意稍解。貶申錫為右庶子。」[29] 這是以散騎常侍為首的諫官的群諫。又，唐德宗貞元年間，陽城為諫議大夫，「陸贄、李充等，以讒毀受譴，朝廷震懼。上怒未解，勢不可測，滿朝無敢言。城聞而起曰：『吾諫官也，不可令天子殺無罪人。』即率拾遺王仲舒等數人，守延英門上疏。論（裴）延齡奸佞，贄等無罪。上大怒，召宰臣入語，將加城等罪。良久乃解，令宰相諭遣之。」又：「（元和）十五年十月，諫議大夫鄭覃、崔郾、右補闕辛邱度、左拾遺韋瓘溫，會於閣中奏事，

27　《白居易集》，卷 58，〈初授拾遺獻書〉。

28　《唐會要》，卷 56，「起居郎起居舍人」條。

29　見《舊唐書》卷 165〈崔玄亮傳〉，卷 167〈宋申錫傳〉。

諫以上宴樂過度。」[30] 這是以諫議大夫為首的諫官群諫。

此外，還有上級諫官未完成的使命，下一給諫官接續完成的。《唐會要》卷 55 載穆宗長其四年三月十九日，「上坐朝甚晚，自即位以來，坐朝皆晚，此日尤甚。群臣候朝至宣武門，已立數刻。至紫宸門，又絕晚，不召群官。有至不任端立，欲傾仆者。諫議大夫李渤出次，白宰相曰：『昨日已有疏論坐晚，今又益晚。不能回上意，是某之罪。』遂出閣門，赴金吾仗待罪。有頃，喚仗入，退朝。百官趨出。左拾遺劉栖楚獨進諫。」栖楚最後終於說服了穆宗。上述三個史例表明，唐代諫官的責權雖然因品級和官職的不同而有所側重，但在諷諫帝王、匡正謬誤方面，他們的責權是對等的，因此，諫官在進諫論事時可以「連狀」，這種作法到晚唐才停止。《唐會要》卷 56：「會昌四年（844）六月，中書門下奏：諫官論事，臣等商量，望各陳所見，不要連狀，涉於糾雜。如有大段意見，及朝廷重事，必須連狀者，即令同商量進狀，不得輒有代署。敕旨依奏。」這從另一方面證明，諫官面對是非，都有相同的判斷，並能團結一致的行為。為匡諫君過，完成諫官的使命，品級、官職已經不再重要，共同的目標，使他們組合成了一股強大的力量，遏制了君王的濫用刑罰或荒淫享樂，成為了政治正義的化身。

唐代諫官制度的責權體系是分工與合作的有機結統一，分工是為了更具體地監督，合作是為了更有效地規諫。這種責權體系一方面從內部增加諫官責任感，避免大而空；另一方面，又能向外部展示諫官的政治地位，避免諫議制度的形式主義。因此，在唐代不僅每代都能產生一些傑出的諫官，而且唐代的幾位有傑出的皇帝，如太宗、玄宗、憲宗、文帝，都對諫官有幾分敬畏，這也許正是唐代政治的特色。

三

唐代諫官制度的責權體系使得諫官制度形成了一種動態的諫議機制，充分調動了諫官諫議的能動性，加大了他們的參政機率，從而使諫官成了唐代政治中一支不可忽略的力量。為了使這支力量更好地發揮作用，唐代諫官的進諫還有其相對於普通朝官較為獨立的運作方式。

30　均見《唐會要》，卷 55，「諫議大夫」條。

　　唐代諫官分置在門下省和中書省，除給事中獨屬門下省之外，散騎常侍、諫議大夫、補闕、拾遺都是兩省分置，但議事卻集中於一處，當時稱為「諫院」。諫官的諫議活動當然得與朝廷政治為主，匡諫君王言語或為政之失，或預防於將然，或補救於已然。諫官責任的特殊性使其在言論方面自由度要求更高，唐代諫官制度在運作時正好注意到這一點，在進諫心態和進諫時間上給予諫官極大的自由。

　　唐朝初年，太宗大開諫路，進諫的數量甚多，但太宗對進諫的內容很不滿，「太宗嘗嫌上封者眾，不近事實，欲加黜責。（魏）徵奏曰：『古者立誹謗之木，欲聞已過。今之封事，謗木之流也。陛下思聞得失，祇可恣其陳道。若所言衷，則有益於陛下；若不衷，無損於國家。』太宗曰：『此言是也。』並勞而遣之。」[31] 又《資治通鑑》亦載唐憲宗一事：「上又嘗從容問（李）絳曰：『諫官多謗訕朝政，皆無事實，朕欲謫其尤者一二人以儆其餘，何如？』對曰：『此殆非陛下之意，必有邪臣以壅蔽陛下之聰明者。人臣死生，繫人主之喜怒，敢發口諫者有幾！就有諫者，皆晝度夜思，朝刪暮減，比得上達什無二三。故人主孜孜求諫，猶懼不至，況罪之乎！如此，杜天下之口，非社稷之福也。』上善其言而止。」[32] 在一個虛心納諫的政治氣氛下，諫官的諫奏應該是相對自由，即使「不近事實」，也不應受到懲罰，這樣就能給諫官一個相對自由的心理空間。另外，諫官職業的特殊性使其對時間的要求也比較特殊，唐代諫官制度在運作方面也兼顧到了這一點，它有定時的進諫，如乾元二年（758）敕：「兩省諫官，十日一上封，直論得失，無假文言，冀成殿最，用存沮勸。」[33] 又有不時的進諫。如「開元十二年四月勅令：自今以後，諫官所獻封事，不限旦晚，任封狀進來，所由門司，不得有停滯。如須側門論事，亦任隨狀面奏，即便令引對。如有除拜不稱於職，詔令不便於時，法禁乖宜，刑賞未當，征求無節，冤抑在人，並極論失，無所回避。」[34] 這些規定，使諫官行使自己的職責在有了較大的自由度，雖然皇帝不可有完全遵守這種規定，但至少可以給諫官以一種制度上的激勵。

　　王夫之云：「夫諫官職在諫矣，諫者，諫君者也。徵聲逐色，獎諛斥忠，

31　《舊唐書》，卷 71，〈魏徵傳〉。

32　《資治通鑑》，卷 237，「憲宗元和二年」條。

33　《唐會要》，卷 55。

34　《唐會要》，卷 55。

好利喜功，狎小人，耽逸豫，一有其幾而必犯顏以諍；大臣不道，誤國妨賢，導主賊民，而君偏任之，則直糾之而無隱。」[35] 諫官的特殊職責，決定了他不是一般意義上官員，他是通過與皇帝和朝中執政大臣的衝突顯示出實現自己的價值的，唐代諫官制度在運作方式也注意到了這一特徵，特意制定了皇帝和大臣的迴避制度，給諫官以獨立的諫政權。由於與諫官進諫最直接發生矛盾的是皇帝和大臣（主要是宰相），所以唐代諫官制度在諫官與皇帝和與宰相的關係上亦有諫臣優先的運作機制。

　　君主政治中皇帝擁有最高權力，諫官不可能從權力上約束皇帝，諫官的諫諍成功與否與皇帝的開明與否相關，而要想讓皇帝接受諫官的正確意見，就必須讓他有所畏。孔子說：「君子有三畏，畏天命，畏大人，畏聖人之言。」[36] 在君權至上的政治體系中，也許只有那虛擬的天命和實在民心才能真正讓君王有所畏，正如唐太宗所言：「人言天子至尊，無所畏憚，朕則不然，上畏皇天監臨，下憚群臣瞻仰，兢兢業業，猶恐不合天意，未副人望。」[37]「直史」的政治作用就在於為天立命，為民立心，讓至尊的天子有所懼。這是史官的職責，也是他的權力。為了更有效地行使史官的權力，唐代諫官制度在運用時，規定皇帝迴避制，對起居郎所記之言或事，皇帝無權過問，更不得更改。唐代只要是由諫官兼任的史官，[38] 諫議意識都極強，維護諫官權力的意識也很強，他們常常

圖5　魏徵碑誌

以「史」為武器規諫君王。因此在唐史上，很多關心自我形象的皇帝都很想看「起居注」，為此時常與史官發生衝突。

35　王夫之，《讀通鑑論》，卷20，「太宗」條。

36　《論語・季氏》。

37　《資治通鑑》，卷192。

38　諫官多兼起居郎，偶有兼起居舍人者，如魏徵以諫議大夫兼起居舍人（《舊唐書・魏徵傳》）。

　　貞觀十六年（642）四月，「上（太宗）謂諫議大夫褚遂良曰：『卿猶知起居注，所書可得觀乎？』對曰：『史官書人君言動，備記善惡，庶幾人君不敢為非，未聞自取而觀之也！』上曰：『朕有不善，卿亦記之邪？』對曰：『臣職當載筆，不敢不記。』黃門侍郎劉洎曰：『借使遂良不記，天下亦皆記之。』」[39]這一次太宗未能如願。第二年，唐太宗執意要看起居注，並找了一個看似合適的理由：「上謂監修國史房玄齡曰：『前世史官所記，皆不令人主見之，何也？』對曰：『史官不虛美，不隱惡，若人主見之必怒，故不敢獻也。』上曰：『朕之為心，異於前世。帝王欲自觀國史，知前日之惡，為後來之戒，公可撰次以聞。』諫議大夫朱子奢上言：『陛下聖德在躬，舉無過事，史官所述，義歸盡善。陛下獨覽《起居》，於事無失，若以此法傳示子孫，竊恐曾、玄之後或非上智，飾非護短，史官必不免刑誅。如此，則莫若希風順旨，全身遠害，悠悠千載，何所信乎！所以前代不觀，蓋為此也。』上不從。玄齡乃與給事中許敬宗等刪為〈高祖〉、〈今上實錄〉，癸巳，書成，上之。上見書六月四日事，語多微隱（胡三省注：謂誅建成、元吉事也。）謂玄齡曰：『周公誅管、蔡以安周，季友鴆叔牙以存魯，朕之所為，亦類是耳，史官何諱焉。』即令削去浮詞，直書其事。」[40]唐太宗的固執開「貞觀以來，累朝實錄有經重撰」[41]的先河，也使得皇帝回避制度未能完全貫徹，影響了史官的規諫效果。開成年間，唐文宗亦效仿太宗欲觀起居注，起居郎鄭朗說：「臣執筆記，便名為史，伏准故事，帝王不可取觀。」文宗卻說：「適來所記，無可否臧，見亦何爽。」並對宰相說：「鄭朗引故事，不欲朕見起居注。夫人君之言，善惡必書。朕恐平常閑話，不關理體，垂諸將來，竊以為恥。異日臨朝，庶幾稍改，何妨一見，以誡醜言。」朗遂進之。[42]當然也有秉持「直史」精神，堅決不從的。如開成四年（839）魏徵之五代孫魏謩以諫議大夫兼起居舍人，唐文宗「遣中使取謩起居注，欲視之。謩執奏曰：『自古置史官，書事以明鑒誡。陛下但為善事，勿畏臣不書。如陛下所行錯忤，臣縱不書，天下之人書之。臣以陛下為文皇帝，陛下比臣如褚遂良。』帝又曰：『我嘗取觀之。』謩曰：『由史官不守職分，臣豈敢陷陛下為非法？陛下一覽之後，自此書事須有回避，如此，善惡不直，非史也。遺後代，何以取信？』

乃止。」[43] 我們當然不能苛求所有史官都能像有魏氏之風範，我們只是說唐代的直史精神作為諫官行為的一部分，從某種意義上說的確擁有了超越君權的權力。帝王的回避制度儘管不可能自由地完全貫徹下去，但直史的對他們的言行還是有一定的約束作用的。

　　相對於帝王回避制，宰相回避制在諫官制度中貫徹得要徹底得多。首先，宰相之子不能任諫官。《唐會要》卷 56：「元和元年九月，以拾遺杜從郁為祕書丞。郁司徒佑之子，初自太子司議郎為左補闕。右拾遺崔群、韋貫之，左拾遺獨孤郁等上疏，以為宰相之子，不合為諫諍之官。於是降為左拾遺。群等又奏云：拾遺補闕雖資品不同，而皆是諫官，父為宰相，而子為諫官，若政有得失，不可使子論父。於是改授。」其次，諫官行使職權不必告知宰相。《唐會要》卷 55：「至德元年九月十日勅，諫議大夫論事，自今以後，不須令宰相先知。」而給事中之封駁，亦可不經宰相。大和年間李德裕對不稱職的給事中的斥責可反證此事。「（大和八年）以（張）仲言為四門助教，給事中鄭肅、韓佽封還勅書。德裕將出中書，謂（王）涯曰：『且喜給事中封勅。』涯即召肅、佽謂曰：『李公留語，令二閣老不用封勅。』二人即行下。明日，以白德裕，德裕驚曰：『德裕不欲封還，當面聞，何必使人傳言！且有司封駁，豈復稟宰相意邪？』二人悵恨而去。」[44] 李德裕之言表明，一個稱職的給事中是可以不經宰相而獨立行使封駁權的。當然如果這種回避制度有失效的時候，正如元稹〈聽庾及之彈烏夜啼引〉云：「四五年前作拾遺，諫書不密丞相知。謫官詔下吏驅遣，身作囚拘妻在遠。」此即一例。

　　權力回避機制是為了更好地發揮諫官的職能，行使監督朝政的權力。它從制度上滿足了諫官進諫的客觀條件，刺激了諫官參政議政的欲望，使得諫官在唐王朝歷史上發揮了極其重要的作用。然而正如我們不能無限誇大諫官的作用一樣，我們也不能誇大唐代諫官制度的完美程度。因為在君主制度下，諫官使命的完成與君王的品質相關，只有君主納諫心誠，才會有諫官的直言進諫，否則，輕者貶斥，重者殺頭。就唐代歷史而言，貶斥諫官的時候，是朝政較黑暗時候。殺死諫官的時候，則是王朝即將來亡的時候。從這個角度來說，諫官在唐代歷史上的作用依然不容低估。

43　《舊唐書》，卷 176，〈魏謩傳〉。

44　《資治通鑑》，卷 245，〈唐紀六十一〉。

第二節　唐代政治意義上的文學

在唐代統治者的詔令以及政治文獻中，「文學」或與文學相關的「文詞」、「藝文」、「詞藻」等詞語出現的頻率比較高，這些政治文獻中的文學，代表著唐代政治對文學的要求，使傳統的儒家詩教原則得到了制度上的確認。這種確認，強化了文學與政治的關係，引導了文學之士的做人模式。可以說，文學在唐代有其獨特的政治意義上的規範與效能。

一

不管是裝模作樣還是真心實意，自先秦至唐代，無論賢明還是昏庸，幾乎所有君王都有「求賢」之舉，因而，「求賢令」、「求賢詔」之類的東西不絕於史。茲列幾篇有代表性的「求賢」詔令於下：

漢高祖劉邦十一年（公元前 196）二月下求賢詔：

> 蓋聞王者莫高於周文，伯者莫高於齊桓，皆待賢人而成名。今天下賢者智能豈特古之人乎？患在人主不交故也，士奚由進？今吾以天之靈，賢士大夫定有天下，以為一家，欲其長久世世奉宗廟亡絕也。賢人已與我共平之矣，而不與吾共安利之，可乎？賢士大夫有肯從我遊者，吾能尊顯之。布告天下，使明知朕意。[45]

漢文帝十五年（公元前 165）九月策賢良文學詔：

> 昔者大禹勤求賢士，施及方外，四極之內，舟車所至，人跡所及，靡不聞命，以輔其不逮，近者獻其明，遠者通厥聰，比善戮力，以翼天子，是以大禹能亡失德，夏以長楙。高皇帝親除大害，去亂從，並建豪英，以為官師；為諫爭，輔天子之闕，而翼戴漢宗也。賴天之靈，宗廟之福，方內以安，澤及四夷。今朕獲執天下之正，以承宗廟之祀，朕既不德，又不敏，明弗能燭，而智不能治，此大夫之所著聞也。故詔有司諸侯王三公九卿及主郡吏，各帥其志，以選賢良。明於國家之大體，通於人事之終始，及能直言極諫者，各有人數，以匡朕之不逮。二三大夫之行，當此三道，朕甚嘉之，故登大夫於朝，

45　《漢書》，卷 1，〈高帝紀下〉。

親諭朕志。大夫其上三道之要，及永惟朕之不德，吏之不平，政之不宣，民之不寧，四者之闕，悉陳其志，毋有所隱。上以薦先帝之宗廟，下以興愚民之休利。著之於篇，朕親覽焉。觀大夫所以佐朕，至與不至，書之。周之密之，重之閉之，興自朕躬。大夫其正論，毋枉執事，烏虖戒之！二三大夫其帥志毋怠。[46]

漢哀帝建平元年（公元前6）二月下舉賢詔：

蓋聞聖王之治，以得賢為首。其與大司馬、列侯、將軍、中二千石、州牧、守相舉孝弟惇厚能直言通政事，延於側陋可親民者，各一人。[47]

東漢光武帝七年（31）下舉賢良方正詔：

比陰陽錯謬，日月薄食。百姓有過，在予一人，大赦天下。公、卿、司隸、州牧舉賢良、方正各一人，遣詣公車，朕將覽試焉。[48]

魏武帝曹操於建安十五年（210）下求賢令：

自古受命及中興之君，曷嘗不得賢人君子與之共治天下者乎！及其得賢也，曾不出閭巷，豈幸相遇哉？上之人不求之耳。今天下尚未定，此特求賢之急時也。「孟公綽為趙、魏老則優，不可以為滕、薛大夫。」若必廉士而後可用，則齊桓其何以霸世？今天下得無有被褐懷玉而釣於渭濱者乎？又得無有盜嫂受金而未遇無知者乎？二三子其佐我明揚仄陋，唯才是舉，吾得而用之。[49]

隋文帝仁壽三年（603）七月下搜揚賢哲詔：

……自王道衰，人風薄，居上莫能公道以禦物，為下必踵私法以希時。上下相蒙，君臣義失，義失則政乖，政乖則人困。蓋同德之風難嗣，離德之軌易追，則任者不休，休者不任，則眾口鑠金，戮辱

46　《漢書》，卷49，〈晁錯傳〉。
47　《漢書》，卷11，〈哀帝紀〉。
48　《後漢書》，卷1，〈光武帝紀下〉。
49　《三國志・魏書・武帝紀》。

之禍不測。是以行歌避代，辭位灌園，卷而可懷，黜而無慍，放逐江湖之上，沈赴河海之流，所以自潔而不悔者也。至於閭閻秀異之士，鄉曲博雅之儒，言足以佐時，行足以勵俗，遺棄於草野，埋滅而無聞，豈勝道哉！所以覽古而歎息者也。方今區宇一家，煙火萬里，百姓乂安，四夷賓服，豈是人功，實乃天意。朕惟夙夜祗懼，將所以上嗣明靈，是以小心勵己，日慎一日。以黎元在念，憂兆庶未康，以庶政為懷，慮一物失所。雖求傅巖，莫見幽人，徒想崆峒，未聞至道。唯恐商歌於長夜，抱關於夷門，遠跡犬羊之間，屈身僮僕之伍。其令州縣搜揚賢哲，皆取明知今古，通識治亂，究政教之本，達禮樂之源。不限多少，不得不舉。限以三旬，咸令進路。徵召將送，必須以禮。[50]

隋煬帝大業三年（607）四月下求賢詔：

天下之重，非獨治所安，帝王之功，豈一士之略。自古明君哲后，立政經邦，何嘗不選賢與能，收採幽滯。周稱多士，漢號得人，常想前風，載懷欽佇。朕負辰夙興，晃旒待旦，引領岩谷，置以周行，冀與群才共康庶績。而彙茅寂寞，投竿罕至，豈美璞韜采，未值良工，將介石在懷，確乎難拔？永鑒前哲，憮然興歎！凡厥在位，譬諸股肱，若濟巨川，義同舟楫。豈得保茲寵祿，晦爾所知，優游卒歲，甚非謂也。祁大夫之舉善，良史以為至公，臧文仲之蔽賢，尼父譏其竊位。求諸往古，非無褒貶，宜思進善，用匡寡薄。夫孝悌有聞，人倫之本，德行敦厚，立身之基。或節義可稱，或操履清潔，所以激貪厲俗，有益風化。強毅正直，執憲不撓，學業優敏，文才美秀，並為廊廟之用，實乃瑚璉之資。才堪將略，則拔之以禦侮，膂力驍壯，則任之以爪牙。爰及一藝可取，亦宜採錄，眾善畢舉，與時無棄。以此求治，庶幾非遠。[51]

綜觀上引諸「求賢」詔令，我們可以看到在不同的社會環境下，諸帝王對「賢才」的要求各不一樣。漢高祖劉邦初得天下，感念「賢人以與我共平之矣，

50　《隋書》，卷2，〈文帝紀下〉。
51　《隋書》，卷3，〈煬帝紀上〉。

而不與吾共安利之」，為籠絡民心，渴望「有肯從我遊者」，故沒有提出明確的人才標準。魏武帝曹操在「世積亂離」[52] 的時代，不拘一格，甚至打破了品性為上的用人習慣，提出了一種唯才是舉的用人標準：「若必廉士而後可用，則齊桓其何以霸世？今天下得無有被褐懷玉而釣於渭濱者乎？又得無有盜嫂受金而未遇無知者乎？」後漢高祖劉秀及隋文帝楊堅在開國之初，以「賢良方正」的政能之才作為用人之要：「明知今古，通識治亂，究政教之本，達禮樂之源。」

只有漢文帝和隋煬帝當太平之秋，把「文學」作為賢才之條件。漢文帝「賢良文學」的主要內容是：「明於國家之大體，通於人事之終始，及能直言極諫者」，而隋煬帝的「文學」則是「文才」秀美。正是自漢至隋文學觀念的變化在政治文獻中的反映。郭紹虞認為：漢代「用博學的意義稱『文學』」，[53] 而到南北朝時期，文學則成為獨立於儒學和史學之外的一科，「不再看作學術的總稱了。」[54] 文帝所招的「文學」之士，乃偏於儒學和史才，而隋煬帝所重之「文」，乃兼善詩賦及史傳者。[55]

二

從文學自身的發展來看，從漢代至南北朝，文學已經逐步從儒學、史學及博學的範疇中擺脫出來，形成了一種專門的藝術。那麼，獨立化了的文學在唐代政治上有何地位呢？為了有更明確的比較，我們姑且也引用一些唐代的詔令。

唐太宗〈薦舉賢能詔〉：

52　劉勰《文心雕龍·時序》云：「觀其時（建安）文，雅好慷慨，良由世積亂離，風衰俗怨，並志深而筆長，故梗概而多氣也。」

53　郭紹虞《中國文學批評史》：「到了兩漢，文化逐漸提高，文學作品也漸多，一般人對於文學的認識也比以前來得清楚一些，於是把『文學』和『博學』兩種意義分別開來，這也就是說把文學與學術分離開來了。不過當時的術語，還用博學的意義稱『文學』，如《史記·孝武本紀》：『上鄉儒術，招賢良，趙綰王臧等以文學為公卿』；又『上徵文學之士公孫弘等。』這所謂『文學』，指的是經學；《晁錯傳》：『晁錯以文學為太常掌故。』這所謂的『文學』，指的是史學。所以儒林傳中講到『文學』常與『儒者』及『掌故』連類而言。」（上海：上海古籍出版社，1979，頁 28。）

54　郭紹虞，《中國文學批評史》（上海：上海古籍出版社，1979），頁 71。

55　郭紹虞釋「文」、「筆」：「我們可以明確地說：就文學性質言，可以分為『文』、『筆』兩種，『文』指詩賦，兼及箴銘、碑誄、哀弔諸體屬於純文學一類的作品；『筆』指章奏、論論議、史傳諸體，屬於雜文學一類的作品。」（氏著《中國文學批評史》（上海：上海古籍出版社，1979），頁 72。）

……諸州所舉十有一人，朕載懷反席，引入內殿，借以溫言，略訪政道。莫能對敭，相顧結舌。朕仍以其未覩闕廷，能無戰慄，一作「悚」。令於內省，更以墨對。雖構思彌日，終不達問旨，理既乖違，詞亦庸陋。豈可飾丹漆於朽質，假風雲於決起者哉！宜令放還，各從本色。[56]

又唐太宗〈令天下諸州舉人手詔〉：

可令天下諸州，明揚側陋。所部之內，不限吏人，其有服道棲仁，澄心勵操，出片言而標物範，備百行以綜人師，質高視於琳瑯，人不間於曾、閔，潔志邱園，揚名里閈；或甄明政術，曉達公方，稟木鐸於孔門，受金科於鄭相，奇謀間發，明略可以佐時，識見清通，偉才長於幹國；或含章傑出，命世挺生，麗藻遒文，馳楚澤而方駕，鉤深覩奧，振梁苑以先鳴，業擅專門，詞高載筆；或辨彫春囿，談瑩秋天，發研機於一言，起飛電於三寸，蓄斯奔箭，未遂揚庭：並宜推擇。[57]

唐高宗〈令京司長官上都督府諸州舉人詔〉：

……其有經明行修，談講精熟，具此師嚴，才堪教胄者；志節高妙，識用清通，博聞強正，終堪卿輔者；遊情文藻，下筆成章，援心處事，端平可紀者；疾惡揚善，依忠履義，執持典憲，終始不移者：京師長官、上都督府及上州各舉二人，中下州刺史各舉一人。[58]

又唐高宗〈監國求賢詔〉：

其有理識清通，執心貞固；才高位下，德重位輕；或孝弟力田，素行高於州里；或鴻筆麗藻，美譽陳於天庭；或學術該通，博聞千載；或政事明允，才爲時新。如斯之倫，並堪經務，而韜光勿用，仕進無階，委身蓬蓽，深爲可歎。[59]

56　《全唐文》，卷5。
57　《全唐文》，卷8。
58　《全唐文》，卷10。
59　《全唐文》，卷11。

武則天〈以八科可士詔〉：

……其有抱梁棟之才。可以丹青神化。蘊韜鈐之略。可以振耀天威。
資道德之方。可以獎訓風俗。踐孝友之行。可以勸率生靈。抱儒素
之業。可以師範國胄。蓄文藻之思。可以方駕詞人。守貞亮之節。
可以直言無隱。履清白之操。可以守職不渝。凡此八科。實該三道。
取人以器。求才務適。[60]

唐玄宗〈舉賢良詔〉：

每渴賢良，無忘鑒寢。頃雖虛佇，未副旁求。其或才有王霸之略，
學究天人之際，知勇堪將帥之選，政能當牧宰之舉者，五品以上清
官及軍將、都督、刺史各舉一人。孝悌力田鄉閭推挹者，本州刺史
長官各以名聞。[61]

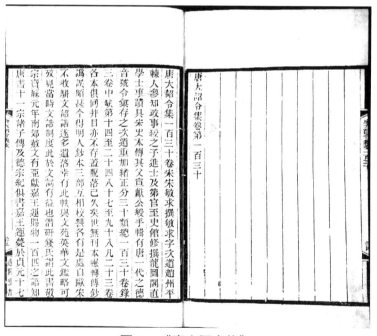

圖 6　《唐大詔令集》

又唐玄宗〈諸州舉實才詔〉：

60　《文苑英華》，卷 462。
61　《全唐文》，卷 30。

……其諸州有抱器懷才、不求聞達者，命所在長官訪名奏聞。武勇者具言謀略，文學者指陳藝業。務求實用，以副予懷。[62]

唐德宗〈即位求賢詔〉：

天下有才藝尤著、高蹈邱園及直言極諫之士，所在具以名聞。諸色人中有孝悌力田、經學優深、文詞清麗、軍謀宏遠、武藝殊倫者，亦具以名聞。[63]

唐文宗〈太和改元勅文〉：

天下諸色人中，有賢良方正、能直言極諫及經術優深、可爲師法，詳明吏治、達於教化等科，委常參官及方牧郡守各舉所知。草澤無人舉者，亦聽自舉。[64]

　　唐代君王的求賢詔令以及相關的文獻還有很多，這裡不便一一列舉。從唐代君王的這些「求賢」詔令中，我們可以看到，唐人眼中的「賢良」之才，在忠厚之品德和為政之幹能的要求上與隋前諸代基本沒有區別。所不同者，無論是唐高宗的五科還是武后的八科，都超出了漢代選士的「四科」。據《漢官儀》云：「建初八年（83）十二月已未，詔書辟士四科：一曰德行高妙，志節清白；二曰經明行修，能任博士；三曰明曉法律，足以決疑，能案章履問，文任御史；四曰剛毅多略，遭事不惑，明足照奸，勇足決斷，才任三輔令。自今已後，審科辟召，及刺史、二千石察舉茂才尤異孝廉吏，務實校試以職。有非其人，不習曹事，正舉者故不以實法。」[65] 漢代的「四科」中，明確了博學與文的重要，但對「文辭」之學幾乎沒有提及。即使是漢文帝所策之「賢良文學」，其具體要求亦是：「明於國家之大體」、「通於人事之始終」、「能直言極諫」，晁錯「以文學為掌故」，對策中選，所言皆治國之大體，無一處言及文學，只是對策中之諸多掌故顯示其學識之博。

　　然而在唐代的求賢詔令中，「二科」、「三科」、「五科」甚至「八科」，

62　《唐大詔令集》，卷 102。

63　《全唐文》，卷 50。

64　《全唐文》，卷 75。

65　《後漢書》，卷 4，〈孝和殤帝紀〉注引。

均將「文詞」列入專門之科，視為賢良之輩，所謂「麗藻遒文」、「遊情文藻，下筆下章」、「蓄文藻之思，可以方駕詞人」等等。從形式上看，這些話語有似於隋煬帝求賢令中的「文才美秀」之類。文學發展有其內在規律，唐人注重文學之獨立性，這亦是文學發展之必然，唐代求賢令中的「文學」與隋煬帝的相似，不足為怪。但是唐代帝王的重文學或文詞，不同於南朝時期的「踵事增華」[66]、「文章須放蕩」的觀念，他們固然看重文詞清麗之士，但卻賦予「文詞」及「文詞之士」以更深的內涵及更強烈的使命感。誠如唐太宗在詔令中的「不滿」：「密訪政道，莫能對揚，相顧結舌」，「雖構思彌日，終不達問旨。理既乖違，詞亦庸陋，豈可飾丹漆於朽質，假風雲於決起者哉！」

　　那麼唐代政治中的「文學」不是又回復到了漢代的文學與儒學及博學合一的概念上了呢？這個問題不可簡單回答。漢代的「文學」兼「文章」與「學術」，而重在經學與掌故，即使是那些以文學創作見長的作家，亦不肯承認文學的價值。如揚雄《法言・吾子》：「或問吾子少而好賦？曰然，童子雕蟲篆刻。俄而曰，壯夫不為也。」[67]此外，揚雄還將賦分為「詩人之賦」和「詞人之賦」等。這種情形在唐代有所減少，在盛唐時期，文藻是治國的必備工具，而詞學之士亦為治國之賢才，已為多數人所接受。另一方面，強調文學的參與政治功能是儒家一貫的文學傳統，自《詩經》時代即確立的那種教化傳統不僅在漢代得到了發揚，而且亦延續到了唐代。漢代的辭賦家有將辭賦作為一種諫政手段的政治意識，如《史記》卷117〈司馬相如列傳〉云：「相如使時，蜀長老多言通西南夷不為用，唯大臣亦以為然。相如欲諫，業已建之。不敢。乃著書，籍以蜀父老為辭，而己詰難之。以風天子，且因宣其使指，令百姓知天子之意。」又如《漢書》卷51〈鄒陽傳〉：「吳王以太子事怨望，稱疾不朝，陰有邪謀，陽奏書諫。為其事尚隱，惡指斥言，故先引秦為諭，因道胡、越、齊、趙、淮南之難，然且乃致其意。」[68]這種意識發揚了儒家的文學觀，並且影響到了唐代政治意義上的文學。唐代文學擺脫六朝文學遺風的主要手段，就是合理調節文學與政治的

66　蕭統《文選序》語。

67　其實揚雄曾非常推崇漢賦及賦作者。劉歆《西京雜記》云：「司馬長卿賦，時人皆稱其典而麗，雖詩人之作不能加也。楊子雲曰：『長卿賦不似從人間來，其神化所至耶？』子雲學相如而未弗建，故雅服焉。」

68　同樣，楊雄對賦的這種諷諫功能也提出了懷疑：「或曰：『賦者可以諷乎？』曰：『諷乎！』諷則已，不已，吾恐不免於勸也。」（《法言・吾子》）

關係，賦予文學更崇高更廣泛的政治使命和社會使命，並通過行政手段，促使其成為一種自覺的實踐行為。

因此，從儒學和博學門類中獨立出來的文學，在唐代政治中擁有了一種與儒學相同的政治地位和政治責任，因而唐代政治有一種極明顯的重文傾向。劉禹錫當時感歎道：「唐以神武定天下，群慝既讋，驟示以文，〈韶〉、〈英〉之音，與鉦鼓相襲。故起文章為大臣者，魏文貞以諫諍顯，馬高唐以智略奮，岑江陵以潤色聞，無草昧汗馬之勞，而任遇在功臣上。唐之貴文至矣哉！後王纂承，多以國柄付文士。元和初，憲宗遵聖祖故事，視有宰相器者，貯之內庭，繇是釋筆硯而操化權者十八九。」[69]

綜觀唐代的詔令，我們還發現另一個現象：唐代的制舉詔令隨著唐代社會環境的變化也有一些改變。茲將《唐大詔令集》將唐代「舉薦」詔令列於下：

> 武德五年：京官及總管刺史舉人詔
> 貞觀十一年：採訪孝悌儒術等詔
> 貞觀十五年：求訪賢良限來年二年集泰山詔
> 貞觀十八年：薦舉賢能詔
> 貞觀二十一年：搜訪才能詔
> 顯慶元年：河南河北江淮採訪才傑詔
> 顯慶二年：採訪武勇詔
> 貞元三年：訪習天文曆算詔
> 儀鳳元年：訪孝悌德行詔
> 儀鳳二年：京文武三品每年各舉所知詔
> 儀鳳二年：求猛士詔
> 景雲元年：博採通經史書學兵法詔
> 先天元年：文武官及朝集使舉堪將帥詔
> 先天二年：諸州舉實才詔
> 先天二年：搜揚懷才隱逸等詔

69　劉禹錫，〈唐故相國李公集序〉，《全唐文》，卷605。

開元九年：求訪武士詔

至德二載：搜訪天下賢俊制

寶應元年：處分舉薦人詔

寶應元年：令常參官舉人詔

寶應年間（時間未詳）：搜訪天下賢良詔

光啟五年：搜訪兵術賢才詔[70]

當然這是極不全面的，因為只要檢索唐史，還會發現更多的制舉詔令。不過，從現在的這些詔令中我們可以看到兩個明顯的現象：其一，唐代的制舉依然有重文的傾向；其二，初盛唐時期偏重於文詞之文，中晚唐時期偏重於教化之文。這兩種現象在梁肅的〈送李補闕歸少室養疾序〉中說得較清楚：

> 昔司馬相如當漢六葉為言語侍從之臣，今天子用人文化成，亦以君有相如之才，擢居諫職，且掌宸翰，賦頌書奏，粲然成風。[71]

梁肅是盛中唐之交的文學家，他雖然沒有明確區分司馬相如式的「言語侍從之臣」與「人文化成」的關係，但我們不難看出，司馬相如式的文士是社會太平時期的需要，因此初盛唐時期的文士──包括文學家諫官多似司馬相如式；而唐代中晚期的文士，則需要有「化成」的政治能力和社會效用，此後的制舉偏重於「化成」之實用，因而在這個時期，文詞之士也必須要與儒學或吏能相結合，方能實現其政治目標。

而且，無論是漢代的「四科」取士還是唐代的二科、三科甚至八科取士，都十分注重文人的才能和德行，敢於「直言極諫」似乎是歷代統治者最為重視的。如漢文帝十五年詔：「諸侯王、公卿、郡守舉賢良能直言極諫者。上親策之，傳納以言。」隋唐制科與漢代舉察制度對人才的要求沒有本質的區別，其不同處在於人才的來源，漢代舉察制度權在鄉曲：「選舉良才，為政之本。科別行能，必由鄉曲。」[72] 隋唐實行的科舉制選士制度打破了這種制度。《通典》卷 17〈選舉五〉云：「隋氏罷中正，舉選不本鄉曲，故里閭無豪族，井邑無衣冠。」有

70　按：「貞元三年」之詔令，年號排列疑有誤，為尊重原作，故未作改動。

71　《全唐文》，卷 518。

72　《後漢書》，卷 4，〈孝和殤帝紀〉。

文才、有德性、有吏能之士，均可由各級官員直接向朝廷舉薦或者自薦，這是人才的一大解放，也是文人與政治關係的巨大調整。當然舉察制所形成的文化的慣性和潛在的社會心理並沒有因為科舉制度的實施而立即消失，通過制舉求賢一方面滿足了皇帝搜訪天下賢能的的自慰心理，另一方面也滿足了士大夫「一飛沖天」的浪漫意識，且「舉孝廉」、「皆先孝行」[73]的人才模式亦有利於維持社會安寧，淳化民俗。因此制舉作為唐代科舉的一種形式，發揮著相當大的政治效力。

　　總之，唐代政治上的文學，是一種綜合了儒學、文辭、智略、品德諸因素的文化實體，它既肯定並要求文學的獨特性，同時又強調並鼓勵文學的政治性。於是這個時代的「文學」既沒有回復到了漢代的文章與學術合一的文學概念上，又沒有片面地走向「綺縠紛披，宮徵靡曼」。[74]唐代政治意義上的「文學」兼顧了文人的政治性和社會性以及文學的政治性和社會性，從而達到了文學與政治相互完善。這也許是唐代文學得以繁榮的政治原因之一。

第三節　唐代諫官任職資格中的文學因素

　　中國歷史發展到唐代，文學之士的政治地位空前提高。唐代政治中的這種重文學的現象，早為歷史學家所關注。陳寅恪從科舉的角度，論述唐代重文的原因：「至於武曌，其氏族本不在西魏以來關隴集團之內，故欲消滅唐氏之勢力，遂開始施行破壞此傳統集團之工作，如崇尚進士文詞之科破格用人及漸毀府兵之制等皆是也。……關隴集團本融合胡漢文武為一體，故文武不殊途，而將相可兼任；今既別產生一以科舉文詞進用之士大夫階級，則宰相不能不由翰林學士中選出，邊鎮大帥之職舍蕃將莫能勝任，而將相文武蕃漢並用之途，遂分歧不可復合。」[75]牟潤孫則從唐代官制設置的角度來分析：「唐太宗定了三省互相節制的制度，因而也樹立了文人的政治規模。……在他的三省制度中，文人的責任十分重大，草擬詔命，審核公文，全是極主要的政務，而全須要用文人，

73　《後漢書》，卷6，〈順帝紀〉。

74　蕭繹，《金樓子·立言》。

75　陳寅恪，《唐代政治史述論稿》（上海：上海古籍出版社，1997），頁47—48。

怎麼能不看重文人？」[76]兩位史學家在文人何時在唐代政治中占重要地位的問題上存在分歧，但都十分精辟地闡述了唐代文人政治地位的提高與唐代政治制度之關係。要之，三省制與科舉制為文人走向政治提供了難得的歷史機遇，科舉制解決了文人如何走進政治；三省制解決了文人如何在發揮政治作用。有意思的是，唐代科舉考試中，「賢良方正直言極諫策」幾乎每個朝代都有，這個策問很能讓我們聯想到諫官的任職資格：賢良方正、直言極諫，二者是因果關係，缺一不可。

然而，「賢良方正、直言極諫」具體包括哪些因素？它們又是如何形成的呢？唐代諫官的任命是如何兼顧這些因素的呢？限於篇幅，我們不可能具體列出。但從《文苑英華》中有關給事中、諫議大夫、補闕、拾遺等諫官的任職制誥，我們可以清楚地看到唐代諫官「賢良方正、直言極諫」與文學的關係。

一

《文苑英華》將唐人的制誥分為「中書制誥」和「翰林制誥」兩部分，有關諫官任命制誥全在「中書制誥」內。由於散騎常侍多以朝中元老或罷政大臣為之，沒有明確的標準，所以這一部分制誥也無法體現諫官的任職要求，而史官本身就是文人所任，因而對起居郎的文學要求也是顯而易見的。這兩類諫官的任職資格不具有典型性和時代性，所以我們將重點放在其他幾類諫官的任職制誥上。

「給事中」類收集有于惟謙、于經野、李懷讓、柳渙、褚廷誨、裴遵慶、崔寓、張孚、賀若察、崔佹、蕭直、趙涓、韋諤、鄭覃、孔戡、竇易直、崔瓃等十七人的授職制誥。于惟謙的制誥中有：「局量宏深，理識精遠，幹能兼備，詞學並優。」于經野的制誥中有：「理必中於繩墨，才見推於翰。中臺奏章，已承更直之榮，左曹顧問，宜接雙遊之美。」李懷讓的有：「直方自守，貞獨不群。理可拆於毫芒，文可成於藻繪。」柳渙的有：「學思優博，禮容莊嚴。」褚廷誨的有：「文儒實百行之資，翰墨當一時之妙。」裴遵慶的有：「清正介直，公才雅望。智能利物，行可檢人。」崔寓的有：「識敏而周，器清而直。有冉委之政事，兼應劉之詞藻。」張孚的有：「行果育德，疏通知遠。是瑚璉之良器，

76　年潤孫，〈從唐代初期的政治制度論中國文人政治之形成〉，載《注史齋叢稿》（北京：中華書局，1987），頁362。

抱豫章之美才。文以藻身，屢得詞場之雋。公而持操，更推吏道之能。」賀若察的有：「講求學術，藻飾藝文。」崔佑、蕭直的有：「各以文儒致用，貞亮處心。」趙涓的有：「純白高朗，儒林表儀。炳文揚彩，時謂清拔。」韋諤的有：「學以辨疑，文以決滯。」鄭覃的有：「清節直行，正色審詞。」孔戣的有：「廉潔直方，飾以詞藻。中立不倚，介然風規。」竇易直的有：「文合法要，學通政經。」崔瓚的有：「雄詞超升，省署文雅。」[77]

「諫議大夫」類收有薛稷、吳兢、尹愔、宋渾、楊慎矜、高適、張鎬、暢璀、王延昌、李收、崔鄖、元晦、李方右、姚勖、董禹等十六人的任職制誥。其中薛稷、吳兢、尹愔、宋渾、楊慎、高適是盛唐人，張鎬、暢璀、王延昌、李收、崔鄖、元晦是中唐人，李方右、姚勖、董禹是晚唐人。薛稷的制誥中有：「奕代雄詞，身濟其美；光時雅量，士慕其風。」吳兢的有：「雅思周密，素風清曠。著書微婉，東觀是稱。起草閑達，南宮所重。宜列諫臣之位，復膺良史之才。」尹愔的有：「識洞微妙，心遊淡泊。祇服玄言，弘敷聖教。雖渾濟萬物，獨詣於清貞，而博通九流，兼達儒墨。」柳渾的有：「清才敏識，人望時英，未可易量。」楊慎矜的有：「堅正有才，通明足用。」高適的有：「立節貞峻，直躬高朗。感激效經濟之略，紛綸贍風雅之才。」張鎬的有：「崇德廣業，宣慈惠和，主善為師，志古之道，或直而溫。」暢璀的有：「頤直養正，精潔惠和。有質直而無流心，秉忠信而持讜議。」王延昌的有：「學於古訓，秉心塞淵。以文藝之資，飭幹時之器。」宋晦的有：「忠潔簡惠，和而不流。理暢思精，適於群務。位以才達，政以禮成。」李收的有：「敏而好學，文以彰之。」崔鄖的有：「端厚誠明，濟之文學，柔而能立，謙而逾光。」元晦的有：「奮發忠懇，不私形骸。仗俯青蒲，至於雪涕。數共工之罪不蔽堯聰，辨垣平之詐，益彰文德。」李方右的有：「入憲府而自竦孤標，歷文昌而更光列宿。分符茂績，遠繼於龔黃，視草雄詞，舊推於賈馬。」姚勖的有：「敏於臨事，而皆富文奧學，早升俊造之科；利用長才，累處重難之任。」董禹的有：「疊中詞科，優有藝文。」[78]

「左右補闕」收有許景先、楊齊宣、薛兼適、辛丘度、李石、李仍叔、劉從周、李德璘、鄭渥等九人的任職制誥六篇。給許景先的制誥是：「詞含風雅，

77　以上材料皆見《文苑英華》，卷 381，〈中書制誥〉，頁 1942—1944。

78　以上材料皆見《文苑英華》，卷 381，頁 1944—1946。

有公直之量。」給楊齊宣的是：「耿介不群，精明有識。傳清白之素業，著詞華之令名。」給薛兼適的是：「詞清行潔，政以幹稱。在煩劇而有餘，守貞方而不易。」給辛丘度、李石的是：「為人厚實謇直，以文行謀畫從容於幕府之間，臨事敢言，當官能守。」給劉從周的是：「奉公守正，端士之操終然不渝，時所稱論。……況學術詞藻，見推於眾。」給李德璘、鄭渥的是：「德璘合矩中規，擅髦彥之稱。渥端居守慎，積監視之勞。」[79]

「左右拾遺」類有給梁升卿、韋啟、趙闡、郎士元、盧告、韋溪、獨孤遲、張道、楊贊禹、鄭谷等十人的九篇制誥。梁升卿的任命制誥中有：「梁升卿等，或敷暢學旨，或該通詞藝。」給韋啟的有：「雅有文詞，仍兼政術。」給趙闡的有：「處士趙闡或懿文清拔四科之美，或純孝彰顯有百行之先。」給郎士元的有：「有君子之行，有詩人之風。」給盧告的有：「以甲科成名，以家行著稱，取自史閣，拔居諫垣。」給韋溪的是：「廷諍之臣，惟直是舉。」給獨孤遲的有：「學而不倦，能從長者之言。」給張道等人的有：「爾等或奕代之盛，風聲有傳，強以自圖，守若不墜；或從學之道，外直固，在中慎。」給楊贊禹、鄭谷的有：「贊禹之規為，可以厚風俗而敦教化。」、「谷之詩什，往往在人口。」[80]

二

唐代諫官的任職制誥，體現了朝廷對選官的要求。在這些制誥中，我們可以看到，皇帝任命諫官的條件主要有四方面：一曰文或藝文；二曰學或儒術；三曰幹或吏能；四曰行或人品。文尚詞藻，學求經濟，幹重稱職，行崇正直。值得注意的是，文、學、幹、行四者又組合成文與學、文與吏、文與行三組關係，而且，這三組關係又統一於文。從唐代政治史上來說，這種特點正好回避和調和了唐代選士制度中的某種矛盾。

唐代的選士制度中，文學與儒術、吏幹哪項為主一直爭論不斷。貞觀元年，吏部尚書杜如晦即上奏唐太宗：「比者吏部擇人，唯取言辭刀筆，不悉才行。數年之後惡跡始彰。」因而主張依「行著州閭，然後入用」的「兩漢取士」制度[81]。貞觀二十二年（648），進士張昌齡、王公瑾等雖然「並有駿才，聲振京

邑」，但考功員外郎王師旦未錄用他們，「太宗怪無昌齡等名，因召師旦問之。對曰：『此輩誠有文章，然其體性輕薄，文章浮豔，必不成令器，臣若擢之，恐後生相效，有變陛下風雅。』帝以為名言。」[82] 玄宗時還就選士中過重文學的現象提出過糾正，開元九載（721）三月，「勅：吏部取人，必限書判，且文學政事，本自異科，求備一人，百無中一。況古來良宰，豈必文人！」[83] 代宗時，禮部郎楊綰的言辭更加激烈，主張「明經、進士並停」，「請令縣令察孝廉，取行著鄉閭，學知經術者，薦之於州。刺史考試，升之於省。任各占一經，朝廷擇儒學之士，問經義二十條，對策三道，上第即注官，中第得出身，下第罷歸。」[84] 這一觀點，到晚唐李德裕又提出來了，文宗太和七年（833），「上患近世文士不通經術，李德裕請依楊綰議，進士試議論，不試詩賦。」文宗接受此提議，下制「進士停試詩賦」[85]。總之，他們爭論的焦點是文人要麼有文而無術，要麼有文而無能，要麼有文而無德，非治國之器，難當重任。

　　然而，從上引的諫官的任職制誥中，我們似乎沒有感覺不到文學與儒術和吏幹的矛盾。從總體上來看，這些制誥有三個明確的現象。其一，制誥多將文與儒或詞藻與學術並舉。它清楚地表明，那些堪稱諫職的人大在文學和儒術方面都是突出的。如所謂「詞學並立」、「文儒實百行之資，翰墨當一時之妙」、「講求學術，藻飾藝文」、「學以辨疑，文以決滯」、「學術詞藻，見推於眾」等等。選士制度中的文學與儒術之爭在這裡得到了調和。這種調和找到了文學與儒術的相通之處，是十分成功的。其二，制誥中多將文學與政能並舉。它表明，那些堪任諫職的人在文學與行政能力上都是突出的。如「有冉季之政事，兼應劉之詞藻」、「是瑚璉之良器，抱豫章之美才」、「以文藝之資飾幹時之器」、「文合法要，學通政經」、「感激效經濟之略，紛倫贍風雅之才」、「雅有文詞，仍兼政術」、「詞清行潔，政以幹稱」、「又行文謀畫從容於幕府之間，臨事敢言，當官能守」等等，選士制度中文學與吏能的矛盾在這裡也不存在。其三，制誥將文學與德行並舉，它表明，那些堪任諫職者必須兼備文學與品行。如：「廉潔直行，飾以詞藻」、「雅思周密，素風清曠，著書微婉」、「崇德

82　《唐會要》，卷76，「貢舉中進士」條。

83　《唐會要》，卷75，「選限雜處置」條。

84　《資治通鑑》，卷222，〈唐紀三十八〉。

85　《資治通鑑》，卷244，〈唐紀六十〉。

廣業，宣慈惠和，主善為師，志古之道，或直而溫」、「頤直養正，精潔惠和。有質直而無流心，秉忠信而持讜議」、「端厚誠明，濟之以文學，柔而能立，謙而逾光」、「忠而知禮」、「合矩中規」、「有君子之行，有詩人之風」等等，選士制度中的文學與德行的矛盾在這裡也不存在。

諫官任職制誥中的文學與儒術、文學與吏幹、文學與德行三者並重的現象，一方面唐反映了唐代政治的重文風尚在政治，另一方面還賦予了文學獨特的時代內涵。唐代詩賦試士的制度儘管時有爭議，但終唐一代幾乎未停止過，特別是進士在唐代仕途上的重要地位，讓更多的知識分子找到了通往官場的途徑。「朝廷設文學之科以求髦俊，臺閣清選，莫不由茲。」[86]因此，唐代無論是朝廷還是民間，重文之風都十分普遍。《資治通鑑》云：「（中宗景龍二年），置修文館大學士四員，直學士八員，學士十二員。選公卿以下善為文者李嶠等為之。每遊幸禁苑，或宗戚宴集，學士無不畢從，賦詩屬和，使上官昭容第其甲乙，優者賜金帛，同預宴者，惟中書、門下及長參王公視貴數人而已。至大宴，方召八座、九列、諸司五品以上預焉。於是天下靡然爭以文華相尚。」[87]又如唐代沈既濟云：「至於開元、天寶之中，太平君子唯門調戶選，徵文射策，以取祿位，此行己立身之美者也。父教其子，兄教其弟，無所易業。大者登臺閣，小者任郡縣，資身奉家，各得其足，五尺童子恥不言文墨焉。」[88]

那麼，隋文帝常對那些「競騁文華」、「唯務吟詠」，「競一韻之奇，爭一字之巧」[89]的文學深為反感，難道唐代的統治者們偏偏要用這些東西來粉飾太平嗎？其實不然，我們姑且不說唐代文學理論中的「文學」觀念，單就唐代科舉中所謂「尚文」，也能感受到唐人眼中理想的「文」或「文學」。應該說，唐代科舉中的「制舉」條目最能表明唐代統治者對「文學」及文學家的要求。從《唐會要》所記載的唐代制科中可以看到，武后在垂拱四年（688）首次開「辭標文苑科」，第二年即永昌元年，即在開「蓄文藻之思科」的同時，又開「抱儒素之業科」，表明了文不離儒、文儒並舉之傾向，通觀武后及中宗睿宗諸代，「藝文優長科」只出現過一次，而「龔黃科」、「才膺管樂科」、「賢良方正科」、

86　《唐會要》，卷76，「貢舉中進士」條。

87　《資治通鑑》，卷209。

88　《通典》，卷15，〈選舉三〉，引沈既濟語。

89　李諤，〈上隋高祖革文華書〉，《隋書》，卷66。

「才堪經邦科」、「文以經國科」等出現的頻率卻極高。這裡透露的信息是，文學和文學家不應止是詞藻和才藝，文學家應有賢良方正的品德，文學亦應有經邦治國的效用。玄宗即位的第一年，即開「直言極諫科」，標舉了諫諍的政治地位，而「文儒異等科」、「文史兼優科」等，更明確了對文士的知識修養以人格修養的要求。天寶元年玄宗即位時又下詔：「國之急務，莫若求才。頃者雖屢搜揚，士庶尚慮遺逸。更宜精訪，以副虛懷。其前資及白身人中，有儒學博通及文詞優逸、或有軍謀越眾、或武藝絕倫者，所在長官，具以名薦。」[90]在這幾類人中，對文士的要求是「儒學博通及文詞優逸」，意即文學與儒學兼勝。盛唐時期這種文儒並重的文化現象到中晚唐，隨著儒學的復興，儒學在文學及文學家方面的要求有所加強，因此，中唐時期開的最多的制科是「賢良方正直言極諫科」，與此相類的是「諷諫主文科」、「才識兼茂明於體用科」、「達於吏治可使從政科」、「孝弟力田聞於鄉閭科」等等，這些科目較盛唐時期更明確地將儒學、吏治、人品提到入仕的重要地位，這說明，以文取士的科舉已注重到了儒學、吏幹、人品，也就是說，文或文詞之士的內涵已不同於它的字面意義。正因為這樣，人們在評價一個人「無文學」時，還要兼顧他是否為「儒流」。中唐時庾準就是一個例子：「準以門蔭入仕，昵於宰相王縉，縉驟引至職方郎中、知制誥，遷中書舍人。準素寡文學，以柔媚自進，既非儒流，甚為時論所輕。」[91]而朝官對不堪任諫職者所提出的主要反對理由有時雖然是「無文學」，其實是說其無品德。如唐憲宗為太子時與張宿善，即位之後，即以布衣擢升為諫議大夫，宰臣崔群王涯奏曰：「諫議大夫前時亦有拔自山林，然起於卑位者，其例則少。用皆有由，或道德章明，不求聞達，材行卓異，出於等倫，以此選求，實愜公議。其或事跡未著，恩由一時，雖有例超升，皆時論非允。張宿本非文詞入用，望實稍輕，臣等所以累有奏。」憲宗無奈，只得令其「權知諫議大夫」，結果，張宿在任職期間，「頗恃恩顧，掌權者往往因之搏擊。宿思逞其志，頗害清直之士。」[92]張宿就是一個因無文學而無品德的典型，他「非文詞入用」不僅意味著他的才學不高，而且還隱含有不高的人品。

在唐代的官職中，曾任拾遺、補闕和諫議大夫的諫官可升為中書舍人，而

90　《唐大詔令集》，卷4，〈改元天寶敕〉。

91　《舊唐書》，卷118，〈庾準傳〉。

92　參見《唐會要》，卷55，〈省號下〉。

給事中常兼中書舍人。在那些以給事中兼中書舍人的制誥中,「文學」的因素更加鮮明。如賈登以給事中兼中書舍人,其任職制誥是:「修詞自達,守道為師。有大雅之文章,稟中和之德行。」崔翹以給事中守中書舍人,其任職制誥是:「始方蔚於文章,終激揚於吏道。」李彭年以給事中守中書舍人,其任職制誥是:「士林禎幹,文苑英髦。並綜核前言,閑習政事。」[93] 這一方面說明文學在唐代政治中的地位,另一方面又表明唐代政治對文人的多方面的要求。

三

可見,唐代詩賦取士中的重文與唐代諫官制誥中的重文現象是基本相同的,尚文固然是唐代政治的主要特色。然而能進入政壇的「文」絕非單純的文辭,而是一種融文、儒、吏、行甚至「史」諸多因素為一體的藝術形式。這既是唐代文學的一大特色,又是唐代社會對文學和文人的更高要求,唐代的諫官制度正是這種要求的政治實踐,是將文人與政治、文學與政治組合在一起的最佳機制,它使文、儒、吏、行、史諸因素組合成的政治形式實體化。

在一個重禮樂文化的國度裡,文學是不可缺少的,同時又是無可獨立的。即使是文學自覺意識的南北朝時期,文學的社會政治屬性是理論家所關注的問題。唐時期的科舉取士制度,從法律上將文學與政治的關係明確化,實現了孔子所設想的「仕而優則學,學而優則仕」人生模式。唐代的科舉制度和諫官制度從法律上明確了「學」什麼和如何「仕」的問題。文、儒、吏、行、史諸項,構成了文人學習的主要內容,而這些內容又將根據的文人志趣與性格綜合成文儒、文吏、文史諸組合,從這個意義上來說,唐代文學史上沒有完全意義上的文學之士,所以如果我們真要給「唐代的詩人」或「唐代的文人」這樣的概念下一個確切的定義,並不是件容易的事。因為至少在唐代文人(包括整個中國古代知識分)的人生價值觀中,文學絕非其安身立命之本。許多在詩歌和散文上有成就的文學家,都是曾想或者已經在政治上有所作為的人,而且正是這種曾想或已經有過的政治作為,成為他們文學創作的內在動力。諫官制度中的「文學」因素,由於綜合了儒、吏、行、史諸內涵,超越了文學範疇,賦予了文學和文學家重大的使命和責任。

93　見《文苑英華》,卷382。

圖7　禮樂

　　作為一種制度化了的知識體系，諫官中的文學因素把諷諫君王由一種人格
自覺轉變為一種政治實踐，從政治上肯定了文學的諫諍傳統，鼓勵了文人的諫
諍活動。文、儒、吏、行、史諸種因素，從文辭富贍、博學多識、吏能嫻悉等
方面，構成了文人參政議政的政治素質，換言之，就是要讓文人成為「有儒學
博通及文詞優逸」的人。在正常情況下，唐代諫官所必具的條件與文人的這種
政素質是完全相等的[94]。有時，當那些以吏幹見長的任諫職時，亦要強調其「文
學」。如開成四年（839）姚勖因「能鞫疑獄」，唐文宗「命權知職方員外郎。
右庶子韋溫不聽，上奏稱：『郎官朝廷清選，不宜以賞能吏。』上乃以勖檢校
禮部郎中，依前鹽鐵推官。」[95]而當他任右諫議大夫時，崔嘏所起草的制誥中則
稱他「敏於臨事，而皆富文奧學。」足見，諫官的任職確乎有重文的標準。因
之許多文學家入仕，大都先任諫官。人們對他們的才能和人品的評價與上引的
制誥亦基本相同。如李嶠推薦李邕：「長安初，內史李嶠及監察御史張廷珪，
並薦邕詞高行直，堪為諫諍之官，由是召拜左拾遺。」[96]又如杜甫推薦岑參為補

94　授官的非正常情況時常發生。如唐代張鷟《朝野僉載》卷4：「則天革命，舉人不試
　　皆與官。起家至御史、評事、拾遺、補闕者，不可勝數。張鷟為謠曰：『補闕連車載，
　　拾遺平斗量。杷推侍御史，椀脫校書郎。』」又卷5：「朱前疑淺鈍無識，容貌極醜。
　　上書云：『臣夢見陛下八百歲』，即授拾遺。」

95　《資治通鑑》，卷246。

96　《舊唐書》，卷190，〈文苑中・李邕傳〉。

關的奏疏中寫道：「竊見岑參，識度清遠，議論雅正，佳名早立，時輩所仰。」[97]
從這個意義上來說，諫官制度所產生的文化感染力，又超出了政治的範疇，具
有更深遠的社會影響。它不僅可以確立文人的政治奮鬥目標，而且還可以引導
文人的為學做人的方向。要之，諫官制度中的文學並非普通意義上的文學，它
是對文人知識結構的全面要求，也是文人人格修養和行政能力的政治實踐。

97　杜甫，〈為補遺薦岑參狀〉，《杜詩詳注》，卷 25。

第二章　唐代諫官中的文學家

　　唐代的諫官制度是一個注重文學的官職體系，當時許多文學之士大都是從諫官走入仕途的。初入仕時任拾遺、補闕，有的由此轉入其他職官體系，有的則在諫官系統中，升入諫議大夫、給事中，直至為相。可以這樣說，唐代文學之士是諫官的骨幹，而諫官則使得文學和文人的政治地位得到了制度的確認。

　　由於古代的士大夫大都具有較高的文化素養，特別是在唐代詩賦詩士的時代，學作詩賦是入仕的基本功，從事過詩歌和散文創作且有作品留下的人很多，如果籠統地說文人或文學家，範圍會大得無法展開論述。所以，為了方便，我們姑且以那些具有較高成就的且為人公認的文學家為對象，檢討唐代諫官中的文學家的仕履情況。依據《舊唐書》和《新唐書》傳紀、《全唐詩》、《全唐文》、《唐才子傳》等較權威的唐代文史資料，我們從唐代諫官中檢索出了在詩歌和散文方面有成就的文學家百餘人。其中拾遺 41 人，補闕 26 人，諫議大夫 20 人，給事中 10 人，起居郎 3 人，散騎常侍 7 人。我們所討論的範圍基本在這一百人之間，依照官職的品級，我們姑且將五品以下的拾遺和補闕稱為低級諫官，把五品以上的諫議大夫、給事中、起居郎、散騎常侍稱為高級諫官。

第一節　唐代低級諫官中的文學家

　　在唐代政治史和文學史上，許多卓有成就的政治家和文學家都曾任過拾遺

和補闕這兩個官職,至於普通的官員和文人,亦大都由這兩級官品走向高級官階。這兩個官階是朝中清品,前途極大,因此任此職者大都對未來充滿了希望。在唐代政治生活,拾遺和補闕這兩級官員是較為活躍的,特殊的政治心理使他們他們有著極強的參政欲望,那些文才傑出的文學家們更是如此。

一

拾遺和補闕是武則天垂拱元年(685)設的諫職,初時拾遺從八品,補闕從七品各置左右二員,天授二年(691)二月增至左右各五員。初置拾遺補闕,本意是「寄以登賢,期之進善」[1],但後來授職較濫,「(天授)三年,舉人無賢愚,咸加擢用,高者試鳳閣侍郎、給事中,次或試員外郎、侍御史、補闕、拾遺、校書郎。當時頗為濫雜,著於謠誦。謠曰:『補闕連車載,拾遺平斗量。』」[2]不過,開元之後設員恢復正常,左右補闕、拾遺共十二人,「自開元以來,尤為清選。」[3]朝官初入仕多由此,所以唐代政壇上,任過拾遺和補闕的官員極多。

根據有關史料,我們檢索出唐代文學家中任過拾遺的有:陳子昂、許景先、孫逖、盧藏用、張九齡、辛替否、吳兢、李邕、嚴挺之、盧象、綦毋潛、王維、杜甫、高適、張鎬、楊綰、郗純、郎士元、皇甫冉、獨孤及、耿湋、司空曙、崔峒、王仲舒、令孤楚、竇向叔、竇群、呂溫、白居易、元稹、李紳、柳公權、獨孤郁、裴夷直、張曙、沈既濟、梁蕭、李渤、牛嶠、鄭谷。41人。

任過補闕的有:張說、辛替否、薛登、吳兢、孫逖、盧象、王維、岑參、嚴維、梁蕭、李華(未赴)、崔峒、郗純、權德輿、李紳、獨孤郁、張又新、李渤、杜牧、鄭谷、柳公權、牛嶠、吳融、鄭良士、崔道融、裴說。約26人。

顯然,如果我們稱這些文學家都是低級官員顯然是不合適的,因為對多數文學家來說,這裡只是他們政治生涯的起點,未來還有更輝煌的仕途,如張說、張九齡。但是,這裡又的確成了許多文學家政治生涯的終點,特別是那些在文學家成就極高的文學家,他們的仕途也未能走過拾遺一職,如陳子昂、杜甫。更有甚者,還有一些文學家剛授拾遺或補闕便已經離開人世,如李白、鄭良士。當我們討論這些文學家諫官的政治生活和文學創作時,應區別對待,而且明確

1　《唐會要》,卷56。
2　《通典》,卷21,〈職官三〉。
3　《通典》,卷21,〈職官三〉。

這種區別，我們又會更強烈地感受到這些文學家更豐富的精神世界和感情活動。

二

在唐代文學家中，有一批在政壇上位極人臣的人物，都經歷了拾遺或補闕一職。如張說、張九齡、張鎬、權德輿、元稹、令狐楚、李紳等。儘管這些人最終都官至宰相，但他們授諫官之前的經歷卻十分典型地體現了唐代文人授初級諫官的途徑。

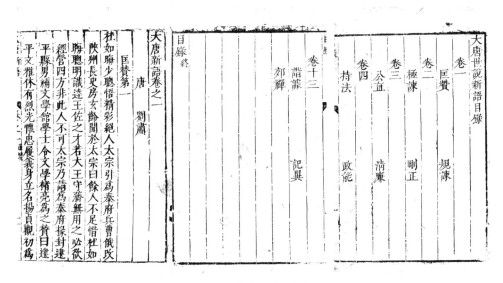

圖 8　《大唐新語》

張說，「弱冠應詔舉，對策乙第，授太子校書，累轉右補闕（《新唐書》作〈左補闕〉）。」[4]據載，張說之應制舉十分風光：「則天初革命，大搜遺逸，四方之士應制者向萬人。則天御洛陽城南門，親加臨試。張說對策為天下第一。則天以近古以來，未有甲科，乃屈為第二等。」[5]張九齡，「幼聰敏，善屬文，十三歲以書干廣州刺史王方慶，大嗟賞之，曰：『此子必能致遠。』登進士第，應舉登乙第，拜校書郎。玄宗在東宮，舉天下文藻之士，親加策問，九齡對策高第，遷右拾遺。」[6]張鎬，「風儀偉岸，廓落有大志，涉獵經史，好談王霸大略。少時師事吳兢，兢甚重之。後遊京師，端居一室，不交世務。性嗜酒，好琴，

4　《舊唐書》，卷97。
5　《大唐新語》，卷8，〈文章〉。
6　《舊唐書》，卷99。

常置座右。公卿或有邀之者，鎬杖策
徑往，求醉而已。天寶末，楊國忠以
聲名自高，搜天下奇傑。聞鎬名，召
見薦之。自褐衣拜左拾遺。」[7]權德輿，
「生四歲，能屬詩；七歲居父喪，以
孝聞。十五為文數百篇，編為《童蒙
集》十卷，名聲日大。韓洄黜陟河南，
辟為從事，試秘書省校書郎。貞元初，
復為江西觀察使李兼判官。再遷監察
御史。府罷，杜佑、裴冑皆奏請，二
表同日至京。德宗雅聞其名，徵為太
常博士，轉左補闕。」[8]元稹，「九歲
能屬文，十五兩經擢第。二十四調判
入第四等，授秘書省校書郎。二十八
應制舉才識兼茂、明於體用科，登第
者十八人，稹為第一，元和元年四月
也。制下，除右拾遺。」[9]令狐楚，「兒

圖 9　張說

童時已學屬文，弱冠應進士，貞元七年登第。……李說、嚴綬、鄭儋相繼鎮太
原，高其行義，皆辟為從事。自掌書記至節度判官，歷殿中侍御史（劉禹錫〈唐
故相國贈司空令狐公集序〉謂其官至監察御史）。楚才思俊麗，德宗好其文，
每太原奏至，能辯楚之所為，頗稱之。……徵拜右拾遺。」[10]李紳，「元和初，
登進士第，釋褐國子助教，非其好也。東歸金陵，觀察使李錡愛其才，辟為從
事。紳以錡所為專恣，不受其書幣，錡怒，將殺紳。遁而獲免。錡誅，朝廷嘉之，
召拜右拾遺。歲餘，穆宗召為翰林學士，與李德裕、元稹同在禁署，時稱『三
俊』，情意相善，尋轉右補闕。」[11]這七位官至宰相者的任拾遺和補闕的途徑，
如果以類別來劃分的話基本可以分為兩大類。一是以科舉入仕者，一是以徵召

7　《舊唐書》，卷 111。
8　《舊唐書》，卷 148。
9　《舊唐書》，卷 116。
10　《舊唐書》，卷 172。
11　《舊唐書》，卷 173。

入仕者。除張鎬之外，張說等六人均為科舉入仕者，體現了唐人入仕的主流。不過，即使科舉入仕者亦隨著唐代選官制度的變化而有所變化。以安史之亂為界，唐代前期基本實行的銓選制，釋褐者循一定程序和資歷可升為拾遺或補闕；而在唐代後期，由於節度、觀察使府權力的擴大，辟署制亦成為一種相當普遍的選官形式，因而由幕府辟奏或舉薦入朝，也成為唐代後期諫官選任的一種極重要方式[12]。在以上七位宰相中，權德輿、令狐楚、李紳三人均由幕府入諫官，且令狐楚在幕府任職時間長達十三年。[13]

　　這七位宰相任拾遺和補闕的途徑，代表了唐代文學家入仕的基本方式。在我們所列舉的那幾十位文學家中，走科舉之途的有：薛登、陳子昂、孫逖、許景先、嚴挺之、盧象、綦毋潛、王維、岑參、郎士元、梁肅、皇甫冉、楊綰、嚴維、獨孤及、耿湋、司空曙、崔峒、獨孤郁、竇向叔、呂溫、白居易、張又新、杜牧、牛嶠、鄭谷、沈傳師、吳融、裴說、翁承贊。走徵召之途的有：盧藏用、竇群、朱放、李渤。其中，盧藏用中進士，因「調不選」，便隱居以求高名，後徵為拾遺，此為特例，但在唐代文人中，這種現象較為普遍。另有介於科舉與徵召之間的一途，姑名為超拔：如李邕、吳兢、高適、杜甫、沈既濟、王仲舒、鄭良士。他們之被「超拔」有許多特殊的原因，李邕因宰相之李嶠推薦為左拾遺；吳兢以史才「直史館，修國史，累月，拜左拾遺」[14]；高適、杜甫因安史之亂爆發，朝廷急需人才，而被任為諫官；沈既濟受宰相楊炎的推薦而授左拾遺；王仲舒不就鄉舉，「貞元十年，策試賢良方正能言極諫等科，仲舒登乙第，超拜右拾遺。」[15]鄭良士生於晚唐，屢試不第，「昭宗時獻詩五百篇，授補闕。」[16]他的這種際遇讓後人豔羨不已，元辛文房歎曰：「舊言：『詩或窮人，或達人。』達者，良士是矣。亦命之所為，詩何能與？過詩則不揣其本也。」[17]儘管入仕的途徑和方式多種多樣，但正如這些宰相們所走過的入仕之途一樣，唐代文學家

12　馬端臨引劉貢甫言：「唐有天下，諸侯自辟幕府之士，唯其才能，不問所從來，而朝廷常收其俊偉，以補王官之缺，是以號稱得人。」（《文獻通考》，卷39，〈選舉十二〉）

13　晁公武《郡齋讀書志》卷二：「楚相憲宗，為文善於牋奏。自為序云：『登科後為桂、管四府從事，掌牋奏十三年。』」

14　《舊唐書》，卷102。

15　《舊唐書》，卷190下。

16　《新唐書・藝文志》。

17　《唐才子傳》，卷10。

出任低級諫官的經歷都是比較坎坷的。科舉制度所釋放出的政治能量是衝破了籠罩在政壇上的門閥制度，肯定才學在入仕條件中的法律地位，給廣大中下層知識分子以出仕為官的機會，從制度上確立了任為唯賢的原則。不過，這個制度是極為複雜的，史學家總結出唐代選官過程有三級臺階：

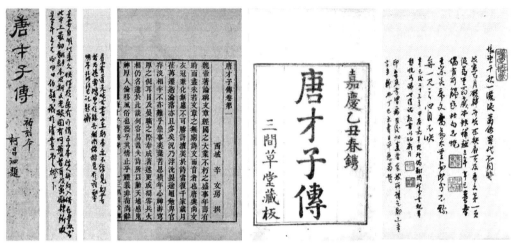

圖10   《唐才子傳》

中國的封建選官制度演進至唐代，為適應中央集權官僚體制對預選者文化素質及行政才能的不同層次的要求，選士與選官已分為二途；又基於官僚政治權力的組合原則，選官過程形成了三級臺階。第一級臺階：通過科舉及第、門蔭結品、雜色入流、軍功晉升等途經獲取出身，便具備了做官的資格，即成為「選人」，部分停替待選而選限未到的前資官也處於這級臺階；第二級臺階：依據當年中央頒布的選格、選限獲准參加當年由吏部、兵部主持的文、武官銓選集會，通過身、言、書、判或武藝等方面的考察，有獲取當年官闕的希望；第三級臺階：參選者順利通過銓選，授予正員職事官。這級臺階只是指六品以下的官職。（由於選官系統的二重性，五品以上官的選任不通過銓選，而採取其它方法）[18]

而且，即使登上了第三級臺階，所授的亦是最低級的官，除非特殊情況，唐人是的任職經歷一般都依循由低到高的次序。上述七個位致宰相的諫官中，除以

18   寧欣，《唐代選官研究》（臺北：（臺灣）文津出版社，1995），頁11。

褐衣為拾遺的張鎬之外，其他人獲得從八品的拾遺或從七品的補闕之前，幾乎都沒有超出普通士人的選士入仕規則。張說授太子校書（正九品下）、張九齡授校書郎（正九品上）、權德輿授秘書省校書郎（正九品上）、監察御史（正八品上）[19]、元稹授秘書省校書郎（正九品上）、令狐楚由幕府從事，監察御史、李紳釋褐國子助子，品級雖為從七品上，高於拾遺，但「非其好」而辭去，後就任從八品的右拾遺。李紳和令狐楚的選擇，表明唐代文人對諫官一職的重識，同時也說明了拾遺補闕這一清選對士大夫的吸引力。

像這些宰相的仕途經歷一樣，唐代那些任過低級諫官的文學家在獲得拾遺和補闕之前，大都有過任九品、八品官的經歷。除了上述那些低級官職之外，唐代文人授官最多也許要數縣尉。唐代的縣尉有三種，京縣尉從八品下，上縣尉從九品上、下縣尉從九品下，而京縣尉幾無授拾遺者，所以，唐代文學家中，有相當一批是授過或任過縣尉的，而在文學家諫官中，以縣尉釋褐者或任過縣尉者亦不在少數。如孫逖為山陰尉，綦毋潛為宜壽尉、高適為封丘尉、杜甫為河西尉、皇甫冉為無錫尉、獨孤及為華陰尉、嚴維為諸暨尉、耿湋為盩厔尉、白居易為盩厔尉、沈傳師為鄠縣尉、鄭谷為鄠縣尉。縣尉職在「分判眾曹，收率課調」，[20] 這個九品小官讓那些胸懷大志的文人們是很難堪的，除了感歎職位卑下之外，他們心中最大的不適是與自己情志不合，如高適所云：「拜迎官長心欲碎，鞭撻黎民令人悲。」（《封丘作》）當高適辭去封丘尉後，杜甫甚感欣慰：「脫身簿尉中，始與捶楚辭。」[21] 而杜甫本人授河西尉時，亦辭官他就：「不作河西尉，淒涼為折腰。老夫怕趨走，率府且逍遙。」[22] 為了表明樂觀與曠達，人們多借梅福的典故，以「仙尉」之類的詞語自稱或稱謂他人：「不知君作神仙尉，特訝行來雲霧深。」[23]、「以言神仙尉，因致瑤華音。」[24]、「愁煙閉千里，仙尉其何如。」[25]、「仙尉俯勝境，輕橈恣遊衍。」[26] 這樣的詩句，緩解了「折腰」

19　此職為兼銜。梁肅〈著作郎贈秘書少監權夫人李氏墓志銘〉：「（權德輿）貞元二年以廷尉評攝監察御史，為江西從事。」

20　《新唐書》，卷 49 下。

21　杜甫，〈送高三十五書記〉，《杜詩詳註》，卷之 2。

22　杜甫，〈官定後戲贈（時免河西尉，為右衛率府兵曹）〉，《杜詩詳註》，卷之 3。

23　蔡希寂，〈贈張敬微〉，《全唐詩》，卷 114。

24　常建，〈送李十一尉臨溪〉，《全唐詩》，卷 144。

25　常建，〈送楚十少府〉，《全唐詩》，卷 144。

26　蕭穎士，〈□□□趙載同遊焦湖夜歸作〉，《全唐詩》，卷 882。

官長所產生的「淒涼」及「鞭撻黎民」而產生的悲痛，亦淡化了「白頭還作尉，黃綬固非才」[27]的失落。文學家諫官通過任低級官員磨練了意志，認識了社會，更增加了對官場的適應度。當他們任職期滿，就任更高一級的官職時，政治經驗和行政能力都有了較大的提高。因此儘管唐代選官制度存在著「繁設等級」[28]和「吏緣為奸」[29]之類的弊端，那些有能力有才識的人仍能找到自己的位置。在唐代文學家中，除張說、張九齡等由拾遺補闕而官至宰相，還能許多人亦能繼續升遷。他們升遷的方向主要有二。一是離開諫官系統，進入到職能部門任，直至為相。如孫逖後升至中書舍人，辛替否任右臺殿中侍御史、獨孤及「歷濠、舒、常三州刺史」[30]。白居易為中書舍人、李邕為左臺殿中侍御史，楊綰為中書舍人、張又新為左司郎中、杜牧為中書舍人。一是仍在諫官系統內，漸次升為起居郎、諫議大夫、給事中甚至散散騎常侍。如王維歷拾遺補闕而至給事中，最後官尚書右丞。岑參由右補闕升為起居郎，後出為嘉州刺史。吳兢中宗時為右拾遺右補闕，玄宗時任諫議大夫兼修文館學士。柳公權歷拾遺、補闕、諫議大夫，武宗時為散騎常侍。牛嶠歷拾遺補闕，至後蜀王建時任給事中。

三

　　不可否認，唐代六品以下官職的任選在程序存在著公平與不公平兩面。對於沒有門蔭條件和立軍功機會的文人來說，無論是試詩賦還是試書判等，這都是一個相對公平的機會，這種機會激發了那些有志仕進者的政治熱情和參與意識，同時也提升了文人的社會地位和人格尊嚴。這是選官公平的一方面所產生的政治效應。然而當文人們獲得出身、通過吏部試書判之後，再想順利通過銓選、授予正員職事，卻就不那那麼容易了。由於「繁設等級，遞差選限」的選任制度，造成了人才的大量留滯，使得許多人不得不將精力放在干謁、求薦等方面，因而詐冒、請托、賄賂之風大行，加之「事有所壅、吏緣為奸」[31]，銓選失去了任人唯賢的公平原則。這種不公平使得唐代許多人沉淪下潦，抑鬱終身。這種現象也在唐代文學家諫官中也產較普遍。那些曾任過拾遺補闕之職的文學

27　蘇頲，〈蜀城哭臺州樂安少府〉，《全唐詩》，卷73。
28　《新唐書》，卷45，〈選舉志下〉：「繁設等級，遞差選限」。
29　《新唐書》，卷165，〈權德輿傳〉：「事有所壅、吏緣為奸。」
30　《唐才子傳》，卷3。
31　《新唐書》，卷165，〈權德輿傳〉。

家，有的走向了高位，有的則終於此職或被貶為更低的官，困厄至死。

　　唐代有一些任過拾遺補闕的文學家，其官職再也沒有得到上升，有的終於此，有的反而被貶。這種現象在唐代各個時期都存在，初唐時期的陳子昂、盛唐時期的杜甫、中唐時的皇甫冉、崔峒、竇向叔、嚴維、梁肅、朱放、晚唐的崔道融等。除此之外，還有二種情形：一李白式的，雖授拾遺，但未來得及接任便逝世了[32]；二元白式的，在拾遺任上（或不久）被貶，此後有大升遷。造成其仕途失意的原因是多方面的，我們無法絕對肯定地說是什麼因素導致了這些文學家們的坎坷和抑鬱，但考察他們的仕途經歷，我們還是可以發現一些啟示的。

　　從歷史記載和文學創作上來看，這些終於低級官階的文學家們在諫官任上其實都是較為積極的。陳子昂在任拾遺之前就以言「王霸大略、君臣之際」的諫臣姿態確立了自己的政治形象，「以進士對策高第，屬唐高宗大帝崩於洛陽宮，靈駕將西歸。子昂乃獻書闕下。時皇上以太后居攝，覽其書而壯之。召見問狀，子昂貌寢寡援，然言王霸大略，君臣之際，甚慷慨焉。上壯其言而未深知也。乃勅曰：『梓州人陳子昂地籍英靈，文稱偉曄，拜麟臺正字。』」[33]授官之後，陳子昂十分興奮：「方謁明天子，清宴奉良籌。再取連城璧，三陟平津侯。」[34]後遷為胄曹參軍。任麟臺正字和胄曹參軍期間，他數度越職表奏，疏議政事。任右拾遺後，「專蒙叨幸近侍」[35]，政治熱情更加高漲，諫政更加積極主動。據《全唐文》載，陳子昂任麟臺正字、胄曹參軍和右拾遺期間直接的諫疏和奏表就有 12 篇之多，如〈諫刑書〉、〈諫政理書〉、〈諫雅州討生羌書〉、〈上軍國利害事三條〉等等，涉及到刑獄、軍事、禮儀、宗教等各個方面，表現了一個文學家成熟的政治見解。

　　其他低級諫官亦都有陳子昂式的積極參政行為，如杜甫「涕淚授拾遺」、[36]「曾奏數行書」，[37]竇向叔「宣力諫臣，沃心無隱，直質而文贅。……糾謬言

32　劉全白〈唐故翰林學士李君碣記〉：「代宗登極，廣拔淹瘁，時君亦拜拾遺，聞命之後，君亦逝矣。」（王琦，《李太白集》，卷 31，〈附錄〉）

33　盧藏用，〈陳子昂別傳〉，《全唐文》，卷 238。

34　陳子昂，〈答洛陽主人〉。

35　陳子昂，〈為喬補闕論突厥表〉，《全唐文》，卷 209。

36　杜甫〈述懷〉：「涕淚授拾遺，流離主恩厚。柴門雖得去，未忍即開口。」

37　杜甫〈奉酬嚴公寄題野亭之作〉：「拾遺曾奏數行書」。

責，其道屈伸。斯人損益，盡忠職事。」[38] 而元稹和白居易的情形猶為典型。元稹和白居易「皆逢盛明代，俱登清近司」、[39]「拾遺天子前，密奏升平議。」[40]、「稹性鋒銳，見事風生。既居諫垣，不欲碌碌自滯，事無不言。……皆朝政之大者。」[41]、「居易自以逢好文之主，非次拔擢，欲以生平所貯，仰酬恩造。」[42] 所以，如果我們僅以是否盡職來考察唐代文學家諫官升降的原因，顯然不具備說服力。那麼造成其得不到升遷甚至貶謫的原因是什麼呢？答案已包含在陳子昂傳記裡——朝中「寡援」和皇帝「未深知」，其實這也是決定古代文人政治命運的最根本的因素，只不過作為諫官這種情形顯得更加明顯。因為諫官如果得不到皇帝的理解，進諫便等於找死，故諫官上疏時常用「冒死罪」之類的詞；如果沒有得力的政治靠山，諫政就等於樹敵。諫官的成功不僅諫官需要有「骨鯁」之品質[43]，而且皇帝還應有納諫的胸懷。魏徵與唐太宗的一席話很能說明這一點：

> 貞觀十五年，太宗問魏徵曰：「比來朝臣都不論事，何也？」徵對曰：「陛下虛心采納，誠宜有言者。然古人云：『未信而諫，則以為謗己；信而不諫，則謂之尸祿。』但人之才器，各有不同。懦弱之人，懷忠而不能言；疏遠之人，恐不信而得言；懷祿之人，慮不便身而不敢言。所以相與緘默，俛仰過日。」太宗曰：「誠如卿言。朕每思之，人臣欲諫，輒懼死亡之禍，與夫赴鑊、冒白刃，亦何異哉？故忠貞之臣，非不欲竭誠。竭誠者，乃是極難。所以禹拜昌言，豈不為此也！朕今開懷抱，納諫諍。卿等無勞怖懼，遂不極言。」[44]

然而，君王的「胸懷」到底能大到什麼程度？他對諫言的接受程度到底有多大？

38　羊士諤，〈左拾遺內供奉贈持節舒州諸軍事舒州（原缺四字）竇府君神道碑〉，《全唐文》，卷 613。

39　唐·白居易，《白居易集》（北京：中華書局，1979），卷 7，〈昔與微之在朝日，同蓄休退之心。迨今十年，淪落老大，追尋前約，且結後期〉，頁 141。

40　唐·元稹，《元稹集》（北京：中華書局，1982），卷 5，〈元和五年予官不了罰俸西歸，三月六日至陝府與吳十一兄端公崔二十二院長思愴曩遊因投五十韻〉，頁 59。

41　《舊唐書》，卷 166。

42　《舊唐書》，卷 166。

43　陳子昂〈招諫科〉：「夫骨鯁之士能美聖功，伏惟神皇廣延直臣，旌賞諫士，使大聖之德引納日新。」（《全唐文》，卷 212。）

44　《貞觀政要》，卷 2。

這是誰也無法料定的。特別是在君王權力至上的等級森嚴的封建政治體系中，低級諫官對其政治作為的後果是更是難以預測。一旦皇帝不能「深知」或諫官在朝中「寡援」時，他們的結局常常是被遠疏或被貶。唐代文學家中那些低級諫官的經歷就證明了這一點。如陳子昂授拾遺之後，便被莫名其妙地陷入冤獄，儘管陳子昂在〈謝免罪表〉中稱自己「誤識凶人，坐緣逆黨。」但他何嘗想叛逆？只因武則天時代，最容易加的罪名是「叛逆」，欲加之罪，何患無辭？因此，他後來隨武攸宜徵契丹時因數度直言而受到冷落和排擠，只得悲歌幽州臺。如果說陳子昂失敗的主要原因是朝中「寡援」，那麼，杜甫失敗的主要原因則在於皇帝的「未深知」。《舊唐書・杜甫傳》載：「房琯兵敗陳濤斜，明年春，琯罷相。甫上疏言琯有才，不宜罷免。肅宗怒，貶琯為刺史，出甫為華州司功參軍。」而杜甫之「出」，實亦歷經生死。據《舊唐書・韋陟傳》載：「拾遺杜甫上表論房琯有大臣度，真宰相器，聖朝不容。辭旨迂誕，肅宗令崔光遠與陟及憲部尚書顏真卿同訊之。」對於這段被審訊的經歷，杜甫一直痛心不已：「臣不自度量，歎其功名未垂，而志氣挫衄，覬望陛下棄細錄大，所以冒死稱述，何思慮未竟，闋於再三。陛下貸以仁慈，憐其懇到，不書狂狷之過，復解羅網之急，是古之深容直臣，勸勉來者之意。天下幸甚！天下幸甚！」[45] 從杜甫真實的心理來說，所幸者恐怕不在「天下」，而是他自己未被皇帝治罪。至於元稹和白居易都是懷著極大的政治熱情接受諫官，而在皇帝的「未識」朝臣的讒陷中被貶出諫垣，元稹云：「召見不須臾，憸庸已猜忌。」[46]《舊唐書・元稹傳》云：「憲宗召對，問方略。為執政所忌，出為河南尉。」白居易議事激切，唐憲宗大為不滿，以為「無禮於朕，朕實難奈。」而執政者亦「惡其言事」，最後終於以一個莫須有罪名將才任左贊善大夫幾個月的白居易貶為江州司馬。

　　唐代低級諫官的心態是十分複雜的，一方面有「拾遺帝側知難得，官緊才微恐不用」[47] 的驚寵感，另一方面又有「青袍朝士最困者，白頭拾遺徒步歸」[48] 的失落感。這兩種感覺為文學家創作提供了豐富的感情資源，因此，唐代文人在任拾遺和補闕時期也是其創作的重要階段，這一段時期的創作數量和質量一

45　杜甫，〈奉謝口勅放三司推問狀〉（仇兆鰲，《杜詩詳注》，卷25。）

46　元稹，〈元和五年予官不了罰俸西歸，三月六日至陝府與吳十一兄端公崔二十二院長思憶曩遊因投五十韻〉，《元稹集》，卷5。

47　費冠卿，〈蒙召拜拾遺書情二首〉，《全唐詩》，卷495。

48　杜甫，《徒步歸行》（仇兆鰲，《杜詩詳注》，卷5。）

般都較高，可以說，低級諫官亦是唐代文學繁榮的一個重要因素。

第二節　唐代高級諫官中的文學家

依照唐代官職的慣例，五品以上為高級官員，諫議大夫和給事中為正五品上，左右散騎常侍為正三品，我們姑且稱之為高級諫官。唐代文學家中，任過諫議大夫的有：魏徵、員半千、李景伯、賈曾、盧鴻一、高適、吳兢、張鎬、郗純、孔巢父、陸贄、吳通玄、包佶、吉中孚、盧仝、柳公權、李翱、姚合、翁承贊、李巨川。任過給事中的有：孔穎達、袁朗、薛登、齊澣、許景先、王維、孔巢父、姚合、盧延讓、鄭綮、牛嶠。任過散騎常侍的有：高適、賈至、李泌、李益、裴夷直、柳公權、鄭綮。[49] 由於職務的因素，這些高級諫官在唐代政壇的作用顯得十分明顯，許多人不僅是傑出的文學家，更是傑出的政治家，通過他們，我們唐代諫官與政治的關係有更深刻的了解。

一

唐代五品以上官的任授與五品以下官的任授不一樣，「其擇人有四事：一曰身，二曰言，三曰書，四曰判。四事皆可取，則先德行；德均以才，才均以勞。其六品以降，計資量勞而擬其官；五品以上，不試，列名上中書、門下，聽制勅處分。」[50] 較之五品以下低級官員的煩瑣考試和銓選，五品以上官的升遷要簡便得多了，「四品五品官不復試判者，以其歷任既久，經試固多，且官班已崇，不可復為偽濫矣。」[51] 對廣大下層知識分子而言，進入五品以上之高官是人生之大幸。在唐代高級諫官中，有相當一批就是由低級官員「自上而下」循資提拔的。[52]

「循資格」晉升的諫議大夫和給事中又可分為兩類。其一源自其他官職系統。如員百千始授武陟尉，歷左衛冑曹、左衛長史，「長安中，五遷正諫大

49　沈佺期、岑參、韋莊等人任過起居郎，此官係六品，應算為低級官員。起居郎在諫官系列中的作用並不太突出，故不作專門論述。

50　《通典》，卷 15，〈選舉三〉。

51　唐趙匡，〈選舉議〉之「選人條例」，《全唐文》，卷 355。

52　唐代選官「循資格」十分嚴格，《新唐書》卷 45〈選舉志下〉載：「開元十八年，侍中裴光庭兼吏部尚書，始作循資格，而賢愚一概，必與格合，乃得銓授，限年躡級，不得逾越。」

夫」⁵³。又如高適辭去封丘尉後投哥舒翰幕府，安史之亂中回朝，由左拾遺轉監
察御史、侍御史。顯其文才武略和遠見卓識，玄宗云：「侍御史高適，立節貞
峻，植躬高朗，感激懷經濟之略，紛綸贍文雅之才。長策遠圖，可云大體；讜
言義色，實謂忠臣。宜回糾逖之任，俾超諷諭之職。可諫議大夫。」⁵⁴又李翱於
元和初由京兆府司錄參軍轉國子學博士、史館修撰，「翱性剛急，論議無所避。
執政雖重其學，而惡其激訐，故久次不遷。」此後歷授考功員外郎、禮部郎中、
廬州刺史，「大和初入朝為諫議大夫。」⁵⁵其二源自諫官系統，當然由於七品拾
遺和五品諫議大夫、給事中之間尚差兩級，因此許多人任過拾遺或補闕之後，
依照「循資格」的規則，必須要擔任其他低級別的官職，方能獲得晉升的資格。
唐代文學家諫官中的諫議大夫和給事中，通常也經歷了唐代選官的這種「循資
格」的過程。依照唐代官職，拾遺補闕一屆的任職時期為二十個月，秩滿之後
便要守選，以待下任。《唐會要》卷56云：「大中六年（852）九月勑：郎官、
御史、遺補皆有月限，唯起居未有分明判置。自今已後，特恩超擢拔外，宜中
滿二十個月為改轉。」又白居易元和二年（807）任左拾遺，元和五年秩滿，即
皇帝令其自奏官。而鄭谷三年未轉，即生「右省三年老拾遺」⁵⁶之歎。唐代文學
家中，由拾遺補闕繼任諫議大夫的官員較多。如吳兢在武則天時以史才任左拾
遺，神龍中，遷右補闕，轉起居郎，遷水部郎中。開元三年拜諫議大夫，依前
修史。李渤初以山人徵為左拾遺，渤托疾未赴。後以著作郎徵，一年後遷右補
闕。歷贊善大夫、虔州刺史、長慶二年（822）為職方郎中，一年後遷為諫議大
夫，「長慶、寶歷中，政出多門，事歸邪倖。渤不顧患難，章疏論列，曾無虛日。
帝雖昏縱，亦為之感悟。轉給事中。」⁵⁷柳公權釋褐秘書省校書郎，以書法精湛
而遷右拾遺、右補闕，「歷穆、敬、文三朝，侍書中禁」，文宗時遷諫議大夫，
俄改中書舍人，因善諫，「言事有諍臣風彩」，復授諫議大夫。⁵⁸相對於諫議大
夫，給事中的封駁所表現的參政意識更直接，唐代文學家中由拾遺、補闕升遷

53　《舊唐書》卷190中。又據《舊唐書》卷43〈職官二〉：「（諫議大夫）龍朔改為正
　　諫大夫，神龍複。」
54　《舊唐書》，卷111，〈高適傳〉。
55　《舊唐書》，卷160，〈李翱傳〉。
56　鄭谷〈春暮詠懷寄集賢韋起居袞〉：「長安一夜殘春雨，右省三年老拾遺。坐看群賢
　　爭得路，退量孤分且吟詩。」（《全唐詩》，卷676。）
57　《舊唐書》，卷171，〈李渤傳〉。
58　《舊唐書》，卷165，〈柳公權傳〉。

或諫議大夫轉授者較多，如薛登「文明中解褐閿中主簿，天授中為左補闕」，以議選舉事而得名，後累給事中[59]；許景先釋褐夏陽尉，「神龍初，東都起聖善寺報慈閣。景先詣闕獻〈大像閣賦〉，詞甚美麗，擢拜左拾遺，累遷給事中」[60]；嚴挺之睿宗時由姚崇推薦，任右拾遺，因故被貶為萬州員外參軍，開元中為考功員外郎、考功郎中，不久遷至給事中；王維開元年間任拾遺，歷監察御史，任左補闕。又歷庫部郎中、吏部郎，天寶末年遷至給事中；晚唐時的牛嶠以拾遺、補闕、尚書郎，隨王建入蜀，蜀國立，拜為給事中。

　　在唐代「循資格」晉升的文學家諫官中，最突出的要數陸贄。這位在德宗時代作用至關重要的宰相，是以善諫的宰相形象出現在歷史上的。不過他的任職經歷似乎又嚴格地遵循了資格的選官過程。他十八歲登進士第，以博學宏詞登科，授華州縣尉。後以書判拔萃，選授渭南縣主簿。德宗時召為翰林學士，轉祠部員外（從六品上）。興元二年（785），「從幸梁州，轉諫議大夫，依前充翰林學士。」以後歷中書舍人、中書門下侍郎、門下同平章事。儘管陸贄任諫議大夫的時間並不長，但在擔任諫議大夫的前後，他都是一個十分盡職的諫臣。特別是在唐德宗逃難之秋，他的行政能力和諫

圖 11　陸贄

諍精神所起的作用是難以估量的，「贄初入翰林，特承德宗異顧，歌詩戲狎，朝夕陪遊。及出居艱阻之中，雖有宰臣，而謀猷參決，多出於贄，故當時目為『內相』。」其「高邁之行，剛正之節，經國成務之要，激切仗義之心」亦深得史官的贊美[61]。作為「循資格」晉升的官員，陸贄在任相期間對選官制度也進行過一些調整，革除了選官中的某些弊病：

　　　國朝舊制，吏部選人，每年調集，自乾元已後，屬宿兵于野，歲或
　　　凶荒，遂三年一置選。由是選人停擁，其數猥多，文書不接，真偽

59　《舊唐書》，卷 101。
60　《舊唐書》，卷 190 中。
61　《舊唐書》，卷 139，〈陸贄傳〉。

難辨，吏緣爲姦，注授乖濫，而有十年不得調者。贄奏吏部分內外官員爲三分，計闕集人，每年置選，故選司之弊，十去七八，天下稱之。[62]

　　通過「循資格」晉升的文學家諫官，我們看到了唐代選官制度雖然煩雜甚至約束政治家的個性，但「循資格」的過程，卻能產生兩個明顯的效果，其一，不僅磨練了參政者的行政能力，而且還考驗了其人格修養，曹操云：「有行之士未必能進取，進取之士未必能有行。」[63] 這種現象在官場是客觀存在的，但唐代高級諫官的進退來看，大都沒有背離其應有的人格操守，基本能做到「行」與「能」的統一。其二，諫官系統內的「循資格」，造就了一批職業化的諫官。對那些由拾遺補闕一直晉升到諫議大夫、給事中甚至散騎常侍的人來說，其政治生涯基本沒有離開諫諍，這對培養其政治責任感和職業敏感都是極爲有利的。不過對唐代文學家而言，擔任高級諫官之後，行政職業的敏感往往會代替他們對文學的敏感，文學創作的數量和質量反而不及任低級諫官時，這一點在高適、王維的身上表現得尤爲明顯。

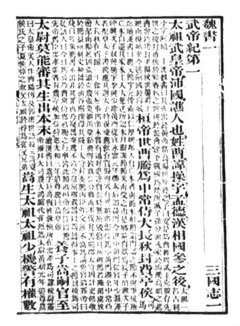
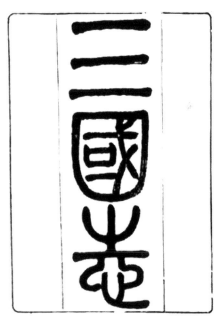

圖 12 　《三國志》

62　《舊唐書》，卷 139，〈陸贄傳〉。
63　《三國志》，卷 1，〈魏書一〉。

二

　　就政治地位和影響而言，諫議大夫的職位一直比較獨特。作為朝中之「首諫」[64]，它不僅是許多有作為的文人的政治理想，也是朝廷有效的一種行政武器。因而唐王朝對諫議大夫的任命一向較為慎重：「諫議大夫。前時亦有拔自山林。然起於卑位者。其例則少。用皆有由。或道德章明。不求聞達。或材行卓異。出於等倫。以此選求。實愜公議。其或事跡未著。恩由一時。雖有例超升。皆時論非允。」[65]從唐朝開國至到滅亡，有追授諫議大夫者，又有超授諫議大夫者。追授是一種榮譽，而超授除了榮譽之外，亦需要有實際的執掌，因為諫議大夫畢竟不是一個閑職。在唐代文學家中，超授諫議大夫者有魏徵、盧鴻一、陽城、盧仝等人，他們或者拔自山林，或者拔自微職，但無論哪一種情形都與唐代政治有著密切的連繫。從這種連繫中，我們可以清楚地看到唐代政治風氣的明顯變化。

　　唐太宗與魏徵的關係是中國政治史上君臣關係的楷模，儘管曾經是敵手，但唐太宗和魏徵的關係並沒有因此而有一絲的隔膜，唐太宗即位之時，即將魏徵由從七品的詹事主簿超拔為諫議大夫，「徵亦喜逢知己之主，思竭其用，知無不言。」[66]唐太宗云：「卿罪重於中鉤，我任卿逾於管仲。近代君臣相得，寧有似我與卿者乎？」[67]儘管魏徵任諫議大夫不足一年[68]，且最後以秘書監，參預朝政，但他自始至終都是諫臣姿態出現的。魏徵對自己的政治角色有獨到的解釋：

> 徵再拜曰：「願陛下使臣為良臣，勿使臣為忠臣。」帝曰：「忠、良有異乎？」徵曰：「良臣，稷、契、咎陶是也。忠臣，龍逢、比干是也。良臣使身獲美名，君受顯號，子孫傳世，福祿無疆。忠臣身受誅夷，君陷大惡，家國並喪，空有其名。以此而言，相去遠矣。」[69]

64　《文苑英華》，卷381，〈授鄭覃給事中制〉：「諫議大夫……鄭覃清節直行，正色審詞，先臣之風藹然猶在。自居首諫，益勵謇諤。」

65　《唐會要》，卷55，〈省號下〉。

66　《舊唐書》，卷71。

67　《貞觀政要》，卷2。

68　《舊唐書‧魏徵傳》：「太宗素器之，引為詹事主簿。及踐祚，擢拜諫議大夫。……其年，遷尚書左丞。」

69　《舊唐書》，卷71，〈魏徵傳〉。

這種「良臣」意識，也得到了唐太宗的認可，他對魏徵說：

> 玉雖有美質，在於石間，不值良工琢磨，與瓦礫不別。若遇良工，
> 即為萬代之寶。朕雖無美質，為公所切磋，勞公約朕以仁義，弘朕
> 以道德，使朕功業至此，公亦足為良工爾。[70]

（左）圖 13　唐太宗

（上）圖 14　魏徵

　　這種君臣關係是成就魏徵諫臣人生的基礎。在魏徵政治生涯中，其諫諍並不受官職的限制，有過必諫，「無所屈撓」，故劉昫曰：「臣嘗閱〈魏公故事〉，與文皇討論政術，往復應對，凡數十萬言。其匡過弼違，能近取譬，博約連類，皆前代諍臣之不至者。其實根於道義，發為律度，身正而心勁，上不負時主，

下不阿權幸，中不佞親族，外不為朋黨，不以逢時改節，不以圖位賣忠。……前代諍臣，一人而已。」[71] 唐太宗是以開國君主的政治危急感來看待諫諍的，貞觀六年（632），太宗對其侍臣說：「古人云：『危而不持，顛而不扶，焉用彼相。』君臣之義，得不盡忠匡救乎？朕嘗讀書，見桀殺關龍逢，漢誅晁錯，未嘗不廢書歎息。公等但能正詞直諫，裨益政教，終不以犯顏忤旨，妄有誅責。朕比來臨朝斷決，亦有乖於律令者。公等以為小事，遂不執言。凡大事皆起於小事，小事不論，大事又將不可救，社稷傾危，莫不由此。隋主殘暴，身死匹夫之手，率土蒼生，罕聞嗟痛。公等為朕思隋氏滅亡之事，朕為公等思龍逢、晁錯之誅。君臣保全，豈不美哉！」所以不僅他把諫諍當成為政之要，而且也賦予大臣諫政之權。太宗著名的諫臣除魏徵之外，王珪、戴冑、馬周、褚遂良等，或者任諫官的時間，或者根本就沒有任過諫官，但都沒有放棄過諫臣的天職。也就是說，唐太宗時期諫權大於諫職，諫政的職能不僅僅局限於諫官，而超拔諫官絕不是一種榮譽。

　　與唐太宗相比，唐玄宗超拔諫議大夫的政治用意則有了明顯的「榮譽」性質。唐玄宗是很器重直臣的，五代王仁裕〈開元天寶遺事〉還記載了他「賜箸表直」之事：「宋璟為宰相，朝野人心歸美焉。時春御宴，帝以所用金箸令內臣賜璟。雖受所賜，莫知其由。未敢陳謝。帝曰：『所賜之物，非賜爾金，蓋賜卿之箸，表臣之直也。』璟遂下殿拜謝。」不過，隨著唐王朝承平日久，統治者粉飾政治的意識越來越強。為了證明天下無遺才，更為了顯示政治的清明，唐玄宗很樂於徵召隱者，並授其諫官。大隱士盧鴻一就是典型的例子。盧鴻一

圖 15　唐玄宗

隱居於嵩山，開元初玄宗徵而不至。開元六年（718）玄宗再次下詔云：「朕以寡薄，忝膺大位，嘗恨玄風久替，淳化未升，每用翹想遺賢，冀聞上皇之訓。……

_____
71　《舊唐書》，卷 71。

禮有大倫，君臣之義，不可廢也。今城闕密邇，不足為難，便勅齎束帛之賑，重宣斯旨，想有以翻然易節，副朕意焉。」[72] 這次，盧鴻一應詔而至，以山人的禮節見皇帝，「謁見不拜」，玄宗不怪，賜之酒食，且下詔授盧鴻授諫議大夫。盧鴻一又固辭，最後「以諫議大夫放還山」這一特別的方式結束了這場徵召隱者的政治遊戲：

> 嵩山隱士盧鴻一，抗迹幽遠，凝情篆素，隱居以求其志，行義以達其道，雲臥林壑，多歷年載。傳不云乎：「舉逸人，天下之人歸心焉。」是乃飛書巖穴，備禮徵聘，方佇獻替，式弘政理。而矯然不群，確乎難拔，靜己以鎮其操，洗心以激其流，固辭榮寵，將厚風俗，不降其志，用保厥躬。會稽嚴陵，未可名屈；太原王霸，終以病歸。宜以諫議大夫放還山。[73]

　　顯然，唐玄宗需要的正是那個不在朝中的諫議大夫，他授予盧鴻一諫議大夫，與「今（司馬）承禎於王屋山自選形勝，置壇室以居」[74] 沒有區別，授盧鴻一諫議大夫，所重者不是諫官的職能，而是諫官的榮譽，並借用這種榮譽「勸天下」、淳風俗。

　　安史之亂以後的中唐，唐玄宗這種榮譽式的超拔諫議大夫的做法有所改變。政治的危機使得統治者不可能再以超拔隱者的方式來粉飾，它迫切需要一種可以維護政治安寧的思想來規範人們的行為，同時更需要實幹來充實政權。與唐玄宗相比，他們徵召隱者時亦更注重「學」與才，即所謂「優寵儒者」[75]。如孔述睿「好學不倦，大曆中，轉運使劉晏累表薦述睿有顏、閔之行，遊、夏之學」[76]；陽城「既隱於中條山，遠近慕其德行，多從之學」[77]；孔巢父「早勤文史」[78]。但諫議大夫的授受不再是榮譽性的，而是實責性的。如德宗徵孔述睿，「以諫議大夫銀章朱綬，命河南尹趙惠伯齎詔書、玄纁束帛，就嵩山以禮徵聘。

72　《舊唐書》，卷192，〈隱逸傳〉。
73　《舊唐書》，卷192，〈隱逸傳〉。
74　《舊唐書》，卷192，〈隱逸傳〉。
75　《舊唐書》，卷192，〈隱逸傳〉。
76　《舊唐書》，卷192，〈隱逸傳〉。
77　《舊唐書》，卷192，〈隱逸傳〉。
78　《舊唐書》，卷154，〈孔巢父傳〉。

述睿既至，召對於別殿，特賜第宅，給以廄馬。並為皇太子侍讀。……旬日後累表固辭，依前乞還舊山。……既懇辭不獲，方就職。」[79]陽城受李泌之薦，「為著作郎，德宗令長安縣尉楊寧齎束帛詣夏縣所居而召之，城乃衣褐赴京，上表辭讓。德宗遣中官持章服衣而後召，賜帛五十匹。尋遷諫議大夫。」[80]

　　從總體上來看，中唐時期超拔諫議大夫的情形不多。孔述睿和陽城是形式上的超拔，其實有「循資格」的因素。孔述睿在代宗時已由協律郎、國子博士累官至司勳員外郎（從六品），任職十來天後，辭職隱居嵩山的。陽城亦然，唐德宗雖有意授其諫議大夫，但卻要他先穿上從五品下階的官服，再遷至正五品上階的諫議大夫。唐憲宗、穆宗時的名臣李渤始隱嵩山，以拾遺招，托疾不赴。元和九年（814），以著作郎徵之，始赴，「歲餘，遷右補闕」，[81]此後歷選

圖 16　唐憲宗

善大夫、考功員外郎、職方員外郎，至長慶三年（823）方遷諫議大夫。

　　唐憲宗徵召盧仝為諫議大夫可以算作真正意義上的超拔。要全面了解盧仝，必先讀韓愈的〈寄盧仝〉：

　　　　玉川先生洛城裏，破屋數間而已矣。

　　　　一奴長鬚不裹頭，一婢赤腳老無齒。

　　　　辛勤奉養十餘人，上有慈親下妻子。

　　　　先生結髮憎俗徒，閉門不出動一紀。

　　　　至今鄰僧乞米送，僕忝縣尹能不恥。

　　　　俸錢供給公私餘，時致薄少助祭祀。

79　《舊唐書》，卷 192，〈隱逸傳〉。

80　《舊唐書》，卷 192，〈隱逸傳〉。

81　《舊唐書》，卷 171，〈李渤傳〉。又，從官階上說，著作郎為從五品下，補闕為從七品上，但著作郎為閒官，職掌不多；補闕為清選，更受重視，故由著作郎任右補闕，依然為「遷」。

勸參留守謁大尹，言語纔及輒掩耳。

水北山人得名聲，去年去作幕下士；

水南山人又繼往，鞍馬僕從塞閭里。

少室山人索高價，兩以諫官徵不起。

彼皆刺口論世事，有力未免遭驅使。

先生事業不可量，惟用法律自繩己。

春秋三傳束高閣，獨抱遺經究終始。

往年筆弄嘲異同，怪無驚眾謗不已。

近來自說尋坦途，猶上虛空跨綠駬。

去歲生兒名添丁，要令與國充耘耔。

國家丁口連四海，豈無農夫親未耕。

先生抱才終大用，宰相未許終不仕。

假如不在陳力列，立言垂範亦足恃。

　　這段詩文詳細介紹了盧仝的才學、秉性、政治追求，描繪了一個安貧樂道、情志孤高的文人形象。這首詩作於元和六年（811），基本再現了盧仝一生的風貌，詩中特別點到了盧仝同時的處士們紛紛應徵出仕的經歷，對其「宰相未許終不仕」的政治理想特別讚賞，但卻並未提到朝廷是否徵召他、或以什麼官職徵召他。而略晚於盧仝的賈島在〈哭盧仝〉中寫道：「平生四十年，惟著白布衣。天子未辟召，地府誰來追。」似乎明確了盧仝未被徵召的布衣身分。然而唐以後的諸多史料均言朝廷曾以諫議大夫徵盧仝而不起，如宋晁公武《郡齋讀書志》卷四云：「（仝）徵諫議大夫不起。」又元辛文房《唐才子傳》卷五云：「朝廷知其清介之節，凡兩備禮徵為諫議大夫，不起。」這豈不是與唐人的記載明顯矛盾？對這個現象，今人以為是以訛傳訛。如傅璇琮主編《唐才子傳校箋》卷五釋「《才子傳》謂朝廷兩次片召諫議大夫」一條時，指出韓愈所謂「少室山人索高價，兩以諫官徵不起」中的主角是李渤，故而認為「《才子傳》蓋繼晁〈志〉而訛。」[82]此話有失武斷。其實，晁〈志〉謂盧仝「徵諫議大夫不起」並沒錯。唐人黃滔〈祭崔補闕〉云：

82　傅璇琮，《唐才子傳校箋》第二冊（北京：中華書局，1989），卷5，頁269。

大唐有進士科，無巖穴詔。故鵠版之降，不易其人。元和之起也，
則有陽諫議城，凜凜清風；其不起也，則有盧諫議仝，昭昭高道。
一以權豪之忌，空福道民；一以堯舜之世，但樂箕潁。[83]

很顯然，元和年間盧仝確有過被徵召而不起之事，晁〈志〉言出有據，《才
子傳》言「兩備禮徵召」似參用韓愈之《寄盧仝》，但不為傳訛。而且即使在
韓詩中，我們也能感覺到，盧仝治儒經是相當精深的，「春秋三傳束高閣，獨
抱遺經究始終」，所言即盧仝所著《春秋摘微》四卷[84]，與中唐時期以啖助、趙
匡、陸質為代表的新《春秋》學是一致的。啖助曰：「習左氏者，皆遺經存傳，
談其事跡，玩其文彩，如覽史籍，不復知有《春秋》微旨。嗚呼，買櫝還珠，
豈足怪哉？」[85]元和之後，「存經遺傳」的新《春秋》之學開始盛行，「從相關
史料看，元後之後，《春秋》學已成為一個學術中心，而且多是沿著啖、趙、
陸的學術思路。」[86]韓愈說盧仝「獨抱遺經究始終」所言即此。可見盧仝本人也
不是一個完全意義上的隱士，他是一個生活在學術（亦為官學）中心而且情志
高潔的人物，朝廷為弘揚儒學、規諷朝政，徵召他為諫議大夫是完全可能的。
至於他的「不起」是否如韓愈所云「先生抱才終大用，宰相未許終不仕」，不
便斷言。但盧仝被徵體現了中唐時期的政治風氣和文化風氣正由玄宗時代的尚
文向尚儒轉變，則是可以肯定的。

三

唐代文學家中任過散騎常侍的有高適、李泌、李益、裴夷直、柳公權、鄭
絪等人。從一般意義上說，作為一種榮譽性的高級官職，散騎常侍非普通文學
之士所能入，而且多數人來說，到人生的晚年得此官職，也有一種功成名就的
滿足感，諫諍意識亦弱得多，因此任此職後亦沒有多少實際的作為。這種情形
在唐代文學家諫官裡也有。如高適廣德二年（764）由彭州召還長安，為刑部侍
郎，轉左散騎常侍，加銀青光祿大夫等，第二年即病逝，作為唐代詩人中之「達
者」，任散騎常侍對高適來說完全是一種榮譽的象徵。李益是唐代詩人中政治

83　《全唐文》，卷 826。

84　晁公武《郡齋讀書志》卷四：「唐盧仝《春秋摘微》四卷，祖無擇得之於金陵，崇文
　　總目所不載。」

85　《春秋啖趙集傳纂例》之〈啖氏集傳注義第三〉。

86　查屏球，《唐學與唐詩》（北京：商務印書館，2000），頁 39。

經歷較富傳奇色彩的一個，他「早年不得志，
北遊河朔，幽州劉濟辟為從事，常與濟詩而為
『不上望京樓』之句。憲宗雅聞其名，自河北
召還，用為秘書監、集賢殿學士。自負才地，
多所凌忽。為眾不容，諫官舉其幽州詩句，降
居散秩。俄復用為秘書監，遷太子賓客，集賢
學士判院事，轉右散騎常侍。大和初以禮部尚
書致仕，卒。」[87] 李益在右散騎常侍任上有何
作為史無明載，但有一點非常明顯，李益早年
非常坎坷，晚年的得志全賴憲宗對其文才的賞
識。因此在實際的政治生活中，李益還因未脫
閑散之氣還受到了處罰：「李益為右嘗（常）
侍，元和十五年入閣失儀，侍御史許康佐奏乖

圖17　柳公權

錯，俱待罪，各罰俸一月。」[88] 柳公權以諫議大夫知制誥，累遷學士承旨。「武
宗即位（840），罷內職，授右散騎常侍。……（咸通）六年（865），卒」，[89]
這二十多年間，這位曾經令朝臣「為之股慄」的諫官，卻成為了一個因「稍耄
忘，先群臣稱賀，占奏忽謬」而被御史彈劾、「奪一季俸」的老臣（公權卒時
年八十八）。所以，正如散騎常侍的設置本身就沒有給這個官職賦予太多的實
責一樣，在這個任上的官員大多不願或不能有所作為。

不過，唐代任高級諫官的文學家中，有幾位在散騎常侍任上依然尚有所作
為，儘管其所為的程度各不一樣，由於時代的特殊需要，他們依然能秉著個人
的責任感，在力所能及的範圍內進行了有效的政治活動。如李泌在唐德宗遇朱
泚之亂避地奉天之是時，「召赴行在，授左散騎常侍。」在此危難關頭，李泌
沒有將此官視為閑職，而是一如既往地行使著諫官的職權。據《新唐書》載，
「時李懷光叛，歲又蝗旱，議者欲赦懷光。帝博問群臣，泌破一桐葉附使以進，
曰：『陛下與懷光，君臣之分不可復合，如此葉也。』由是不赦。始，朱泚亂，

87　《舊唐書》，卷137，〈李益傳〉。又柳宗元〈先君石表陰先友記〉載：「李益，隴
　　西姑臧人。風流有文詞。少有癖疾，以故不得用。年老常望仕，悲其志，復為尚書郎。」
　　（《柳河東集》，卷12。）

88　《冊府元龜‧臺省部‧譴責》。

89　《舊唐書》，卷165，〈柳公權傳〉。

帝約吐蕃赴援，略以安西、北庭。既而渾瑊與賊戰咸陽，泚大敗，吐蕃以師追北不甚力，因大掠武功而歸。京師平，來請如約。帝業許，欲遂與之。泌曰：『安西、北庭，控制西域五十七國及十姓突厥，皆悍兵處，以分吐蕃勢，使不得並兵東侵。今與其地，則關中危矣。且吐蕃向持兩端不戰，又掠我武功，乃賊也，奈何與之？』遂止。」[90] 應該說，李泌真正履行了一個諫官和謀臣的職責，在唐王朝最危難的時刻，以其卓越的才智實踐了文人「濟世安邦」的人生理想，是極其難能可貴的。

另一個值得特別注意的散騎常侍是晚唐的鄭綮。作為晚唐唯一一個以文人身分為相者，史家似乎並不贊賞，「自乾寧之後，賊臣內侮，王室寖微，昭宗不堪凌弱，欲簡拔奇材以為相。然采於群小之論，未嘗獲一名人。登用之徒，無不為時所嗤誚。」[91] 然而，鄭綮卻是一個有著強烈的政治責任感和諫諍精神的人。「綮善為詩，多侮劇刺時，故落格調，時號鄭五歇後體。」對晚唐國勢衰微、政權傍落的現實，他深感痛心，希望唐王朝能恢復開元天寶之氣象，作〈開天傳信記〉以寄志：「余何為者也？累忝臺郎，思勤墳典，用自修勵。竊以國朝故事，莫盛於天元、天寶之際。服膺簡策，管窺王業，參用聞聽，或用闕焉。承平之盛，不可殞墜。」[92]〈記〉中記開元天寶故事三十二條，雖然有些被前人斷為「所記恐非實事」、「語涉神怪，未能盡出雅訓」[93]，但其中有些條目卻明顯地體現了鄭綮「寓莊於諧」的參政風格。如：

> 上於藩邸時，每戲遊城南韋、杜之間，因逐狡兔，意樂忘返，與其徒十數人，倦甚，休息於封部大樹下。適有書生延上過其家，甚貧，止於村妻、一驢而已。上坐未久，書生殺驢拔蒜備饌，酒肉霑霈。上顧而奇之。及與語，磊落不凡，問其姓名，乃王琚也。自是上每遊韋、杜間，必過琚家，琚所諮議合上意，上益親善焉。及韋氏專制，上憂甚，獨密言於琚。琚曰：「亂則殺之，又何疑也！」上遂納琚之謀，戡定禍難。

90　《新唐書》，卷 139，〈李泌傳〉。

91　《舊唐書》，卷 179，〈張濬傳〉。

92　鄭綮，〈開天傳信錄・序〉（王仁裕，《天元天寶遺事十種》（上海：上海古籍出版社，1985，排印本），頁 49。）

93　清・紀昀，《四庫全書總目》（北京：中華書局，1965，影印本），卷 142，〈子部・小說家類三〉，頁 1211。

紀昀考辨這段史料說：「韋氏稱職時琚方以王同皎同黨亡命江都，安得復卜居韋杜？綮所記恐非實事。」但是，晚唐時期「王綱不振，是時天下諸侯，半出群盜，強弱相噬，怙眾邀寵，國法莫能制」[94] 的政治現狀，需要一個強權的君主、更需要有行使國法以討逆賊的能臣。鄭綮所要傳達的是「亂則殺之，又何疑也」的政治態度，是以「恢諧」之態、「不信」之事表達其「堅信」之志。這種政治參與意識在鄭綮任給事中和散騎常侍時得到了發揚。綮為給事中，「僖宗自山南還，以宰相杜讓能弟弘徽為中書舍人。綮以弘徽兄在中書，弟不宜同居禁近，封還制書。天子不報。綮即移病休官。無幾，以左散騎常侍徵還。朝政有闕無不上章論列。事雖不行，喧傳都下，執政惡之。改國子祭酒。物議以綮匡諫而置之散地不可，執政懼，復用為常侍。」任職期間，「庶政未愜，綮每形於詩什而嘲之。」[95] 處於唐朝衰亡前夕的鄭綮，以一種恢諧調侃的姿態處理自己與朝政的關係，既保護自己，又適時諫政，用心之良苦，令人感動。

綜上所述，唐代文學家中的高級諫官因時代背景和個人氣質的差異，在參政議政方面也有著不同的表現。從上文的分析中可以看出，諫議大夫和給事中的參政性最直接，他們是真正意義的諫官，而散騎常侍的參政性較弱，這在唐代諫官設置上就已經明確了。然而在特殊環境下，諫官的參與性是沒有權限限制的，初唐時期的魏徵、晚唐時期的鄭綮就是明證。任諫議大夫很短的魏徵終身行使著諫官的職責；任散騎常侍的鄭綮沒有享受高官的榮譽，而且一如既往地諫政，遺憾的是，由於政治和歷史的諸多因素，魏徵的諫議取得了明顯的成效，而鄭綮的良苦用心換來卻是誤解，「時議以昭宗命臺臣（張）濬、（朱）樸、綮尤謬，季末之妖也。」[96] 這是鄭綮的悲劇，也是諫官的悲劇。

第三節　唐代諫諍風氣與文學家諫官的命運

透過唐代諫官中的文學家在各級諫官中的人員構成，我們看到了唐代文學家諫官不同的仕途經歷。唐代文學家任的諫職的人數，由拾遺、補闕到諫議大夫、給事中、散騎常侍，官職品級越大，任職人數越小。由多到少，呈金字塔

94　《舊唐書》，卷 179，〈蕭遘傳〉。
95　《舊唐書》，卷 179，〈鄭綮傳〉。
96　《舊唐書》，卷 179，〈鄭綮傳〉。

結構。有的人可以從這個金字塔底走到塔頂，成就理想的政治事業，而有的人終身只在這個金字塔底，帶著永遠的夢想走向失落。仕途是千變萬化的，任何人沒有辦法也沒有必要總結出其中的規律。但人總是在特定的政治氣氛中生活的，一個時期的政治環境不僅對人才的要求不同，而且對諫諍的容忍度也有不同。特別是以文學見長的文學家諫官，其才能和氣質往往不同於一般的政治家，因而，他們對時代政治風氣的依賴性也就越大，可以說，唐代文學家諫官的政治命運與一個時代的諫諍風氣是密不可分的。

一

唐代君王從理論上都把勸諫與納諫作為為政之本，開國之秋、大治之際、衰變之期、滅亡之時，統治者都將求言納諫作為安邦圖存的良藥，因而從唐太宗、唐玄宗一直到唐懿宗、唐僖宗，都發布過勸諫求諫的詔令，其中最明顯的莫過於「求直言」詔。如：

> 朕聞堯舜之君，自愚而益智；桀紂之主，獨智以添愚。故異順逆於忠言，則殊榮辱於帝道。朕登躡宇宙，字育黔黎，恐大德之或虧，懼小瑕之有累。侯忠良之獻替，想英傑之謀猷。而諫鼓空懸，逆耳之言罕進；謗木徒設，悸心之論無聞。唯昔魏徵，每顯余過。自其逝也，雖有莫彰。豈可獨非於往時，而皆是於茲日。故亦庶僚苟順，難觸龍鱗者歟？所以虛己外求，披衷內省，言而不用，朕所甘心；用而不言，誰之責也？自斯已後，各悉乃誠，若有是非，直言無隱。[97]

> 朕以薄德，祇膺睿圖，曾不能虛己淳源，勵精至道，將致俗於仁壽，思納人於軌訓。幸乾坤交泰，風雨咸若。中外百寮，盡知戒懼；華夏萬姓，頗亦歡康。猶恐人或未安，政有不愜。今外司置匭，側門進狀。封章論事，靡所不達；軒階進規。於何不盡？曾無忤旨之罰，實有推心之期。豈朕之不誠，何人則未論？……自今已後，制勅有不便於時，及除授有不稱於職，或內懷奸忒外損公私，並聽進狀，具陳得失，五品已上乃許其廷爭。若輕肆口語，潛行誹謗，委御史大夫已下，嚴加察訪，狀涉疑似，推勘奏聞。[98]

97　《全唐文》，卷8，〈求直言手詔〉。
98　唐玄宗，〈求言詔〉，《全唐文》，卷27。

昔公卿面諫，載在簡冊，今僕陛奏，亦惟舊章。所以下竭其忠，上聞其過，君臣同德，豈不盛歟！公卿已下，有能論時政之非，箴朕躬之闕，有益於國，有利於人，宜盡昌言，以救時敝。朕必當行，終無諱者。朝廷用一人，擢一職，或有不當，亦任奏論。京文武五品已上正員清資官，各舉賢良方正直言極諫一人，任自封進。兩省十日一上封事，直論得失，無假文言，冀成殿最，用存沮勸。[99]

昔太祖太宗之御天下也，功格二儀，不私於己，化覃萬宇，猶問於人。外與公卿大夫討論政典，內與鴻生碩老演暢儒風。日旰忘勞，時稱至理。猶復旁求諫諍，府察謳謠，廣延不諱之書，載建登聞之鼓。於時中外無闕政，四海無疲人。歷代是遵，列聖相軌。朕承天序，祗奉睿圖，戰戰兢兢，日慎一日。於茲十六年矣。何嘗不勵精理道，欲得忠賢，虛己清心，日有所待。直詞讜議，時或罕聞，五七諫臣，人其安在？眷懷於此，耿耿良深。自今已後，諫官所獻封事，不限早晚，任進狀來，所由門司，不得輒有停滯。如須側門論事，亦任隨狀面奏，即令引對。如有除拜不稱於職，詔令不便於時，法禁乖宜，刑賞未當，徵求無節，冤濫在人，並宜極論得失，無所回避，以稱朕意。[100]

濟濟多士，邦國賴之以取寧；蹇蹇匪躬，王臣急之以行義。故內懸諫鼓，外設匭函，思廣謀猷，用宏風教。自此在朝行者，勿韜利國之謀；居草澤者但貢安人之策。必當開納，擇彼所長，勿慮依違。翻成自滯，旌揚之道無所愧焉。[101]

古者進善翹旌蔽賢削地，苟異至公之選，適開浮黨之門。要在拔奇，方資濟理。昔貞觀戡亂既久，理具畢張，而馬周徒步獻書，上猶前席；魏徵直言替否，下得竭誠。況朕久致履危，實惟懵道。欲新庶政，益賴群才。已詔中外臣僚必使搜羅淹滯，仍令文武各陳所見，冀有可裨。苟申籌國之謀，是濟同舟之患。[102]

99　肅宗，〈求言詔〉，《全唐文》，卷42。

100　唐代宗，〈求言詔〉，《全唐文》，卷47。

101　唐懿宗，〈求言詔〉，《全唐文》，卷84。

102　唐僖宗，〈求言詔〉，《全唐文》，卷88。

如果從文字上看，這類詔書和文獻都言求諫勸諫之事，透過這些詔令，人們或許有足夠的理由說，有唐一代的君王都是虛懷而開明的。是的，「從諫則聖，共理惟賢」[103] 是君王為政的共識，然而，在具體的政治實踐中，由於各人政治素質的差異，特別是政治環境的變化，使得這些有納諫意識君王們並不能去奉行其理想的政治，或者說不能真正勸諫納諫。概而言之，從開國到滅亡，唐代政治的諫諍之風呈波浪式發展，諫官的資質也因政治環境的變化具有明顯的時代特色。開國時求安，諫官之才偏重於實踐能力；大治時求譽，諫官之才偏重於文詞；衰變之時求治，諫官之才偏重於儒學和操行；衰亡之時圖存，諫官之才似無所偏重，以奇賭勝。這些時代和政治因素對那些與文學見長的文學家諫官關係密切，它往往左右著那些諫官們的政治前途和人生命運。

二

唐高祖和唐太宗當唐代開國之初，常以秦隋之亡為鑒，「秦以不聞其過而亡，典籍豈無先誡。臣僕謟諛，故弗之覺也。漢高祖反正，反諫如流，洎乎文、景繼業，宣、元承緒，不由斯道，孰隆景祚。周、隋之季，忠臣結舌，一言喪邦，良足深誡。」[104] 因此，他們都將求言勸諫作為政治的頭等大事，這在上節的引文中可以清楚地看出來。開國時期居安思危的政治意識，使得唐太宗君臣特別注重與臣下的關係，無論來自哪個陣營，也無論其官職的高低，只要有治國的才略，就委以重任，絕無疑慮。王夫之評唐初之任官的情形云：「拔魏徵於李密，脫杜淹、蘇世長、陸德明於王世充、簡岑文本於蕭銑，凡唐初直諒多聞之士，皆自僭偽中被濯而出者也。……蓋新造之國，培養無漸漬之功，而隋末風教陵夷，時無巖穴知名之士可登進以為楨幹，朝儀邦典與四方之物宜，不能不待訪於亡國之臣，流品難以遽清，且因仍以任使，唐治之不古在此，而得天下之心以安反側者亦此也。」[105] 後世常引以為楷模：

> 文宗以杜悰領度支稱職，欲加戶部尚書，因紫宸言之。陳夷行曰：「一切恩權，合歸君上，陛下自看可否。」（李）珏對曰：「太宗用宰相，天下事皆先平章，謂之平章事。代天理物，上下無疑，所以致太平

103　唐德宗，〈君臣箴〉，《全唐文》，卷 55。

104　唐高祖，〈頒示孫伏伽諫書詔〉，《全唐文》，卷 1。

105　《讀通鑑論》，卷 20，〈唐高祖之五〉。

者也。若拜一官，命一職，事事皆決於君上，即焉用彼相？昔隋文帝一切自勞心力，臣下發論則疑，凡臣下用之則宰相，不用則常僚，豈可自保。」[106]

　　不過，唐太宗還以重文學著名。他曾開文學館，「延四方文學之士，出教以王府屬杜如晦、記室房玄齡、虞世南、文學褚亮、姚思廉、主簿李玄道、參軍蔡允恭、薛元敬、顏相時、咨議典簽蘇勖、天策府從事中郎于志宇、軍咨祭酒蘇世長、記室薛收、倉曹李守素、國子助教陸德明、孔穎達、信都蓋文達、宋州總管府戶曹許敬宗，並以本官兼文學館學士，分為三番，更日直宿，供給珍膳，恩禮優厚。世民朝謁公事之暇，輒至館中，引諸學士討論文籍，或夜分乃寢。又使庫直閻立本圖像，褚亮為贊，號十八學士。士大夫得預其選者，時人謂之『登瀛洲』。」[107] 但從「十八學士」的身分和能力結構不難看出，所謂「文學館」並非「文詞館」，而是相對於武功而言的「文治」人才館，誠如太宗所云「朕雖以武功定天下，終當以文德綏海內，文武之道，各隨其時。」[108] 這十八學士在儒學、文學、史學、音樂、吏能等方面各有所長，但都勇於犯顏直諫，有諫臣風範，即使真正意義上的文學之士虞世南亦如此：

圖18　虞世南

　　世南雖容貌懦懦，若不勝衣，而志性抗烈，每論及古先帝王為政得失，心存規諷，多所補益。太宗嘗謂侍臣曰：「朕因暇日與虞世南商略古今，有一言之失，未嘗不悵恨，其懇誠若此，朕用嘉焉。群臣皆若世南，天下何憂不理。」[109]

　　儘管唐太宗持「文武之道，各隨其時」的文學觀，但在開國之初，他還是把興趣放在有補於政上，認為「《漢書》載〈子虛〉、〈上林賦〉，浮華無用」[110]，

106　《舊唐書》，卷 173，〈李珏傳〉。
107　《資治通鑑》，卷 189，〈唐紀五〉。
108　《舊唐書》，卷 28，〈音樂一〉。
109　《舊唐書》，卷 72，〈虞世南傳〉。
110　《資治通鑑》，卷 193，〈唐紀九〉。

他需要虞世南那樣的「心存規諷，多所補益」的人才，更需要房玄齡那樣「明達政事，輔以文學」[111]式的治國安邦之才。因此唐太宗貞觀年間所活躍的諫官很多，而且在歷史上都非常有名，如魏徵、王珪、戴冑、馬周、褚遂良、令狐德棻等，皆「拾遺補闕，有諍臣之風」[112]，且都長於史或吏，而且要用之於政治實踐，無以文詞之學為主、坐而論道者。

經過唐太宗幾十年的勵精圖治，唐王朝根基穩定了，經濟文化出現了繁榮的氣象。從高宗武后到玄宗天寶時期（650—755）的一百餘年間，雖然皇室內部有過政權之爭，但社會基本安寧，是繼貞觀之治後的大治時期。這一時期諫諍傳統猶存，但重文的政治風氣更濃。不僅進士試詞賦，而且皇帝以制舉的形式，提拔文學之士。如武則天開「辭標文苑科」、「蓄文藻思科」，唐玄宗開「文辭雅麗科」、「博學宏詞科」等制科。詞賦在仕進中的重要性，造就了一批以文詞之士見長的新貴。高宗武后朝以蘇味道、李嶠為代表，玄宗朝以張說、張九齡為代表。「蘇李文學，一代之雄」[113]，他們都以進士出身[114]，且官至宰相。作為文學新進，他們周圍有一批以進士出身的文章之士，如崔融、杜審言、盧藏用、徐彥伯、陳子昂、宋之問、沈佺期等，他們以文學相高，以文章顯示其參政能力。蘇味道、李嶠還與崔融、杜審言並稱「文章四友」。[115]其中李嶠、徐彥伯曾任給事中，盧藏用、陳子昂曾為拾遺，這些人都極富有諫諍精神，有著極強的參政意識，其諫疏均已留存於史。隨著拾遺補闕之職的設置，新入仕的官員常常都要經歷諫職。如張說、嚴挺之、辛替否等，都是中宗睿宗朝極為活躍的諫官。

這種重文章之士的政治格局在張說和張九齡時得到了鞏固和發展。《舊唐書·張說傳》云：「（說）前後三秉大政，掌文學之任凡三十年。為文俊麗，用思精密。朝廷大手筆，皆特承中旨撰述，天下詞人，咸諷誦之。尤長於碑文、

---

111 《資治通鑑》，卷193，〈唐紀九〉：「玄齡明達政事，輔以文學，夙夜盡心，惟恐一物有失；用法寬平，聞人有善，若己有之，不求以備取人，不以己長格物。」

112 《舊唐書》，卷73，〈令狐德棻傳〉。

113 《舊唐書》，卷94。

114 「蘇味道，趙州欒城人也。少與鄉人李嶠俱以文辭知名，時人謂之蘇、李。弱冠，本州舉進士。」、「李嶠，趙州贊皇人。……嶠早孤，事母以孝聞。為兒童時，夢有神人遺之雙筆，自是漸有學業。弱冠，累轉監察御史。」（《舊唐書》，卷94，〈蘇味道、李嶠傳〉。）

115 《新唐書》，卷201，〈文藝上〉。

墓志，當代無能及者。喜延納後進，善用己長，引文儒之士，佐佑王化，當承平歲久，志在粉飾盛時。其封泰山，祠雎上，謁五陵，開集賢，修太宗之政，皆說為倡首。而又敦氣義，重然諾，於君臣朋友之際，大義甚篤。時中書舍人徐堅自負文學，常以集賢院學士多非其人，所司供膳太厚，嘗謂朝列曰：『此輩於國家何益，如此虛費。』將建議罷之。說曰：『自古帝王功成，則有奢縱之失，或興池臺，或玩聲色。今聖上崇儒重道，親自講論，刊正圖書，詳延學者。今麗正書院，天子禮樂之司，永代規模，不易之道也。所費者細，所益者大。徐子之言，何其隘哉！』玄宗知之，由是薄堅。」[116]唐玄宗對文學之士的這種信任一直延續到了張九齡那裡：「九齡以詞學進，入視草翰林，又為中書令，甚承恩顧。」[117]重文章之士的政治風氣，也深深地影響到了文學家諫官的政治命運。如前所述，唐太宗朝的諫官很多，但多為功臣或碩儒，真正稱得上文學家的只有諫議大夫魏徵，所以無法看出文學家諫官的政治前途。而在武后至玄宗朝，以詩人或散文家著稱的低級諫官卻很多，如陳子昂、盧藏用、李邕、嚴挺之、辛替否、薛登、許景先、張說、張九齡、孫逖、盧象、吳兢、王維等。在這些諫官中，只有陳子昂的命運較為悲慘，「子昂父在鄉，為縣令段簡所辱，子昂聞之，遽還鄉里。簡乃因事收系獄中，憂憤而卒。」[118]其餘的都從拾遺補闕得以升遷。張說、張九齡位置宰相，孫逖任中書舍人，盧藏用為尚書右丞、李邕為刺史、辛替否為右臺殿中侍御史、盧象為膳部員外郎、吳兢為諫議大夫，王維、嚴挺之、許景先、薛登等人為給事中。

百年太平造就了濃厚的尚文之風，真正實踐了唐太宗所期待的「以文德綏天下」的政治理想。然而這些偏重於「詞學」之才的文士們，在史家們的眼中都有「缺陷」，有些人甚至還有些「無行」，如由於李嶠、蘇味道等曾依於武韋集團，史家評曰：「蘇李文學，一代之雄。有慚輔弼，稱之豈同。凡人有言，未必有德。崔與盧、徐，皆攻翰墨。文雖甚高，義無可則。備位守常，斯言固忒。」[119]又謂：「開元一代，多士盈庭。（崔）日用無守，（張）嘉貞近名。嵩（蕭嵩）、齡（張九齡）、適（李適之）、挺（嚴挺之），各有度程。大位俱極，

116　《舊唐書》，卷97，〈張說傳〉。引者按：「徐堅」當為「陸堅」。
117　《舊唐書》，卷99，〈嚴挺之傳〉。
118　《舊唐書》，卷190，〈文苑傳中〉。
119　《舊唐書》，卷94。

半慚德馨。」[120] 其他如陳子昂「褊躁無威儀，然文詞宏麗，甚為當時所重。」、[121]
李邕「性豪侈，不拘細行。」[122] 等等，不絕於史。我們當然不能苟同「有言未
必有德」之說，其實在武后至玄宗這一時代裡，這些似乎無德的「有言」之士，
都有著積極的政治表現。特別是諫官們的諫諍活動在這相對寬鬆的政治風氣中，
更呈現出一種相當活躍的狀態。參政精神及任性行為，構成了這個時代文人們
的精神風貌。

（上）圖 19　張說

（右）圖 20　張九齡

三

　　安史之亂的烽火，驚醒了唐朝君臣的太平夢。唐肅宗「去華而就實」[123]，
著意改變唐玄宗時這種重文詞的政治風氣。所謂「華」，即狂誕虛浮，「實」

120　《舊唐書》，卷 99。
121　《舊唐書》，卷 190，〈文苑傳中〉。
122　《舊唐書》，卷 190，〈文苑傳中〉。
123　《舊唐書》，卷 10，〈肅宗本紀〉：（上元二年－761）制：「朕獲守丕業，敢忘謙沖，
　　　欲垂範而自我，亦去華而就實。」

即才實行篤。房琯的罷相是唐肅宗「去華就實」的標志。乾元元年（758）六月，肅宗下詔罷免房琯及其同黨，云：

> 崇黨近名，實為害政之本；黜華去薄，方啟至公之路。房琯素表文學，夙推名器，由是累階清貴，致位台衡。而率情自任，怙氣恃權。虛浮簡傲者進為同人，溫讓謹令者捐於異路。所以輔佐之際，謀猷匪弘。頃者時屬艱難，擢居將相，朕永懷仄席，冀有成功。而喪我師徒，既虧制勝之任；升其親友，悉彰浮誕之跡。曾未踰時，遽從敗績。自合首明軍令，以謝師旅，猶尚矜其萬死，擢以三孤。或云緣其切直，遂見斥退。朕示以堂案，令觀所以，咸知乖舛，曠於政事。誠宜效茲忠懇，以奉國家，而乃多稱疾疹，莫申朝謁。卻讐為政，曾不疾其迂回；亞夫事君，翻有懷於鬱怏。又與前國子祭酒劉秩、前京兆少尹嚴武等潛為交結，輕肆言談，有朋黨不公之名，違臣子奉上之體。何以儀刑王國，訓導儲闈？但以嘗踐臺司，未忍致之於理。況秩、武遽更相尚，同務虛求，不議典章，何成沮勸？宜從貶秩，俾守外藩。琯可邠州刺史，秩可閬州刺史，武可巴州刺史，散官、封如故；並即馳驛赴任，庶各增修。朕自臨御寰區，薦延多士，常思聿求賢哲，共致雍熙。深嫉比周之徒，虛偽成俗。今茲所譴，實屬其辜。猶以琯等妄自標持，假延浮稱，雖周行具悉，恐流俗多疑，所以事必縷言，蓋欲人知不濫。凡百卿士，宜悉朕懷。[124]

這不啻是對前代人才觀念的討伐。詔書中所列出了房琯及其同黨「率情自任」、「虛浮簡傲」、「輕肆言談」、「同務虛求」等罪狀，歸結為兩個字，就是「浮薄」。玄宗時期張說把重用文章之士作為「粉飾盛世」的必要治國之策，而現在卻被認為是誤國之道。這也正是賀蘭進明能擊敗房琯的關鍵所在：「北海太守賀蘭進明詣行在，上（肅宗）命琯以為南海太守，兼御史大夫，充嶺南節度使。琯以為攝御史大夫。進明入謝，上怪之，進明因言與琯有隙，且曰：『晉用王衍為三公，祖尚浮虛，致中原板蕩。今房琯專為迂闊大言以立虛名，所引用皆浮華之黨，真王衍之比也！陛下用為宰相，恐非社稷之福。』」[125]安史之亂後，天下板蕩，需要有一種道德約束人們的行為，更需要有吏能的幹才收拾

124　《舊唐書》，卷 111，〈房琯傳〉。
125　《資治通鑑》，卷 219。

殘局，重拯河山。因此自肅宗時代開始，人才標準也由詞學轉向吏能和操守。《資治通鑑》卷 226 載：「上（德宗）問以為政之要，（關播）對曰：『為政之本，必求有道賢人與之為理。』上曰：『朕比以下詔求賢，又遣使臣廣加搜訪，庶幾可以為理乎？』對曰：『下詔所求及使者所存，惟得文詞幹進之士耳，安有有道賢人肯隨牒舉選乎！』上悅。」所以，這個時代的諫官多具有重學、重行、重能之特點。如大曆時給事中韋夏卿「深於儒術」[126]，劉滋被楊炎薦為諫官，曾為左補闕，「遷屯田員外郎、轉司勳員外郎，判南曹。勤於吏職，孜孜奉法，遷司勳郎中，累拜給事中。」[127]

　　這個轉變，也影響到肅代時期文學家諫官的政治命運。肅、代時期的文學家大都是玄宗時代成長起來的，普遍具有重詞學輕實才的特點，而能否順應時代需要，改變「重文輕行」的特點，則成了這個時期文學家諫官窮達的分水嶺。高適、岑參、孔巢父、張鎬、楊綰是文學家諫官的達者。其所以能達，是因為他們身上潛在的實幹之才在新的社會環境下釋放出來了，能變詞學之士為實幹之士。如高適在李林甫當政時期曾中「有道科」，但李林甫「薄於文雅，唯以舉子待之。」安史之亂中，高適卻能以「以安危為己任」，審度時勢，為平亂出謀劃策。儘管「言過其術，為大臣所輕」，但最後官至散騎常侍，成為「有唐已來，詩人之達者」。[128] 岑參兩度從軍，特別是第二次在北庭，領伊西北庭支度副使，吸累了許多實幹經驗，因而回朝之後即任右補闕，轉起居郎、虞部郎中、庫部郎中等職。張鎬少師吳兢，「廓落有大志，涉獵經史，好談王霸大略。」安史之亂中，「自褐衣拜左拾遺」，「時方軍戎，帝注意將帥，以鎬有文武才，尋命兼河南節度使，持節統淮南等道諸軍事。」後由諫議大夫任中書侍郎，同平章事，可是張鎬最後還是因為「不切事機」而被罷相。[129] 如果說高適岑參張鎬還帶有開元「詞學」之士的影子，那楊綰和孔巢父則完全脫離了「詞學」之士而成為實幹之人。開元年間，楊綰「好學不倦，博通經史，九流七略，無不該覽，尤工文辭，藻思清贍。」舉進士後，應辭藻宏麗舉，超授左拾遺。肅宗時官至禮部侍郎，他上疏力陳貢舉之弊，請求停道舉明經及進士，「依古

126　《舊唐書》，卷 115。
127　《舊唐書》，卷 136，〈劉滋傳〉。
128　參見《舊唐書》，卷 111，〈高適傳〉。
129　《舊唐書》，卷 111，〈張鎬傳〉。

制」，由州縣舉薦那些「有孝友信義廉恥之行」者「送名於省」，試經義畢，「對策三道，其策皆問古今理體及當時要務，取堪行用者。」他認為，這樣就能使「居家者必修德業，從政者皆知廉恥，浮競自止。」[130]孔巢父「少時與韓准、裴政、李白、張叔明、陶沔隱於徂來山，時號『竹溪六逸』」，然這種習氣並未保持到他後來的政治實踐中，唐德宗時，他任諫議大夫、給事中，「累獻破賊之謀，德宗甚賞之。」[131]成為德宗身邊得力的平亂之才。此外，作為大曆十才子之一的包佶雖有「詩家老斫輪」之稱，也是長於政能，「劉晏治財，奏為汴東兩稅使。及晏罷，以佶為諸道鹽鐵等使」，後拜諫議大夫。[132]

與高適等「達」者形成鮮明對照，杜甫、司空曙、崔峒、皇甫冉、嚴維因未脫「詞學之士」而困厄於拾遺，別無升遷。杜甫天寶年間就被劃入「恃才浮誕」之列，[133]《舊唐書・文苑傳》亦稱：「甫放曠不自檢，好論天下大事，高而不切。」這些評價未必正確，但是杜甫在肅、代年間，是被當作「詞學」之士對待的，更由於疏救房琯，更被朝廷劃為「浮華」之輩而貶職。而司空曙、崔峒以及皇甫冉、嚴維等人，生長於開天年間，多「詞學」之才而乏政能之才，特別是德宗專制時，一度既不信宰相，亦不任諫臣，曾三年停授諫官[134]，他所授的諫議大夫如吉中孚、吳通玄，看重的不是因為他們能諫，而是因為身分的特殊[135]，根本不需要他們進諫。所以，一方面自己乏於政能，另一方面又是皇帝的昏憒自專，那些以「才子」著稱者，除了展示其詩才之外，別無所長，只得沉淪下僚，憂鬱而終。對此史家亦深有同感，如評皇甫冉：「往以世道限虞，遂心江外，

130　參見《舊唐書》，卷119，〈楊綰傳〉。

131　《舊唐書》，卷154，〈孔巢父傳〉。

132　《唐才子傳》卷3。

133　《明皇雜錄・補遺》：「天寶中，劉希夷、王昌齡、祖詠、張若虛、孟浩然、常建、李白、杜甫、雖有文名，俱流落不偶，恃才浮誕而然也。」

134　《舊唐書》，卷130，〈李泌傳〉：「泌又奏請罷拾遺、補闕，上雖不從，亦不授人。故諫司惟韓皋、歸登而已。泌仍命收其署餐錢，令登等寓食於中書舍人。故時戲云：『韓諫議雖分左右，歸拾遺莫辨存亡。』如是三年。」又《資治通鑑》卷229：「（德宗建中四年）上乃遣中使諭之（指陸贄）曰：『朕本性甚好推誠，亦能納諫。將謂君臣一體，全不隄防，緣推誠不疑，多被奸人賣弄。今所致患害，朕思亦無他，其失反在推誠。又，諫官論事，少能慎密，例自矜衒，歸過於朕以自取名。從即位以來，見奏對論事者甚多，大抵只是雷同，道聽途說，試加質問，遽即辭窮。若有奇才異能，在朕豈惜拔擢。朕見從前以來，事只如此，所以近來不多取次對人，亦非倦於接納。』」

135　德宗為太子時曾授道經，師從吳通玄之父吳道瓘，通玄與德宗私交甚密（參見《舊唐書》，卷190下），吉中孚「初為道士，山阿寂寥，後還俗。」（《唐才子傳》，卷4。）

故多飄薄之歎。每文章一到朝廷,而作者變色,當年才子悉願締交,推為宗伯。至其造語玄微,端可平揖沈謝,雄視潘張。惜乎長彎未騁,芳蘭早凋,良可痛哉!」[136]

　　唐憲宗至唐文宗時是唐代文學家諫官的又一活動高峰期。肅、代時代儒學開始復興,至德宗和憲宗時期成了影響政治和文學的一個重要因素。這一時代的諫官無論高級的還是低級的,大都精於儒學,以學問和政能見長。實際的情形是,具備此種素質就仕途就較通達,若不全具備,即會遭遇坎坷。如德宗所依賴大臣陸贄便是「特立不群,頗勤儒學」之人[137]。權德輿在德宗時期曾任左補闕、中書舍人,元和五年(810)以禮部尚書平章事。史載:「德輿自貞元至元和三十年間,羽儀朝行,性直亮寬恕,動作語言,一無外飾,蘊藉風流,為時稱響。於述作特盛,《六經》百氏,游泳漸漬。其文雅正而弘博,王侯將相泊當時名人薨歿,以銘記為請者什八九,時人以為宗匠焉。」[138] 在他這裡,儒、文、學、行四者得到了完美的統一。受此風氣的影響,這個時期的許多諫官都是深於儒學、謹循禮法的重學守道之人。如德宗時的趙憬「志行修潔」,「多學問,有辭辯,敷奏稱旨,上悅,拜給事中。」[139]憲宗時的諫議大夫殷侑「通經,以講習自娛。……(遷諫議大夫)凡朝廷之得失,悉以陳論,前後上八十四章。」[140] 給事中柳公綽「性謹重,動循禮法。屬歲饑,其家難給,而每飯不過一器。歲稔復初。家甚貧,有書千卷,不讀非聖之書。」其弟柳公權文宗時曾任拾遺、諫議大夫,「尤精《左氏傳》、《國語》、《尚書》、《毛詩》、《莊子》。每說一義,必誦數紙。性曉音律,不好奏樂,常云:『聞樂令人驕怠故也。』」[141]因此,這一時期任諫官的文學家,不僅具有文學才能,而且都深受儒學的熏陶,且有極強的行政能力,具有揉文、儒、吏於一體的政治素質。他們較少像初盛唐時的文學家那樣「好談王霸之略」、[142]「好論天下大事」,他們注重「才識兼茂,明於體用」,用儒學來充實自己,用儒家的禮儀來約束自己,以解決現

136　《唐才子傳》,卷3。
137　《舊唐書》,卷139,〈陸贄傳〉。又同書〈文苑傳下〉:「陸贄富詞藻,特承德宗重顧。」
138　《舊唐書》,卷148,〈權德輿傳〉。
139　《舊唐書》,卷138,〈趙憬傳〉。
140　《舊唐書》,卷165,〈殷侑傳〉。
141　《舊唐書》,卷165,〈柳公綽傳〉。
142　《舊唐書》,卷111,〈暢璀傳〉。

實社會和政治問題來實踐自我的能力。白居易、元稹的《新樂府》就是儒家詩學理論的再實踐，而他們針對現實所寫的《策林》，議論深刻，見解卓越，極具政治家之風範。而他們在諫職上的政治實踐，更顯示出他們敏銳的目光和過人膽量。李紳「以文藝節操進用」[143]，審於事理，敢於直諫，更深得憲宗器重。

可見，在中唐求治圖強的政治實踐中，真正能體現一個諫官的政治能力和素質的東西已經不是文詞，而是經術和政能。中唐的新樂府詩歌運動和古文運動，就是文學使命的自覺調整，而白居易、元稹、李紳等人的政治前途，亦有賴於這種調整所煥發的參政精神和務實能力。

四

唐憲宗和唐文宗的發奮圖治，使得唐王朝一度有過「中興」和平靜，如文宗所云：「朕在位十四年，屬天下無事，雖未至理，亦少有如今日之無事也。」[144]然而，這種短時的太平並未能挽回唐王朝衰亡的態勢。文宗之後，唐代社會無論從政治還是經濟上都走向沒落，積弱難返的唐王朝進入了政治最黑暗的也最衰微的時期。唐宣宗、懿宗、僖宗、昭宗這幾個皇帝，在宦官與大臣的爭鬥中、在此起彼伏的藩鎮的叛亂中支撐著殘破的河山。這一時期，統治者與諫官的關係變得比較簡單。因為在君主政體下，諫官制度是為促使政治健康化而設置的，當朝廷政治徹底腐敗，君主無能而又專制之時，諫官制度便失去了意義。唐末幾個君王對諫官有兩種極端的態度：其一拒諫，甚至殺諫官。其二政治賭博，盲目超拔。

唐代君王拒諫並不少見，如武則天為鞏固政權，一度拒聽反對意見，至使多年無人敢言，唐高宗永淳元年（682）封泰山之後，「欲遍封五嶽。秋，七月，作奉天宮於嵩山。監察御史裏行李善感諫曰：『陛下封泰山，告太平，致群瑞，與三皇五帝比隆矣。數年以來，菽粟不稔，餓殍相望，四夷交侵，兵車歲駕；陛下宜恭默思道以禳災譴，乃更廣營宮室，勞役不休，天下莫不失望。臣忝備國家耳目，竊以為憂。』上雖不納，亦優容之。自褚遂良、韓瑗之死，中外以言為諱，無敢逆意直諫，幾二十年；及善感始諫，天下皆喜，謂之『鳳

143　《舊唐書》，卷 173，〈李紳傳〉。
144　《舊唐書》，卷 173，〈李珏傳〉。

鳴朝陽』」。[145] 除了政權之爭外，唐僖宗以前皇帝雖然拒諫，但對諫官的處罰只是疏遠或貶謫，沒有因直言而殺諫官。因為法律賦予了諫官諷諫君王的權力和義務，即使觸怒龍顏，皇帝亦應理解。如元和十五年（820）「諫議大夫鄭覃、崔郾等五人進言：『陛下宴樂過多，畋遊無度。今胡寇壓境，忽有急奏，不知乘輿所在。又晨夕與近習倡優狎暱，賜與過厚。夫金帛皆百姓膏血，非有功不可與。雖內藏有餘，願陛下愛之，萬一四方有事，不復使有司重斂百姓。』時久無閣中論事者，上始甚訝之，謂宰相曰：『此輩何人？』對曰：『諫官。』上乃使人慰勞之，曰：『當依卿言。』宰相皆賀，然實不能用也。」[146] 唐末政治極不正常，面對君王的荒淫無度及朝政的諸多弊端，有責任感的諫官想有所作為，結果有的被拒，有的招殺身之禍。如唐懿宗遊宴無度，「左拾遺劉蛻上疏曰：『今西涼築城，應接未決於與奪；南蠻侵軼，干戈悉在道途。旬月以來，不為無事。陛下不形憂閔以示遠近，則何以責其死力。望節娛遊，以待遠人乂安，未晚。』弗聽。」[147] 又懿宗咸通四年（863），「勅以閣門使吳德應等為館驛使。臺諫上言：故事，御史巡驛，不應以內人代之。上諭以勅令已行，不復改。左拾遺劉蛻上言：『昔楚子縣陳，得申叔一言而復之；太宗發卒修乾元殿，聞張玄素諫，即日罷之。自古明君所尚者，從諫如流，豈有已行而不改！且勅自陛下出之，自陛下改之，何為不可！』弗聽。」[148] 到僖宗朝時，殺害諫官的事件屢屢發生。廣明元年（880），「左拾遺侯昌業以盜賊滿關東，而上不親政，專務遊戲，賞賜無度。田令孜專權無上，天文變異，社稷將危，上疏極諫。上大怒，召昌業至內侍省，賜死。」[149] 又中和元年（881）「上日夕專與宦者共處，議天下事。待外臣殊疏薄。庚午，左拾遺孟昭圖上疏，以為『治安之代，邇邇猶應同心；多難之時，中外尤當一體。……倘群臣不顧君上，罪固當誅；若陛下不恤群臣，於義安在！夫天下，高祖、太宗之天下，非北司之天下；天子者，四海九州之天子，非北司之天子。……臣躬被寵榮，職在裨益，雖遂事不諫，而來者可追。』疏入，（田）令孜屏不奏。辛未，矯詔貶昭圖嘉州司戶，遣人

145　《資治通鑑》，卷 203。
146　《資治通鑑》，卷 241。
147　《資治通鑑》，卷 250。
148　《資治通鑑》，卷 250。
149　《資治通鑑》，卷 253。同書卷 254 又載田令孜殺左拾遺孟昭圖之事。

沉於蠶頭津。聞者氣塞而莫敢言。」[150] 又僖宗光啟元年（885），「右補闕常濬上疏，以為：『陛下姑息藩鎮太甚，是非功過，駢首並足，致天下紛紛若此，猶未之寤，豈可不念駱谷之艱危，復懷西顧之計乎！宜稍振典刑以威四方。』田令孜之黨言於上曰：『此疏傳於藩鎮，豈不致其猜忿！』庚戌，貶濬萬州司馬，尋賜死。」[151] 這是一種極不正常的現象，也是亡國之氣象，史官議曰：「天子殺諫臣者，必亡其國。以閹官而專殺諫臣，自古以來未之有也。」[152] 諫官的使命在唐僖宗這裡結束了，唐王朝也隨著諫官使命的結束而滅亡了。

　　然而王朝覆滅的恐懼感，又使得唐末幾位君主用人方面產生了極強的賭博心理，他們希望任用奇異之才來挽回頹勢，「自乾寧之後，賊臣內侮，王室寢微，昭宗不堪凌弱，欲簡拔奇才以為相。」[153] 他們以這些「奇才」為相之前多先委以諫官，如張濬「倜儻不羈，涉獵文史，好大言，為士友摒棄。初從鄉賦隨計，咸薄其為人。濬憤憤不得志，乃田衣野服，隱於金鳳山，學鬼谷縱橫之術，欲以捭闔取貴仕。」僖宗避亂漢中時，聞其名，「異之，急召至行在，拜兵部郎中，未幾，拜諫議大夫。」[154] 又：「朱樸者，乾寧中為國子博士。腐儒木強，無他才伎。道士許巖士出入禁中，嘗依樸為奸利，從容上前薦樸有經濟才。昭宗召見，對以經義，甚悅，即日拜諫議大夫。」[155] 又：柳璨，少孤貧好學，尤精《漢史》，進士及第，歷史館直學士，遷左拾遺。「公卿朝野，託為牋奏，時譽日洽。以其博奧，目為『柳篋子』。昭宗好文，初寵待李谿頗厚。洎谿不得其死，心常惜之，求文士似谿者。或薦璨才高，召見，試以詩什，甚喜。……翌日對學士，

圖 21　柳璨

150　《資治通鑑》，卷 254。

151　《資治通鑑》，卷 256。

152　《資治通鑑》，卷 254。

153　《舊唐書》，卷 179，〈張濬傳〉。

154　《舊唐書》，卷 179，〈張濬傳〉。

155　《舊唐書》，卷 179，〈朱樸傳〉。

上謂之曰：『朕以柳璨奇特，似可獎任。若今預政事，宜授何官？』承旨張文蔚曰：『陛下拔用賢能，固不拘資級。恩命高下，出自聖懷。若循兩省遷轉，拾遺超等入起居郎，臨大位非宜也。』帝曰：『超至諫議大夫可乎？』文蔚曰：『此命甚愜。』即以諫議大夫平章事，改中書侍郎。任人之速，古無茲例。」[156] 鄭綮「善為詩多侮劇刺時。故落格調，時號鄭五歇後體。」僖宗朝由給事中為左散騎常侍，「光化初，昭宗還宮，庶政未愜，綮每形於詩什而嘲之，中人或誦其語於上前。昭宗見其激訐，謂有蘊蓄，就常奏班簿側注云：『鄭綮可禮部侍郎、平章事。』中書胥吏詣其家參謁，綮笑而問之曰：『諸君大悞，俾天下人並不識字，宰相不及鄭五也。』胥吏曰：『出自聖旨特恩，來日制下。』抗其手曰：『萬一如此，笑殺他人。』明日果制下，親賓來賀，搔首言曰：『歇後鄭五作宰相，時事可知矣。』累表遜讓不獲。既入視事，侃然守道，無復恢諧。終以物望非宜，自求引退。」[157] 此類例子還有很多，茲不贅舉。

　　上引四人，或以縱橫術、或以經術、或以史學、或以文學被視為奇才，出任宰相，擔當歷史重任。然而在這種超常規的任命中，諫官之職只是個符號，帝王需要的不是諫臣，而是力挽狂瀾的奇才。這又從另一個角度證明了諫官職能的消失。在這樣的政治局面下，文學家諫官是無所作為的。所以，除了莫名其妙地當宰相的鄭綮之外，唐末幾乎沒有見到文家諫官的活動，雖然有鄭谷、鄭良士、吳融、牛嶠等人見諸歷史，但他們只是有個諫官的職位而已，未有過什麼諫議活動。如鄭谷由補闕任都官郎中，後「退隱仰山書堂」[158]；鄭良士「自獻詩五百餘篇，勅授補闕而終。」[159]

　　綜上所述，唐代諫官的知識結構是隨著唐代歷史的發展而變化的，初盛唐時期唐王朝處於向上發展的階段，社會相對安定，政治重文，故文學家多以詞學之士入諫官；中唐時期，唐王朝由盛轉衰，矛盾突出，政治重儒和吏，因此，文學家習儒，以節操和儒術入諫官。唐末時期，政治黑暗，帝王昏聵，諫官無能為力，文學家諫官沒有作為。可見，文學家諫官不僅隨著唐代社會的變化而改變其知識結構，而且他們的作為與作為的效果與唐王朝的盛衰亦密切相連。

156　《舊唐書》，卷 179，〈柳璨傳〉。
157　《舊唐書》，卷 179，〈鄭綮傳〉。
158　《唐才子傳》，卷 9。
159　《唐才子傳》，卷 10。

唐代政治文化蘊育了唐代的文學家諫官，而唐代的文學家諫官也見證了唐代社會的興衰。

第三章　唐代的儒學與諫官

　　作為中國政治文化思想的主導因素，儒家的教育無論在人才培養還是政治觀念的形成上都具有舉足輕重的作用。「經者非他，即天下之公理而已。」[1]儒家經典所闡發的政治理念和道德規範，被視為公理，成為政治家評判政治的武器。因此，儒家學術傳統與諫官的政治行為有著密切的關聯，拋開儒學來談諫官的政治活動幾乎是不可能的。然而在現實社會中，經學與政道、習經與為政又不同等同的，研經習儒只是一門獨立於政治之外的學問和修養，不是入仕為官的必備條件。就唐代社會而言，儒學的發展主要依循私學和官學兩條路子，科舉中雖然有明經一途，但在實際選官過程中，習儒者未必走明經之途，而舉明經者也未必以研習經學為職業。不過，無論哪一種情形，儒家學術傳統在唐代不僅始終沒有中斷，而且還與文學和政治融合得更加緊密，這種融合的結果便是產生了一大批學術、政能與文才兼勝的文學家諫官。

第一節　唐朝開國時期的諫官與王通的儒學

　　唐朝開國時期的諸多大臣，經歷了由隋入唐的人生經歷。隋唐的朝代更迭，給他們提供了施展才華的機會，使他們不僅輔佐唐太宗造就了貞觀盛世，而且也成就了其輝煌的人生。考諸史料，唐朝早期那些由隋入唐的人物不少是隋代

1　清‧紀昀，《四庫全書總目》（北京：商務印書館，1965），卷1，〈經部總敘〉，頁1。

大儒王通的門人，以諫諍著稱的魏徵、王珪等，亦不例外。他們在王通那裡求學問道，提高了學識，培養了經世濟世的本領，具備諫政議政的能力和膽識。唐代早期重諫風氣的形成，一方面離不開唐太宗本人的虛心求諫，另一方面也在於他的身邊有一批明斷是非、敢作敢為的能臣，而這些能臣大都有賴於大儒學家王通的培養。

一

　　歷史上是否有王通其人及《中說》（又名《文中子》）一書之真偽，曾有過爭議[2]，關於這一話題已有多人考辨[3]，且得出了共識：其一，王通其人其事基本真實，其二，《中說》基本體現了王通的學術、社會、政治及倫理思想。據有關史料可以得知，出生於隋末的文中子王通並不是一介章句之儒，而是一個有兼濟志之志、王霸之略、通儒之智的奇人。生值動蕩之秋，他從師六載，「不解衣帶」，精通五經。隋文帝時，王通始弱冠，「慨然有濟蒼生之心，遂西遊長安，見隋文帝。帝坐太極殿召而見之，因奏太平之策十有二焉。推帝皇之道，雜王霸之略，稽之於今，驗之於古，灰灰乎若運天下於掌上矣。帝大悅曰：『得生幾晚矣。天以生賜朕也。』」後因隋王朝內部的矛盾，王通志不得施，拂袖歸山，著書立說，授徒傳道。[4]儘管王通的諸多的著述今已不存，作為一代大儒，王通的學術精神和政治理性依然對後代產生了深遠的影響。

　　概而言之，王通的學術精神是一種以經世為基點的思想意識與政治實踐的統一。他的治經習道重在政治實效：

　　　　昔聖人述史三焉，其述《書》也，帝王之制備矣，故索焉而皆獲；
　　　　其述《詩》也，興衰之由顯，故究焉而皆得；其述《春秋》也，邪

2　從司馬光、洪邁到梁啟超，均提出過懷疑。而語氣最堅決的要數梁啟超：「有虛構偽事而自著書以實之者。此類事在史中殊不多覯，其最著之一例則隋末有妄人曰王通者，自比孔子，而將一時將相若賀若弼、李密、房玄齡、魏徵、李勣等皆攀認為其門弟子，乃自作或假手於子弟以作所謂《文中子》者，歷敘通與諸人問答語，一若實有其事。此種病狂之人，妖誣之書，實人類所罕見。而千年來所謂『河汾道統』者，竟深入大多數俗儒腦中，變為真史跡矣。」氏著《中國歷史研究法》（上海：上海古籍出版社，1998，排印本），頁96—97。

3　在這一方面用功較深的有尹學理、魏明之《王通論》（北京：中國社會科學出版社，1984），其中有〈王通與《中說》真偽考辨〉一章。鄧小軍《唐代文學有文化精神》（北京：文津出版社，1993），其中有〈河汾之學考論〉一節。

4　參見杜淹，〈文中子世家〉，《全唐文》，卷136。

正之跡明，故考焉而皆當。此三者同出於史而不可雜也，故聖人分焉。[5]

因此，他極不贊成「記繁言寡」、「棄經任傳」的治學方法，對漢代儒學家和史學家深為不滿，甚至對司馬遷、班固的史傳方法提出了嚴厲批評：

子曰：「使陳壽不美於史，班、固之罪也；使范寧不盡於春秋，歆、向之罪也。」裴晞曰：「何謂也？」子曰：「史之失，自遷固始也，記繁而志寡；春秋之失，自歆、向始也，棄經而任傳。」子曰：「蓋九師興而易道微，三傳作而春秋散。」賈瓊曰：「何謂也？」子曰：「白黑相渝，能無微乎？是非相擾，能無散乎？故齊韓毛鄭，《詩》之末也；大戴小戴，《禮》之衰也。《書》殘於古今，《詩》失於齊魯，汝知之否？」[6]

圖 22　班固

圖 23　司馬遷

王通在批評漢魏儒學家治經不當的同時，還試圖建立一種更符合聖賢經義且更富有實效性的學術體系，「約大義，刪舊章，《續詩》為三百六十篇，考偽亂而修《元經》，正《禮》、《樂》以旌後王之失，述〈易贊〉以申先師之旨。經始漢魏，迄於有晉，擇其典物宜於教者，《續書》為百二十篇。」[7]、「吾欲

5　王通，〈王道篇〉，《中說》，卷上。
6　王通，〈天地篇〉，《中說》，卷上。
7　王勃，〈續書序〉，《全唐文》，卷 180。

修元經，稽諸史論，不足徵也，吾得皇極讜議焉；吾欲續詩，考諸集記，不足徵也，吾得時變論焉；吾欲續書，按諸載錄，不足徵也，吾得政大論焉。」[8]可見，他的學術精神是尋求經世理想和實踐儒學理性相結合的途徑，他揚棄了那些「不足徵」者，以回歸原始儒學為形式，確立了一種道德倫理與政治參與兼勝的實踐性學術理性。由於重回歸原始，他的不少言論幾乎是對孔子之語的模仿或改編，如他說：「《續詩》可以諷，可以達，可以蕩，可以獨處。出則悌，入則孝，多見治亂之情。」[9]由於偏重於實踐性，所以他對儒學經典的最高要求又具有鮮明的道德自律意識和政治參與欲望。如：

> 薛收問《續詩》。子曰：「有四名焉，有五志焉。何謂四名，一曰化，天子所以風天下也；二曰政，蕃臣所以移其俗也；三曰頌，以與功告於神明也；四曰歎，以陳晦立誠於家也。凡此四者，或美焉，或勉焉，或傷焉，或惡焉，或誠焉，是謂五志。」[10]

本此，王通的學術活動介於經術與政學之間，他的政治觀念和治學觀念也大都基於對經世謀略和君臣大義的規範與闡釋，正如其弟子叔恬所云：「文中子之教興，其當隋之季世，皇家之末造乎？……其志勤，其言徵，其事以蒼生為心乎？」[11]薛收亦云：「以孝悌為心極，人倫為己任，步中規矩，響諧音律，術無遠而不窮，理無微而不詣。故夫要之道之本，中和之節，九疇六藝之能事，元亨利貞之至美悉備之矣。」[12]其學術基點跳出了演繹章句的套路，以研習經術通曉事理為途徑，將經義與政治結合起來，確立一種具有普遍性和經典性的為政準則，並把這種準則作為理想政治的參照，作為揭露現實政治弊端的精神武器：「古之為政者先德而後刑，故其人悅以恕；今之為政者任刑而棄德，故其人怨以詐。」、「古之事君也以道，不可則止；且今之事君也以佞，無所不至。」[13]由於側重於實效性和可操作性，王通特別推崇隋前的「七制之主」：

> 二帝三王，吾不得而見也。舍兩漢將安之乎！大哉，七制之主。其

8　王通，〈天地篇〉，《中說》，卷上。
9　王通，〈天地篇〉，《中說》，卷上。
10　王通，〈事君篇〉，《中說》，卷上。
11　王通，〈天地篇〉，《中說》，卷上。
12　薛收，〈隋故徵君文中子碣銘〉，《全唐文》，卷133。
13　王通，〈事君篇〉，《中說》，卷上。

以仁義公恕統天下乎！其役簡，其刑清，君子樂其道，小人懷其生。
四百年間天下無二志，其有以結人心乎！終之以禮樂，則三工之舉
也。[14]

（上）圖 24　光武帝

（右上）圖 25　漢明帝

（右）圖 26　漢文帝

　　所謂「七制之主」，指西漢的高祖、文帝、武帝、宣帝，東漢的光武帝、
明帝、章帝七代君主，作者認為二帝三王難以考稽，無法得到實體性的參照；
相較而言，「七制之主」畢竟能維繫天下統一與太平，則基本符合王道理想，「六
國之弊，亡秦之酷，吾不忍聞也，又焉敢皇綱乎！漢之統天下也，其除殘穢，
與民更始，而興其視聽乎！」[15]因此，如果無法達到二帝三王之美政，若能實踐

14　王通，〈天地篇〉，《中說》，卷上。
15　王通，〈王道篇〉，《中說》，卷上。

「兩漢之制」亦能使天下太平：

> 不以三代之法統天下，終危邦也。如不得已，其兩漢之制乎！不以
> 兩漢之制輔天下者，誠亂也已。[16]

王通這種取法兩漢的政治理性，確乎
有異於儒學道統，因此宋儒朱熹大為不滿，
批評王通「二帝三王卻不去學，卻要學兩
漢，此是他亂道處。」[17] 又說：「既不自知
其學不足以為周、孔，又不知兩漢之不足
以三王，而徒欲以是區區者比而效之於形
似影響之間，傲然自謂足以承千聖而紹百
王矣，而不知其初不足以供兒童之一戲。」[18]
朱熹的批評和嘲笑恰好表明王通治學重視
實效性和可操作性的特色，試想，在經歷
了南北朝長期分裂、天下急需統一與安寧
之時，王通的「七制之主」不正好確立了
一個可資效仿的最直觀的樣板了嗎？

圖 27　朱熹

以實效性為原則確立一個並不遙遠的政治目標，使王道仁政成為真實可為
之政治，能激發君臣的政治熱情，為世人評判政治得失提供實質性參照。本此，
王通亦提出了明確而可行的為政方略：

> 杜如晦問政。子曰：「推爾誠，舉爾類，賞一以勸百，罰一以懲眾，
> 夫為政而何有？」如晦出，謂竇威曰：「讜人容其訐，佞人杜其漸，
> 賞罰在其中，吾知乎為政矣。」[19]

在他看來，為政得失重在用人得當與否，只有任用「讜言」之輩，才能減
少君王為政之失。而只要君王虛心納諫，臣子盡心進諫，就可以及時克服弊政，

16　王通，〈關朗篇〉，《中說》，卷下。

17　朱熹，《朱子語類》，卷 137。

18　朱熹，〈王氏續經說〉，《朱文公文集》，卷 67。

19　王通，〈立命篇〉，《中說》，卷下。

達到政治清明：

> 文中子曰：「廣仁益智，莫善於問；乘事演道，莫善於對；非明君孰能廣問？非達臣孰能專對乎？其因宜取類，無不經乎？洋洋乎晁董公孫之對。」文中子曰：「有美不揚，天下何觀？君子之於君，贊其美而匡其失也，所以進善不暇，天下有不安哉？」文中子曰：「議其盡天下之心乎？昔黃帝有合宮之聽，堯有衢室之問，舜有總章之訪，皆議之謂也。大哉乎！並天下之謀，兼天下之智，而理得矣。我何為哉？恭己南面而已。子曰：『人心惟危，道心惟微。』言道之難進也，故君子思過而預防之，所以有誡也。切而不指，勤而不怨，曲有不謟，直而有禮，其惟誡乎！子曰：『改過不吝。』無咎者，善補過也。古之明王詎能無過，從諫而已矣。故忠臣之事君也，盡忠補過。君失於上，則臣補於下；臣諫於下，則君從於上，此王道所以不跌也。取泰於否，易昏以明，非諫孰能臻乎？」[20]

圖 28　朱子語類

20　王通，〈問易〉，《中說》，卷上。

　　依據這種君臣之道，王通認為，忠臣進諫應講求藝術，讓諫言起到應有的效果；而君主即使性情比較暴躁，只要有納諫之度，亦不失「有志」之君，這種觀點還體現在他對漢武帝的評價上：

　　薛收曰：「諫其見忠臣之心乎？其志直，其言危。」子曰：「必也直而不迫，危而不詆，其知命者之所為乎？狡狡乎逆上，吾不與也。」賈瓊曰：「虐哉漢武，未嘗從諫也。」子曰：「孝武其生知之乎？雖不從，未嘗不悅而容之，故賢人攢於朝，直言屬於耳，斯有志於道，故能知悔而康帝業。可不謂有志之主乎？」[21]

　　治學方法的實效性產生了新的經學觀、王道政治的具體化樹立了明確的政治理想、諫議原則的倫理化規範了君臣關係，這幾個方面綜合在一起，便構成了王通重實效重參與的學術精神與政治理性。

二

　　在隋末動蕩之秋，王通雖然自己未能出仕從政，實現其濟世理想，但在授徒傳道的生涯中，他用自己的學術精神和政治理性，造就了一大批人格和能量兼勝的人才。王績云：「吾兄仲通生於隋末，守道不仕，大業中隱於此溪（白牛溪），續孔子門經近百餘卷，門人弟子相趨成市。故溪今號孔子之溪也。」[22]晚唐皮日休盛贊曰：

　　孟子之門人，有高第弟子公孫丑、萬章焉；先生則有薛收、李靖、魏徵、李勣、杜如晦、房玄齡。孟子之門人，鬱鬱於亂世；先生之門人，赫赫於盛時。較其道與孔孟，豈徒然哉！設先生生於孔聖之世，余恐不在遊、夏之亞，況七十子歟？惜乎！德與命乖，不及睹吾唐受命而歿。茍唐得而用之，貞觀之治，不在於房、杜、褚、魏矣。[23]

　　王通講學河汾，不僅門徒眾多，規模空前，而且多是唐初名臣。在唐人文獻及《中說》中這類記載較多，如：

21　王通，〈禮樂篇〉，《中說》，卷下。
22　王績，〈遊北山賦〉自注，《全唐文》，卷131。
23　皮日休，〈文中子碑〉，《皮子文藪》，卷4。

此溪（白牛溪）門人常以百數，唯河南董恆（常）、南陽程元、中山賈瓊、河東薛收、太山姚義、太原溫彥博、京兆杜淹等十餘人稱俊穎。[24]

又：

門人自遠而至，河南董恆、太山姚義、京兆杜淹、趙郡李靖、南陽程元、扶風竇威、河東薛收、中山賈瓊、清河房玄齡、鉅鹿魏徵、太原溫大雅、潁川陳叔達等，咸稱師北面，受王佐之道焉。其往來受業者，不可勝數，蓋將千餘人。故隋道衰而文中子之教興於河汾之間，雍雍如也。[25]

又：

門人竇威、賈瓊姚義受禮，溫彥博、杜如晦、陳叔達授樂，杜淹、房喬、魏徵受書，李靖、薛方士、裴晞、王珪受詩，叔恬受元經，董常、仇璋、程元、薛收備聞六經之義。[26]

　　檢《中說》，王通除有上述之十八門人之外，與他商談經術或政道的還有：楊素、賀若弼、楊玄感、蘇威、李德林、溫大雅、李百藥、李密、李勣、王孝逸、凌敬、劉炫、仲長子光、繁師玄、薛宏、李播、薛道衡、張玄素、魏永、靖君亮、韋鼎等二十一人，足見王通在當時的影響之大。

　　然而，對王通門人的真實性問題宋人對此卻大為懷疑，如司馬光說：「其所稱朋友、門人，皆隋唐之際將相名臣……，考諸舊史，無一人語及通名者。隋史，唐初為也，亦未嘗載其名於儒林隱逸之間，豈諸公皆忘師棄舊之人乎？何獨其家以為後世之聖人，而外人皆莫之知也？」[27]南宋晁公武曰：「獨貞觀時諸將相若房、杜、李、魏、二溫、王、陳皆其門人，予嘗以此為疑。」[28]洪邁曰：「王氏《中說》所載門人，多貞觀時知名卿相，而無一人能振師之道者，故議

24　王績，〈遊北山賦〉自注，《全唐文》，卷131。
25　杜淹，〈文中子世家〉，《全唐文》，卷136。
26　王通，〈關朗篇第十〉，《中說》，卷下。
27　司馬光，〈文中子傳補評〉，轉引自邵博，《聞見後錄》，卷4。
28　《郡齋讀書志》，卷10。

者往往致疑。」[29]朱熹曰：「房、杜於河汾之學，後來多有議論。且如《中說》只是王氏子孫自記，亦不應當時開國文武大臣盡其學者，何故盡無一語言及其師。」[30]其懷疑的理性主要有二，其一是門人或友人「無人語及通者」，其二是諸門人「無一人能振師之道者」。其實唐代文獻中，作為王通弟子的杜淹著有《文中子世家》、薛收著有《隋故徵君文中子碣銘》[31]，陳叔達《答王績書》亦談到《文中子》，[32]「無人語及通者」一說難以成立。至於「無一人振師之道者」，這是個認識觀念問題，本節將重點討論。

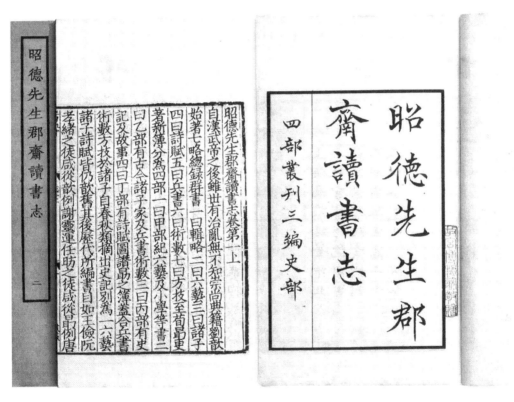

圖 29　《郡齋讀書志》

29　洪邁，《容齋續筆》，卷 1，「文中子門人」條。

30　《朱子語類》，卷 137。

31　《全唐文》，卷 133。

32　〈答王績書〉：「自微言泯絕，大義乖墜，三代之教亂於甲兵，六經之術滅於煨燼，君人者尚空名以誇六合，史官者貴虛飾以佞一時。……是賢兄文中子知其若此，恐後之筆削陷於繁碎，寵綱正典暗而不宣，乃與《元經》，以定真統。蓋獲麟之事，夫何足以知之。」（《全唐文》，卷 132。）

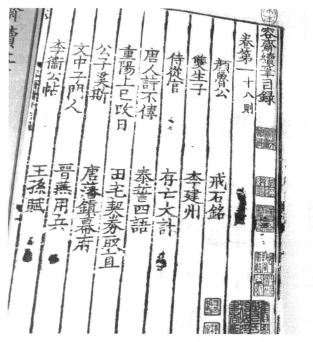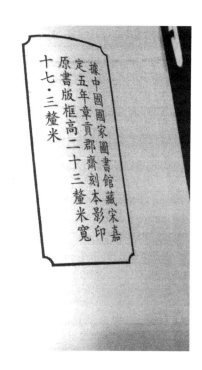

圖 30　《容齋續筆》

　　王通治學注重實效，其講學授徒亦注重實效，這體現在「權」和「時」兩方面。所謂「權」即權衡是非，「時」即審時度勢。他注意到「常」與「變」的辯證關係，並將其運用到經學之中：

> 文中子曰：「元經有常也，所正以道，於是乎見義。元經有變也，所行有適，於是乎見權。權義舉而皇極立矣。」董常曰：「夫子六經，皇極之能事畢矣。」[33]

　　而在實踐中，無論是道德倫理和為政治國方面來說，他亦反對那種不知「變」的墨守成規和生搬硬套，而他理想中的「君子」正是那種遵經而知變的人。《中說‧魏相篇》中二則王通與弟子的對話正好指出了不知「變」的兩種表現：

> 裴嘉有婚，會薛方士預焉。酒中有樂作，方士非之而出。子聞之曰：「薛方士知禮矣，然猶在君子之後。」

> 賈瓊曰：「知善而不行，見義而不勸，雖有拱璧之迎，吾不入其門

矣。」子聞之曰：「強哉矯也。」

　　在王通看來，儒家經典是引導和規範人們行為的精神武器[34]，但不是僵死不變的教條，不合情理或者說不知變通的作法，是一種故作姿態，是不符合儒學經世化民的社會要求的。因此，王通在強調遵經的同時，更強調「知時」，以為「不知時，無以為君子」[35]。隋朝以前的文獻中有的以「知時」作為一種處世智慧，所謂「知時，智也」[36]，「智則知時化，知時化則知虛實盛衰之變，知先後遠近縱舍之數。」[37]、「事之難易，不在大小，務在知時」[38]。有的則將「知時」推廣為一種為政原則，賦予「知時」具體的社會內涵，如《說苑》云：「孔子曰：眾言不逆，可謂知言矣，眾向之，可謂知時矣。」[39]還有的則將「知時」與「天道」對應起來，表達一種更深刻的政治意義，如《史記》曰：「夫以吳越之眾，不能成功者何？誠逆天道而不知時也。」[40]又如《資治通鑑》卷71載魏國王肅語曰：「言之前代，則武王伐紂，出關而復還，論之近事，武文徵權，臨江而不濟，豈非所謂順天知時，通於權變者哉！」。與前人的觀念相比，王通更在乎以「知時行己」的實踐原理，將人生的作為與「時」連繫在一起，認為因時而作的「不得已」之事，是正當的。如「魏徵問君子之辯，子曰：『君子奚辯。而有時乎為辯，不得已也，其猶兵乎？』董常聞之，曰：『君子有不言之辯，不殺之兵，亦時乎？』子曰：『誠哉！不知時，無以為君子』」[41]。可知，其所謂「時」，就是指具體的政治背景和社會環境，「君子」貴在了解自己的所處的世界，根據特定的「時」決定自己的行為方式和處世準則。「辯」與「不辯」的決定性因素不在於「君子」的內在規定性，而在於「時」的外在規定性，一個真正有作為的人，首先必須是一個「知時」者。如果「時」需要「不言」之辯，那麼君子就「不辯」，如果「時」需要「辯」，那麼君子也應「不得已」而為之。

34　《中說‧關朗》：「杜淹……又問道之旨。子曰：『非禮勿動，非禮勿視，非禮勿聽。』」
35　《中說》，卷下，〈魏相篇〉。
36　《呂氏春秋‧仲冬紀第十一‧當務》。
37　《呂氏春秋‧仲秋紀第八‧決勝》。
38　《呂氏春秋‧孝行覽第二‧首時》。
39　《說苑》，卷17。
40　《史記》，卷118。
41　《中說》，卷下，〈魏相篇〉。

　　基於「知時」的原則，王通不僅反對弟子生搬某些不合情理的道德信條，而且也不贊成弟子墨守師道，《中說‧魏相篇》云：

> 子謁見隋祖，一接而陳十二策，編成四卷。薛收曰：「辯矣乎？」
> 董常曰：
>
> 「非辯也，理當然爾。」房玄齡請習十二策，子曰：「時異事變，
> 不足習也。」

　　「時異事變」是學與用的基本前提，「時」與「事」不同了，即使是師之說也不可生搬硬套。

　　可以這樣說，所謂王通之道，包括形式和實質兩個方面。從形式上來說是《續六經》等對儒學經典的文字闡釋，從實質上來說是運用學問的經世之術。由於王通本人並不要求其弟子們是皓首經的學問家，不希望他們只是經學上的繼承者，所以便出現了無一人「振其道」的情形。但這裡的無一人「振其道」，是相對於形式上的文字而言的，從實質上來說，唐代開國名臣的政治成功，則正是對王通經世之道的繼承和發揚。

三

　　從實效性的政治理性和道德倫理出發，王通不僅強調「知時」，而且還要求其能「通變」。在《中說》中，「通變」成了他品評歷史人物的標準。《中說》中品評的主要是兩漢至隋朝的諸類人物，尤以南北朝時代人物為多。對他們的評價成了王通「變通」之道的理論闡釋。如他評嵇康和阮籍云：

> 溫彥博問嵇康阮籍何人也。子曰：「古之名理者不能窮也。」曰：「何
> 謂也？」子曰：「道不足而器有餘。」曰：「敢問道器？」子曰：「通
> 變之謂道，執方之謂器。」[42]

　　阮籍和嵇康都以「越名教而任自然」著稱，「不與世事」[43]，「言論放蕩」[44]，

42　《中說》，卷上，〈周公篇〉。

43　《晉書》，卷49，〈阮籍傳〉：「籍本有濟世志，屬魏晉之際，天下多故，名士少有全者，籍由是不與世事，遂酗飲為常。」

44　《晉書》，卷49，〈嵇康傳〉：「康、安（呂安）等言論放蕩，非毀典謨，帝王者所不宜容。」

歷來評價不一。王通對他們的評價跳出了道德或禮教範疇，用一種較抽象的哲學概念「道」和「器」予以規定，賦予「通變」更深刻的思想意義。在傳統意義上，「通變」常與權術連繫在一起。《周易・繫辭上》云：「通變之謂事。」在先秦典籍中，「通變」一詞出現得不多，但在東漢以後，這一詞出現的頻率增加了，其內涵多為處事方法上的妥協或退讓，如「若應權通變，以寧靖聖朝，雖赴水火，所不得辭。」[45]、「昔孝文卑辭匈奴，先帝優與吳盟，皆應權通變，弘思遠益，非匹夫之為忿者。」[46]、「及時移俗易，則通變適用，是以周漢儵遷，隨時輕重。」[47]王通則將「通變」觀念由一種具體的處事方法演化為一種人格特質，內置於人的知行意識，使其具有一種抽象而普遍的做人理性。

王通以「變通」品評人物時不僅超越了權術，而且還反對那種對社會不負責任的明哲保身的行為。因此，他在指出阮籍和嵇康「道不足而器有餘」的同時，對「兼忘天下」的劉靈亦提出了否定性的意見：

> 曰劉靈何人也？子曰：「古之閒關人也。」曰：「可乎？」曰：「兼忘天下，不亦可乎！」曰：「道足乎？」曰：「足則吾不知也。」（《中說・周公篇》）

因此，他將「隱」亦視為「知時通變」的選擇，對「隱」提出了自己獨到的看法：

> 薛收問隱。子曰：「至人不隱，其次地隱，其次名隱。」

所謂「地隱」即居山林，「名隱」即隨時消沉，這些都不符合王通的「至人」之道。王通秉著「生以救時，死以明道」[48]的生死觀，確立自己的做人

圖 31　周公

45　《三國志》，卷 32，〈蜀書二〉。

46　《三國志》，卷 35，〈蜀書五〉。

47　《宋書》，卷 75。

48　《中說・周公篇》云：「曰生死何如？子曰『生以救時，死以明道。』」

之道，因此他不認為有「道不行」之事，認為行道存在於社會和政治的各個具
體層面：

> 賈瓊、薛收曰：「道不行，如之何？」子曰：「父母安之，兄弟愛之，
> 朋友信之，施於有政，道亦行矣，奚謂不行。」（《中說・禮樂篇》）

從這個意義上來說，王通將授徒和講學視為「道」之實踐，因而也深得眾
人的敬重，被人譽為「至人」[49]。從「至人」理想出發，王通對漢魏以來的諸多
政治人物提出了自己的看法，如他評崔浩為「迫人」，以為其「執小道亂大經」，
評溫子升為「險人」，以為其「智小謀大」[50]，而對文學人物，王通也進行了集
中的評價。《中說・事君篇》云：

> 子謂苟悅，史乎史乎；謂陸機，文乎文乎；皆思過半矣。子謂文士
> 之行可見，謝靈運小人哉，其文傲，君子則謹；沈休文小人哉，其
> 文冶，君子則典。鮑照、江淹古之狷者也，其文急以怨；吳筠、孔
> 珪古之狂者也，其文怪以怒。謝莊、王融古纖人也，其文碎；徐陵、
> 庾信古之誇人也，其文誕。或問孝綽兄弟，子曰鄙人也，其文淫。
> 或問湘東王兄弟，子曰貪人也，其文繁。謝朓，淺人也，其文捷；
> 江總，詭人也，其文虛，皆古之不利也。子謂顏延之、王儉、任昉
> 有君子之心焉，其文約以則。

這是一段解釋「文如其人」的經典文字。儘管王通對文品和人品的評價沒
有超出孔孟之道，但由於他所點評的這些文學人物與其所處的時代較近，而且
都有作品和事跡可考，因而，這種評價不同於對傳統經文的重複，具有極強的
實效性和針對性，能給時人的做人與為文提供更直觀的參照。

四

以振夫子道為己任的王通，不僅倡導一種注重實效性的學術精神，而且還
像孔子那樣實踐這種精神，精心培養有務實精神和經世才能的實用性人才。《中
說》中所記載的王通與其弟子的談話，涉及到政治、宗教、文學等各個方面，

49　《中說・周公篇》：「子光退謂董、薛曰：『子之師其至人乎？死生一矣，不得與之變。』」
50　均見《中說・周公篇》。

他對門人在學問、才能、人品等方面的教育都通過這些談話表現出來。

　　在唐代名臣中，出自王通門下的有溫彥博、杜如晦、陳叔達、杜淹、房喬（玄齡）、魏徵、李靖、王珪、薛收等人。王通的「知時」、「通變」之術在人才教育方面，具體表現為「聖人之道」與「為政之術」的協調與統一。從理想境界上來說，王通並不認為「術」與「道」是一致的，他對魏徵的態度就體現了這一點：

> 魏徵、杜淹、董常至。子曰：「各言志乎？」徵曰：「願事明王，進思盡忠，退思補過。」淹曰：「願執明王之法，使天下無冤人。」常曰：「願聖人之道行於時，常也無事於出處。」子曰：「大哉，吾與常也。」（《中說・天地篇》）

> 李靖問聖人之道。子曰：「無所由，亦不至於彼。」門人曰：「徵也至，或曰未也，門人惑」。子曰：「徵也去此矣，而未至於彼。」或問彼之說，子曰：「彼，道之方也，必也無至乎？」（《中說・天地篇》）

　　這兩段文字把「道」放在了絕對的位置，似乎與王通一貫提倡的「知時」、「通變」原則相悖，因此，有研究者據此認為，「魏徵在王通處並未得到王通的過高賞識，還常常受貶」[51]，其實不然。這兩段文字表明了兩種為政境界。魏徵和杜淹之志處於政治的可操作境界，偏重於「術」，董常之志處於政治的理想境界，偏重於「道」。術是手段，道是目的。「道」不能「無所由」而至，所由者術；術不能無所循，所循者道。所以王通「與常」，並不意味著貶抑魏徵和杜淹，相反，他對魏徵等人為追求「必也無至」之理想而奮鬥的精神是非常贊許的。對此王通本人用「跡」和「心」之別加以解釋：

> 魏徵曰：「聖人有憂乎？」子曰：「天下皆憂，吾獨不得憂乎？」問「疑」，子曰：「天下皆疑，吾獨得不疑乎？」徵退，子謂董常曰：「樂天知命吾何憂，窮理盡性吾何疑。」常曰：「非告徵也，子亦二言乎？」子曰：「徵所謂者跡也，吾告汝者心也。心跡之判久矣，吾獨不二言乎？」常曰：「心跡固殊乎？」子曰：「自汝觀之則殊也，而適造者不知其殊也。各云當而已矣，則夫二未違一也。」（《中說・

51　尹協理，魏明，《王通論》（北京：中國社會科學出版社，1984），頁 13。

問易篇》）

顯然，王通的「心跡相判」及「心跡合一」說與其所提倡的「知時」、「通變」理論是一致的，「道」是絕對的不變的，但行道的手段則是相對的多樣的，只要因時因事、循道制術，就可由憂而達於無憂，由疑而至於無疑。所以，王通對門人的評價沒有一個絕對的標準，而是以「各云當」為原則，注重發現門人的個性，突出其才能。如：

> 子謂姚義可與友，久要不忘；賈瓊可與行事，臨事不變；薛收可事君，仁而不佞；董常可與出處，介如也。（《中說‧周公篇》）

> 子曰姚義之辯、李靖之智、賈瓊、魏徵之正、薛收之仁、程元、王孝逸之文，加之以篤固，申之以禮樂，可以成人矣。（《中說‧禮樂篇》）

> 文中子曰：記從之善而志其過，溫大雅能之；處貧賤而不懾，魏徵之能，聞過而有喜色，程元能之；亂世羞富貴，竇威能之，慎密不出，董常能之。（《中說‧禮樂篇》）

> 子曰：言取而行違，溫彥博惡之；面譽而背毀，魏徵惡之。（《中說‧事君篇》）

這類文字時常見於王通與門人的談話中，從中不難看出，王通對弟子觀察之細致，評價之中肯，期許深遠。他的這些評價和期許沒有空洞的大道理，亦沒有死板的訓條，而是將門人的才能、人品、學識與社會連繫起來，發現其意義與價值。這體現了王通「知時」、「通變」的育人傾向，這種傾向還使得他對那些有具體行政實踐的門人特別賞識。如：

> 陳叔達為絳郡守，下捕賊令曰：「無急也，請自新者原之，以觀其後。」子聞之曰：「陳叔可與言政矣。上失其道，民散久矣。苟非君子，焉能固窮；導之以德，懸之以信，且觀其後，不亦善乎？」（《中說‧事君篇》）

王通並不欣賞那種坐而論道者，他總希望弟子們根據自身的特點，在特定的社會背景下發揮自己的能力，作用於社會。因此，王通的門人多為實踐性人

才，在隋末的社會大動蕩中，在唐初的治理穩定中，都能投身於經世濟時的政治實踐，建功立業。其中除李靖沉穩寡言[52]之外，其餘能多能以史傳、廷諍等形式弘揚王通的諫政之道，具諫臣風骨，成為後世的典範。晚唐司空圖〈三賢贊〉云：

> 隋大業間，房公、李公、魏公皆師文中子。嘗謂其徒曰：「元齡也志而密，靖也惠而斷，徵也直而遂。俾其遭時致力，必濟謨庸。」厥後果然，且有贊。激云：

> 三賢同志，夙尚儒風，以植公忠，出遇太宗。諷議從容，謀蹴群後。君勞臣惕，荒夷阻辟，百千年社稷。[53]

儘管至到今天，關於李靖、魏徵、房玄齡、王珪等人到底是不是王通的弟子尚有爭議[54]，但王通對其中某些人的影響依稀可見。洪邁《容齋續筆》所記之「魏鄭公諫語」：

> 魏鄭公諫止太宗封禪，中間數語引諭剴切，曰：「今有人，十年長患，療治且癒。此人應皮膚僅存，便欲使負米一石，日行百里，必不可得。隋氏之亂，非止十年，陛下為之良醫疾苦，雖已乂安，未甚充實，告成天地，臣切有疑。」太宗不能奪。此語見於公《諫錄》及《舊唐書》，而《新史》不載，《資治通鑑》記其諫事，亦刪此一節，可惜也。[55]

這番諫語與《中說》所載王通之語十分相似：

> 子有疾，謂薛收曰：「道廢久矣，如有王者出，三十年而後禮樂可稱也，斯已矣。」收曰：「何謂也？」子曰：「十年平之，十年富之，十年和之，斯成矣。」（〈魏相篇〉）

52　《舊唐書》，卷67，〈李靖傳〉：「靖性沉厚，每與時宰參議，恂恂然似不能言。」

53　司空圖，《司空表聖文集》，卷9。

54　尹協理等曰：「我們完全可以說，《中說‧關朗篇》把竇威、杜如晦、陳叔達、房喬（玄齡）、魏徵、李靖、王珪等人列為王通的門人是不可信。它只能是後人的附益和竄改。」見氏著《王通論》，頁46。

55　洪邁，《容齋續筆》，卷7。

洪邁雖遺憾司馬光未錄魏徵之諫語，但未注意到這一諫語與《中說》之連繫，故而忽視了魏徵諫諍藝術與王學之關係，不亦憾乎！

綜上所述，唐代初期的政治家、特別是魏徵等以諫諍著稱的諫官，與王通之學有著密切的關係。王通重實效的學術精神以及「知時」、「通變」的實踐理性適應了隋末唐初的社會現狀，培養了一批有學養、有膽識，能明事理斷是非的政治幹才。魏徵、房玄齡、陳叔達、王珪等人在史學、文學上都著極高的造詣，但他們不是章句學者，也不屑於繁辭縟彩，真正實踐了王通的學術精神，為唐代政治風氣的形成做出了積極的貢獻。

第二節　唐代的經學家與諫官

在中國經學史上，唐代經學並不發達，因此，古代經學學派多稱漢學、宋學、清學，未有「唐學」。不過，有唐三百年中，經學傳統並未中斷，自有特色，最突出的是在經學統一前提下的承上啟下。[56] 這種承上承漢學下啟宋學的特點，使得唐代經學呈現出明顯的階段性[57]。唐代前期的儒學以繼承漢學為主，中晚期的儒學以開啟宋學為主。明經考試作為一種政治手段，其意義不在經學本身，而在經學的政治效能，雖然可以不放在經學研究方面來談，但卻不可忽視，因為作為一種選官形式，它是文人士子入仕的階梯。所以，在一個經學不甚發達的時代，儒家經典依然得到極大地普及，從更深層次影響到了人們的思想和行為，並且產生了許多積極參政的經學家，這些經學家中有不少出任過諫官。無論是為高級諫官還是為低級諫官，他們都比較妥當地處理好了治經與為政的

56　周予同認為：「唐朝經學分為在朝派和在野派。人們往往只注意在朝派的孔穎達《五經正義》。唐朝統一，政治經濟制度來自北朝，學術思想來自南學。後漢到魏晉、南朝，再到孔穎達，在經學上都是漢學系統。在朝野有啖助、趙匡、陸淳等。陸淳三書為清儒所不齒，但他的書是『舍傳求經』，不要三傳，而直接研究《春秋》經中的微言大義。『舍傳求經』是宋學的特點。」參見朱維錚編，《周予同經學史論著選集》（上海：上海人民出版社，1983），頁 856、870。

57　陳寅恪認為：「唐太宗崇尚儒學，以統治華夏，然其所謂儒學，亦不過承繼南北朝以來正義義疏繁瑣之章句學耳。又高宗、武則天以後，偏重進士詞學之選，明經一目僅為中材以下進取之途徑，蓋其所謂明經者，止限於記誦章句，絕無意義之發明，故明經之科在退之時代，已全失去政治社會上之地位矣。然退之發起光大唐代古文運動，卒開後來趙宋新儒學新古文之文化運動，史證明確，則不容置疑者也。」見氏著《金明館叢稿初編》（上海：上海古籍出版社，1980），頁 287、289。

關係，實踐儒家經世致用的政治理想，給唐代政治增添的不少色彩。

一

「唐德勃興，英儒間出，佐命協力，實有其人。」[58]唐代開國時，由於儒學與政治的天然連繫，統治者特別崇奉儒學，重用儒士，興辦官學，整理儒經。「自隋氏道消，海內版蕩，彝倫攸斁，戎馬生郊，先代之舊章，往聖之遺訓，掃地盡矣。及高祖建義太原，初定京邑。雖得之馬上，而頗好儒臣。……貞觀二年，停以周公為先聖，始立孔子廟堂於國學，以宣父為先聖，顏子為先師。大徵天下儒士，以為學官。數幸國學，令祭酒、博士講論，畢，賜以束帛。學生能通一大經已上，咸得署吏。又於國學增築學舍一千二百間，太學、四門博士亦增置生員，其書算各置博士、學生，以備藝文，凡三千二百六十員。其玄武門屯營飛騎，亦給博士，授以經業，有能通經者，聽之貢舉。是時四方儒士，多抱負典籍，雲會京師。」、「太宗又以經籍去聖久遠，文字多訛謬，詔前中書侍郎顏師古考定《五經》，頒於天下，命學者習焉。又以儒學多門，章句繁雜，詔國子祭酒孔穎達與諸儒撰定《五經》義疏，凡一百七十卷，名曰《五經正義》，令天下傳習。」[59]這種崇儒活動的直接效果有二：其一，促成了儒學經典的長期統一。皮錫瑞云：「夫漢帝稱制臨決，尚未定為全書；博士分門授徒，亦非止一家數；以經學論，未有統一若此之大且久者。此經學之又一變矣。」[60]其二，將一批學養深厚的大儒推上了政治舞臺。當時由隋入唐的碩儒如令孤德棻、徐文遠、陸德明、曹憲、歐陽詢、朱子奢、張士衡、張後胤、文懿、谷那律、蕭德言、顏師古、孔穎達等均被徵召入朝並委以重任的。這裡主要討論這些大儒們在政治舞臺上的的表現。

58　《舊唐書》，卷73。

59　《舊唐書》，卷189，〈儒學上〉。

60　皮錫瑞，《經學歷史》（北京：中華書局，1959），頁198。

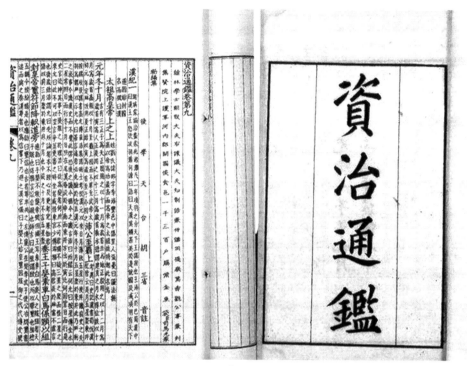

圖 32　《資治通鑑》

　　唐代早期的儒士所治經籍互有所重，徐文遠尤精於《春秋左氏傳》，歐陽詢精「三史」，朱子奢通《春秋左氏傳》，張士衡攻《三禮》，賈公彥通《禮》，王恭通《三禮》，張後胤通《春秋左氏傳》，蓋文達明《三傳》，文懿長於《毛詩》，蕭德言精《春秋左氏傳》，叔牙精《詩》、《禮》。其中孔穎達、顏師古、谷那律似可稱為通才。孔穎達「尤明《左氏傳》、《鄭氏尚書》、《王氏易》、《毛詩》、《禮記》，兼善算曆。」《舊唐書》卷 73《孔穎達傳》。[61] 顏師古於秘書省考定《五經》，「多所釐正，既成，悉詔諸儒議，於是各執所習，共非詰師古。師古輒引晉、宋舊文，隨方曉答，誼據該明，出其悟表，人人歎服。」[62]谷那律被褚遂良稱為「九經庫」，[63]唐代早期任用這些碩儒的政治動機十分明顯，他們以為「前古哲王，咸用儒術之士，漢家宰相，無不精通一經，朝廷若有疑事，

<hr />

61　《舊唐書》，卷 73，〈孔穎達傳〉。

62　《新唐書》，卷 198，〈儒學上〉。

63　《舊唐書・儒學上》：「谷那律，魏州昌樂人也。貞觀中，累補國子博士。黃門侍郎褚遂良稱為『九經庫』。」

皆引經決定，由是人識禮教，理致升平。」[64] 統治者對經學家的政治參與能力十分重視，儘管這些經學家們未任宰相，但有很多都是「常在天子仗內，朝廷密議皆得聞之」[65] 的諫官，這在唐代歷史上是最為突出的。依據史料，唐代早期的儒士中，任給事中、諫議大夫、散騎常侍者有：孔穎達（給事中）、顏師古（散騎常侍）、顏相時（諫議大夫）、歐陽詢（給事中）、朱子奢（諫議大夫）、張後胤（散騎常侍）、蓋文達（諫議大夫）、谷那律（諫議大夫）、敬播（諫議大夫、給事中）。

圖 33　　《廬陵文鈔》

　　帝國初創，百廢待興，特別是以禮法為形式的典章制度更突出地擺在唐朝君臣的面前：「高祖受，未遑創制。太宗平天下，命儒官議其制。」[66] 而那些素有學養的儒士們，亦積極參政，發揮所學，共議法度，創立規範。細檢兩《唐書‧禮儀志》，不難發現，儒士在唐代典章禮儀的確立方面有著不可磨滅的功績，如貞觀五年至十七年（631~643），朝廷就明堂之制議論展開了大範圍的議論，

64　《舊唐書》，卷 189，〈儒學上〉。

65　歐陽修，《廬陵文鈔》，卷 4，〈論諫院宣知外事劄子〉：「竊見唐制，諫臣為供奉之官，常在天子仗內，朝廷密議皆得聞之。」

66　《舊唐書》，卷 22，〈禮儀二〉。

首先其議的就是孔穎達。其年，禮部尚書盧寬等提議「從崑崙道上層祭天」，太宗勅「為左右閣道，登樓設祭」，孔穎達提出了異議，以為：

> 檢六藝群書百家諸史，皆名基上曰堂，樓上曰觀，未聞重樓之上而有堂名。《孝經》云：「宗祀文王於明堂。」不云明樓、明觀，其義一也。又明堂法天，聖王示儉，或有剪蒿為柱，茸茅作蓋。雖復古今異制，不可恆然，猶依大典，惟在樸素。是以席惟蒿秸，器尚陶匏，用繭栗以貴誠，服大裘以訓儉。今若飛樓架道，綺閣凌雲，考古之文，實堪疑慮。……盧寬等議云：「上層祭天，下堂布政，欲使人鬼位別，事不相干。」臣以古者敬重大事，與接神相似，是以朝觀祭祀，皆在廟堂，豈有樓上祭祖，樓下視朝？閣道升樓，路便窄隘，乘輦則接神不敬，步往則勞勤聖躬。侍衛在旁，百司供奉。求之典誥，全無此理。臣非敢固執愚見，以求己長。伏以國之大典，不可不慎。乞以臣言群臣詳議。[67]

> 又，貞觀九年（635）議廟制，朱子奢首發議論，引證《戴禮》、《周易》等經籍，以為：「諸侯立高祖以下，並太祖五廟，一國之貴也。天子立高祖以上，並太祖七廟，四海之尊也。降殺以兩，禮之正焉。前史所謂『德厚者流光，德薄者流卑』，此其義也。伏惟聖祖在天，山陵有日。祔祖嚴配，大事在斯。宜依七廟，用崇大禮。」此議一發，眾人響應，太宗接受了他的提議，「制從之。」[68] 又，貞觀十五年（641）將有事於泰山，令公卿諸儒祥定儀注，「時論者又執異見，顏師古上書申明前議，太宗覽其奏，多依師古所陳為定。」[69]

　　如果說參與議定典章禮儀體現了這些儒者的重建之功的話，那麼對朝政的諫諍則體現了這些諫官的政治良知和社會責任。唐太宗「從諫如流，雅好儒術」[70]，給儒士諫政提供了極好的政治環境，因此，唐代早期任諫官的儒士，多能忠誠職守，有諫臣之風。其中孔穎達、朱子奢、谷那律等人表現得尤為突出。孔穎達對唐太宗及太子都有過忠諫之言。如：

67　《舊唐書》，卷22，〈禮儀二〉。
68　《舊唐書》，卷25，〈禮儀五〉。
69　《舊唐書》，卷23，〈禮儀三〉。
70　《貞觀政要》，卷1。

太宗初即位，留心庶政，穎達數進忠言，益見親待。太宗嘗問曰：
「《論語》云：『以能問於不能，以多問於寡，有若無，實若虛。』
何謂也？」對曰：「聖人設教，欲人謙光。己雖有能，不自矜大，
仍就不能之人求訪能事。己之才藝雖多，猶以為少，乃就寡少之人
更求所益。己之雖有，其狀若無；己之雖實，其容若虛。非唯匹庶，
帝王之德亦當如此。夫帝王內蘊神明，外須玄默，使深不可測，度
不可知。《易》稱『以蒙養政，以明夷蒞眾』，若其位居尊極，炫
耀聰明，以才凌人，飾非拒諫，則上下情隔，君臣道乖，自古滅亡，
莫不由此也。」太宗深善其對。

　　庶人承乾令撰《孝經義疏》，穎達因文見意，更廣規諷之道，學者稱之。
太宗以穎達在東宮數有匡諫，與左庶子于志寧各賜黃金色一斤，絹百匹。……
後承乾不循法度，穎達每犯顏進諫。承乾乳母遂安夫人謂曰：「太子成長，何
宜屢致面折？」穎達對曰：「蒙國厚恩，死無所恨。」諫諍愈切。[71]

　　與孔穎達相比，作為諫議大夫的朱子奢在匡諫太宗時表現得猶為直接大
膽。史載，貞觀十七年（643），唐太宗欲索看國史，朱子奢上書諫曰：

　　陛下聖德在躬，舉無過事，史官所述，義歸盡善。陛下獨覽《起居》，
於事無失，若以此法傳示子孫，竊恐曾、玄之後或非上智，飾非護
短，史官必不免刑誅。如此，則莫不希風順旨，全身遠害，悠悠千載，
何所信乎！所以前代不觀，蓋為此也。[72]

　　朱子奢雖未能阻止唐太宗，但他的諫言及膽識卻成為後代諫官的榜樣，此
後當唐文宗欲索看《起居注》時，起居郎鄭朗即引朱子奢之事相諫見[73]。

　　而有「九經庫」之稱的諫議大夫谷那律對唐太宗的規諫則顯得十分巧妙：

　　嘗從太宗出獵，在途遇雨，因問：「油衣若為得不漏？」那律曰：「能
以瓦為之，必不漏矣。」意欲太宗不為畋獵。太宗悅，賜帛二百段。[74]

71　《舊唐書》，卷73，〈孔穎達傳〉。
72　《資治通鑑》，卷197。
73　《舊唐書》，卷173，〈鄭覃傳〉附〈鄭朗傳〉。
74　《舊唐書》，卷189上。又《大唐新語》，卷1，作諫「高宗」。

　　要之，唐代早期的經學家們由於所處的社會環境和政治背景適宜發揮其政治思想，因而在重建典章禮儀及規諫君王方面都做出了積極的貢獻，實現了作為儒士的人生價值。作為經學家，他們是博學的，作為諫官，他們是無畏的。唐代初的尚諫風氣奠定了唐代經學家參與政治的基本方向。

二

　　唐太宗命孔穎達修定《五經正義》，頒行天下，作為官學教材，在人才的培養和教育方面發揮了重要作用。「自（孔穎達）《正義》、（顏師古）《定本》頒之國胄，用以取士，天下奉為圭臬。唐至宋初數百年，士子皆謹守官書，莫敢議矣。故論經學，為統一最久時代。」[75] 這種長時期的統一，對經學的傳播來說功不可沒，但「莫敢議」的官學地位，又無形之中束縛了人們的思維。而且明經考試以帖經為形式，只試士人的背誦能力，習經者亦「無須議」，加之唐代明經試不為人所重，所以《五經正義》等作為官定教材頒行，實際上宣布唐代產生經學大師時代的結束。

　　唐代經學的衰落是從高宗時代開始的，「高宗嗣位，政教漸衰，薄於儒術，尤重文吏。於是醇醲日去，華競日彰，猶火銷膏而莫之覺也。及則天稱制，以權道臨下，不吝官爵，取悅當時。其國子祭酒，多授諸王及駙馬都尉。准貞觀舊事，祭酒孔穎達等赴上日，皆講《五經》題。至是，諸王與駙馬赴上，唯判祥瑞按三道而已。至於博士、助教，唯有學官之名，多非儒雅之實。……因是生徒不復以經學為意，唯苟希僥倖。」[76] 當時已有人對這種現象表現出擔憂，高宗顯慶初年，黃門侍郎劉祥道奏曰：「儒為教化之本，學者之宗。儒教不興，風俗將替。今庠序遍於四海，儒生溢於三學，勸誘之方，理實為備，而獎進之道，事或未周。但永徽以來，於今八載，在官者以善政初聞，論事者以一言可采，莫不光被諭旨，超升不次，而儒生未聞恩及，臣故以為獎進之道未周。」[77] 故而從高宗武后時開始，經學發生了明顯的變化。首先，純經學之儒減少。經學的統一束縛了經學家的思想，應試的功利性又使得許多儒士根本靜不下來研習經文，因此，這個時期讀經者多，研經者少。這也正是大儒時代結束之後的

75　皮錫瑞，《經學歷史》（北京：中華書局，1959），頁 207。

76　《舊唐書》，卷 189 上。

77　《通典》，卷 17，〈選舉五〉。

學術表現。其次，文詞之士的政治地位明顯上升，明經與進士及第者的政壇前途正好說明了這一點。在這種情形下，文學之士任諫官比例比經學家要高得多，徐堅、張說、嚴挺之、盧藏用、陳子昂等都是以文詞優長而任諫官，而檢兩《唐書》，以長於經學而任諫官者只有敬播、盧粲、張齊賢幾個人。

敬播是太宗朝老臣，貞觀初佐顏師古、孔穎達修《隋史》，又與給事中許敬宗撰《高祖》、《太宗實錄》，其主要工作是修史。入高宗朝，歷諫議大夫、給事中，依舊兼修國史，龍朔三年（663）卒。敬播主要活動於太宗朝，有過積極的參政活動。不過進入高宗朝後，任諫官的他反而沒有諫諍，這似乎驗證了高宗朝政治風氣的轉變。盧粲進士及第，中宗神龍間為給事中。任職期間，有過幾次駁奏。史載：「節愍太子立，韋后疾之，諷中宗以衛府封物給東宮。粲駁奏：『太子七邑主，歲時服用，宜取於百司。《周禮》，諸用財器，歲終則會，唯王及太子不會。今乃與諸王等夷，非所謂憲章古昔者。』詔可。武崇訓死，詔墓視陵制。粲曰：『凡王、公主墓，無稱陵者，唯永泰公主事出特制，非後所援比。崇訓塋兆，請視諸王。』詔曰：『安樂公主與永泰不異，崇訓於主當同穴，為陵不疑。』粲固執，以『陵之稱，本施尊極，雖崇訓之親，不及雍王，雍墓不稱陵，崇訓緣主而得假是名哉。』詔可。」[78] 可見他在諫職任上還是很盡職的。與盧粲不同的是，張齊賢雖累官至諫議大夫，但他參與議禮時是奉禮郎和博士的身分，其工作基本上以議禮制為主，幾無諫諍。[79]

唐玄宗以崇儒著稱，「玄宗在東宮，親幸太學，大開講論，學官生徒，各賜束帛。」即位後「數詔州縣及百官薦舉通經之士」[80] 且拜馬懷素、褚無量為侍讀，「每次閣門，則令乘肩輿以進。上居別館，以路遠，則命宮中乘馬，或親自送迎，以申師資之禮。」[81] 為收集整理典籍，玄宗投入了很大的人力和財力，他「置集賢院，招集學者校選，募儒士及博涉著實之流。」[82] 不過，由於時代的

78　《新唐書》，卷 199，〈儒學中〉。

79　《新唐書》，卷 199，〈儒學中〉載：武后召百官議告朔於明堂，張齊賢之議最貼近時宜，故采其說。又議太社之禮，張齊賢所論最合禮法，「齊賢等曰：『天子太社，度廣五丈，分四方，上冒黃土，象王者覆被四方，然則當以黃土覆壇上。舊壇上下數尺，覆被之狹，乖於古。』於是以方色飾壇四面及陛，而黃土埲覆上焉。祭牲皆太牢。其後改先農曰『帝社』，又立『帝稷』，皆齊賢等參定。」

80　《舊唐書》，卷 189 上。

81　《舊唐書》，卷 102，〈馬懷素傳〉。

82　《舊唐書》，卷 189 上。

延續性，玄宗開元年間的許多儒士大都是武后和中宗睿宗朝過來的，這一時期的學術風氣基本上還保持著前朝的許多特徵，博雜和文詞傾向更加明顯。這從集賢院學士的構成上可以反映出來。

集賢殿學士分為大學士、學士、直學士三種。大學士一般由宰相兼領[83]，「五品已上為學士，六品以下為直學士。」[84]學士和直學士一般是六部尚書、侍郎、郎中、散騎常侍、起居郎、中書舍人、太子侍讀等官員兼領。以品級和官職來確立集賢院學士的身分，說明集賢院只是一個文化機構，但並不是一個純粹的經學研究機構。因此，唐玄宗所拜的「開元十八學士」的身分就各不一樣。開元十三年（725），為示崇儒之意，唐玄宗仿太宗文學館十八學士，特拜張說等十八人為學士，命畫工畫〈開元十八學士圖〉，並題寫贊文[85]。關於開元十八學士，《玉海》卷167引韋述著〈集賢注記〉及《唐會要》卷64「集賢院」條略有出入，張說、徐堅、賀知章、趙冬曦、康子元、侯行果、韋述、敬會真、趙玄默、李（子）釗、呂向、毋煚、陸去泰、咸廙業、余欽、孫季良等十六人無出入，陸堅、東方顥、馮朝隱（或云又名馮騭）等三人孰為十八學士，尚難定論[86]，姑以這十九個人而論，其才能亦呈多樣化的特徵。張說「為文俊麗」、賀知章「度為道士」、韋述「好譜學」、趙冬曦通律令、康子元、敬會真、侯行果、馮朝隱諸人「能治《易》、《老》、《莊》」[87]，「推索《老》、《莊》秘義」[88]、徐堅善《禮》學[89]、呂向長《文選》[90]、陸堅「善書」、孫季良善

83　《唐會要》，卷64，「集賢院」條：「初以張說為大學士。辭曰：『學士本無大稱，中宗欲以崇寵大臣，景龍中修文官有大學士之名，如臣豈敢以大為稱。』上從之。」又：「（貞元四年）五月十一日，中書侍郎同中書門下平章事李泌奏：『伏蒙以臣為集賢殿大學士，竊尋故事，中書令張說，中朝元老，碩德鴻儒，懇辭大字，眾稱達禮，其後至德二載崔圓為相，加集殿大學士，其後因循，遂成恆例。伏望去其大字。崇文館大學士亦准此。』勅依。」

84　《唐會要》，卷57，「集賢院」條。

85　《玉海》，卷167，引〈翰林盛事〉：「開元中，拜說等十八人為學士，於東都上陽宮含像亭圖像寫御贊。」

86　詳見《文史》，第十九輯，載鄭偉章〈唐集賢院考〉。

87　《新唐書》，卷200下：「開元初，詔中書令張說舉能治《易》、《老》、《莊》者，集賢直學士侯行果薦子元及平陽敬會真於說，說藉以聞得侍讀。」

88　《新唐書》，卷200下：「行果、會真及長樂馮朝隱同進講，朝隱能推索《老》、《莊》秘義，會真亦善《老子》。」

89　《舊唐書》，卷102，〈徐堅傳〉：「（王）方慶善《三禮》之學，每有疑滯，堅必能徵舊說，訓釋詳明，方慶深善之。」

90　《新唐書》，卷202，〈文苑中〉：「嘗以李善釋《文選》為繁釀，與呂延濟、張銑、李周翰等更為詁解，時號《五臣注》。」

《詩》[91]、趙玄默通儒經[92]，李子釗、陸去泰、咸廙業、余欽、毋煚、東方顥暫無明確記載，但從他們所校理書籍的博雜來看，其興趣也是相當廣泛的。

再加檢校更會發現，這些學士大多善屬文。在翰林院成立之前，集賢院還兼有「制詔書勅」之職掌，開元二十六年（738）立翰林院，「集賢所掌，於是罷息。」[93] 從職能分工上看，此時的翰林院以詞藝為主[94]，集賢院以學術為主。其實集賢院不僅不乏詞學之士，而且唐玄宗與眾學士的交往亦離不開詩賦：「開元十三年三月，因奏〈封禪儀注〉，勅學士等賜宴集仙殿，群臣賦詩，上制詩序。時預坐者，宰相源乾曜、侍中張說、學士徐堅至馮朝隱等。時櫻桃新熟，遍賜座上，飲以酴醾清酤之酒，簾內出彩箋，令群臣賦詩焉。」[95] 唐玄宗亦十分偏寵文詞之士，「其封泰山，祠脽上，謁五陵，開集賢，修太宗之政，皆說為倡首。」[96] 與孔穎達等經學之儒相比，張說是「為文俊麗，用思精密」的「文儒」，因此，他「前後三秉大政，掌文學之任凡三十年。」、「善用己長，引文儒之士。」[97] 當時身為集賢院學士的陸堅對此很不滿，請罷之，張說力爭，唐玄宗因此厚張說而薄陸堅。《大唐新語》、《資治通鑑》、《舊唐書·張說傳》中均記有此事。〈張說傳〉把陸堅誤作「徐堅」，其實徐堅亦以文才見長，「其文章典實，（王方慶）常稱曰：『掌綸誥之選也。』」[98] 他不會說那些話的。

博雜而重文是玄宗朝學術風氣的主要傾向，在這種風氣的影響下，經學的概念較為寬泛，因而玄宗時任諫官的經學家也明顯增多。多數人都由集賢院而走入仕途，或以諫職而充集賢院學士。其十八學士中任諫官的有：散騎常侍徐堅、給事中陸堅、左補闕韋述、李（子）釗、陸去（元）泰、呂向、右補闕馮朝隱（或為馮騭）、補闕孫季良、拾遺毋煚。十八學士之外，以其他學問而授諫官者亦多。如尹愔「博學，尤通老子書。初為道士，玄宗尚玄言，有薦愔者，

91 《舊唐書》，卷189下：「孫季良……撰《正聲詩集》三卷，行於代。」

92 《新唐書》，卷220：「開元初，粟田復朝，請從諸儒受經。詔四門助教趙玄默即鴻臚寺為師。」

93 《唐會要》，卷57，「翰林院」條。

94 《唐會要》，卷57，「翰林院」條：「玄宗……選朝官有詞藝學識者，入居翰林。」

95 《玉海》，卷167，引韋述〈集賢注記〉。

96 《舊唐書》，卷97，〈張說傳〉。

97 《舊唐書·張說傳》。又《舊唐書·韋述傳》載：「說重詞學之士，述與張九齡、許景先、袁暉、趙冬曦、孫逖、王翰常遊其門。」

98 《舊唐書》，卷102，〈徐堅傳〉。

召對，喜甚，厚禮之，拜諫議大夫，集賢院學士，兼修國史。固辭不起。有詔以道士服視事，乃就職。」[99] 鄭欽說通曆術，博說，「鞏縣尉、集賢院校理，歷右補闕內供奉。」[100] 吳兢「博通經史」，拜諫議大夫。而張說、張九齡不僅本人曾以補闕和拾遺入集賢院，而且任集賢院大學士期間，亦多引文詞之士入集賢院，並授以拾遺、補闕之類的諫官，如韋述、孫逖、綦毋潛等。自武后立拾遺補闕這兩類官職起，它們便以清選近侍之官，為時人所重，未得此官者還引以為憾。所以劉子玄（知幾）、元行沖這樣的飽學之士，雖然在開元初都以散騎常侍致仕，但史官依然為他們鳴不平：「子玄鬱結於當年，行沖彷徨於極筆，官不過俗吏，寵不逮常才，非過使然，蓋此道非趨時之具也，其窮也宜哉！」[101] 如果我們明白自武后至玄宗時的學術風氣，我們就不能難理解史官的感慨了。

三

如果從經學的創新意義上來說，唐代經學的「變」從肅、代年間開始，在唐德宗、憲宗時期基本形成了風氣。李肇《唐國史補》卷下：「大曆已後，專學者有蔡廣成《周易》，強蒙《論語》、啖助、趙匡、陸質《春秋》，施士丐《毛詩》，習彝、仲子陵、韋彤、裴茝講〈禮〉，韋廷珪、薛伯高、徐潤通經。」[102] 由於《春秋》之學在六經中的特殊地位，安史之亂後治《春秋》者甚多，除啖助之外，還有馮伉著《三傳異同》三卷，韋表徵著《春秋三傳總例》二十卷、盧仝 [103]、劉軻《三傳指要》十五卷等。不過，啖助《春秋》學派成就最突出，而對唐代政治影響尤為直接，其與諫官的政治活動也更加密切。

啖助《春秋》學派的興起是唐代社會由盛而衰的歷史轉折催生的，其學術政治思想集中體現在陸質（淳）整理的《春秋啖趙集傳纂例》十卷中。面對朝綱不振、閹宦當權、藩鎮割據的社會現狀，張說時代「志在粉飾盛時」[104] 的學

99　《新唐書》，卷200，〈儒學下〉。
100　《新唐書》，卷200，〈儒學下〉。
101　《舊唐書》，卷102，劉昫語。
102　《新唐書》，卷200，〈啖助傳〉說法與此大致相近：「大曆時，（啖）助、（趙）匡、（陸）質以《春秋》、施士匄以《詩》、仲子陵、袁彝、韋彤、韋茝以《禮》，蔡廣成以《易》，強蒙以《論語》，皆自名其學。」
103　韓愈〈贈盧仝〉：「《春秋》三傳束高閣，獨抱遺經究始終。」
104　《舊唐書》，卷97，〈張說傳〉：「（說）喜延納後進，善用己長，引文儒之士，佐佑王化，當承平歲久，志在粉飾盛時。」

術之道已不符合時代的需要，「發吾君聰明，躋盛唐於雍熙」[105] 成為儒士最迫切的心願。啖助的《春秋》之學就是適應這種時代需要而作出的學術反應，他不拘舊說，「考三家（左氏、穀梁、公羊）得失，彌縫漏闕」[106]，因事明義，疑古求實，「多異先儒」之論[107]，打破了官學一統天下的沉悶局面，開啟一種新學術風氣，因而他們又被視為「異儒」[108]。其實啖助的「異」並非標新立異，只是擺脫了傳統的「因注迷經，因疏迷注」的治學方法，「以通經為意」，去探尋「宗本」，揭示「微旨」[109]。本此，他們摒棄了繁縟的章句之學，用一種求真務實的學術態度去研習《春秋》，以讀出其中的「王法」[110]，真正將其與「天子之事」[111] 連繫起來，賦予《春秋》之學更明確的政治目的和強烈的實踐精神：

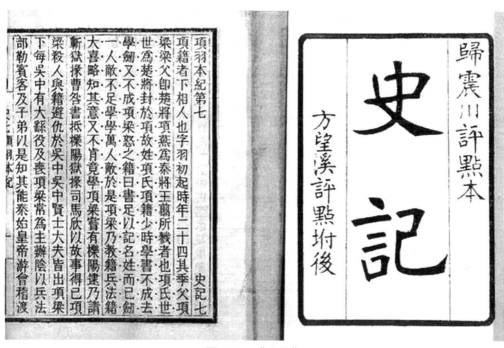

圖 34　《史記》

105　呂溫，〈祭陸給事文〉，《全唐文》，卷 631。
106　《四庫全書總目提要》，卷 26。
107　《四庫全書總目提要》，卷 26。
108　《舊唐書》，卷 189，〈陸質傳〉：「助、匡皆為異儒。」
109　《春秋啖趙集傳纂例》，卷 1，載《叢書集成初編》（北京：中華書局，1985）。
110　《史記》，卷 121，〈儒林列傳〉：「（孔子）因史記作《春秋》，以當王法，以辭微而指博，後世學者多錄焉。」
111　《孟子》，卷 6，〈滕文公下〉：「《春秋》，天子之事也。是故孔子曰：『知我者其惟《春秋》乎！』」

予以為《春秋》者，救時之弊，革禮之薄。……是故《春秋》以權輔正，以誠斷禮，正以忠道，原情為本，不拘浮名，不尚狷介，從宜救亂，因時黜陟，或貴非勿動，或貴貞而不諒，進退抑揚，去華居實。故曰救周之弊，革禮薄也。[112]

這種意識與漢代大儒董仲舒對《春秋》認識十分相似，董氏以為：「春秋上明三王之道，下辨人事之紀，別嫌疑，明是非，定猶豫，善善惡惡，賢賢賤不肖，存亡國，繼絕世，補敝起廢，王道之大者也。」為人臣者如不知《春秋》，則會「守經事而不知其宜，遭變事而不知其權。」[113] 而啖助講《春秋》，就是針對當時朝綱不振，藩鎮割據的社會現實，反駁《公羊傳》關於《春秋》「黜周王魯」的觀點，提出了尊王（天子）一統的現實性命題：「故夫子傷主威不行，下

圖 35　董仲舒

同列國，首王正以大一統，先王人以黜諸侯，不書戰以示莫敵，稱天王以表無二尊。唯王為大，邈矣崇高。反云黜周王魯，以為《春秋》宗指，兩漢專門，傳之於今，悖禮誣聖，反經毀傳，訓人以逆，罪莫大焉。」[114]

從政治性與實踐性的思考出發，啖趙學派明確提出了將經學與政術相結合的人才標準。皮錫瑞曾感慨道：「漢崇經術，實能見之施行。……一時循吏能多推明經意，移易風化，號為以經術飾吏事。漢治近古，實由於此。蓋其時公卿大夫士吏未有不通一藝者。後世取士偏重文辭，不明經義；為官者專守律例，不用儒書。既不用經學，而徒好其名，且疑經學為無用，而欲去其實。」[115] 其

112　陸質，《春秋啖趙集傳纂例》，卷 1，《叢書集成初編》（北京：中華書局，1985），頁 2。

113　司馬遷，《史記》，卷 130，〈太史公自序〉引。

114　《春秋啖趙集傳纂例》，卷 1。

115　皮錫瑞，《經學歷史》（北京：中華書局，1959），頁 103。

實唉趙實踐性學術精神正是要克服「偏重文辭，不明經義」的弊端，呼喚一種具有道德修養和政治才能的務實性人才，而這正好與肅、代時期「黜華求實」的政治風氣相一致，在這種政治的形成過程中，趙匡的〈選舉議〉[116] 所產生的影響不容忽略。在這篇長達六千餘言的奏章中，身為洋州刺史的趙匡對唐代選官制度進行了全面分析，指出了其中的十一種弊病，提出了「選人」的十三條標準及「舉人」的十條對策。他認為唐王朝選才和選官方面最突出的弊病是「務求巧麗」的詩賦試、「所習非所用，所用非所習」的明經試、「但務鈔略」，「業無所成」的學術貧乏，它所導致的後果是「士林鮮體國之論」、「當代寡人師之學」、「當官少稱職之吏」。克服這些弊病的對症之藥便是強化經學教育，將習經與用經列入選才選官的基本條例，全面改革選才考試的內容。他具體講述了明經、進士、《春秋》舉、秀才、宏才等考試的要求，如明經考試「諸試帖一切請停，唯令策試義及口問」；進士「試箋、表、論、議、銘、頌、箴、檄等有資於用者，不試詩賦」；秀才試、宏才試等必須具備「學兼經史、達於政體」、「究識成敗」的能力。特別值得注意的是，趙匡將「《春秋》舉」重點拈出，以突出其社會作用和政治價值：

> 學《春秋》者能斷大事，其有兼習三傳，參其異同，商榷比擬，得其長者，謂之《春秋》舉。

這種政治意識來自於趙匡於《春秋》的心得，他說：

> 予謂《春秋》因史制經，以明王道。其指大要二端而已：興常典也，著權制也。故凡郊廟、喪紀、朝聘、蒐狩、昏取，皆違禮則譏之，是興常典也；非常之事，典禮所不及，則裁之聖心，以定褒貶，所以窮精理也，精理者，非權無以及之。[117]

　　從趙匡有關選舉的思考來看，他運用經術的核心任務是明王道，識「時務」，而要完成這一任務僅靠僵死的教條和空洞的注疏是不可能的。趙匡的「興常」與「著權」之說，明確了實踐與經義的關係，為中唐的政治變革提供了理論。趙匡〈選舉議〉在唐代後期的影響是非常深遠的。這種影響主要體他奠定了此

116　此文收入唐杜佑，《通典》，卷 17。以下引文均出於此，不另注。
117　《春秋唉趙集傳纂例》，卷 1。

後選官的基調，並促使某些有一定政治地位的官員們將習務實求真精神引入實際的選官程序中，使這一來自私學的學術思想貝有了官學的色彩。這　方面最突出的權德輿，權德輿歷拾遺補闕，後任禮部侍郎，主持貢舉，其制策問卷便體現了啖趙《春秋》學的思想，如其於貞元二十一年（805）所制之「策明經問」第一道《左氏傳》：

> 《春秋》者，以仲尼明周公之志而修經，邱明受仲尼之經而為傳，元凱悅邱明之傳而為注。然而夫子感獲麟之無應，因絕筆以寄詞，作為褒貶，使有勸懼。是則聖人無位者之為政也，其於筆削義例，凱皆周法耶？左氏有無經之傳，杜氏又錯傳分經，誠多豔富，慮失根本。既學於是，頗嘗思乎？[118]

啖趙《春秋》學派因陸質而進入一種新階段[119]，陸質著有《春秋啖趙集傳纂例》、《春秋微旨》、《春秋集傳辯疑》三書，匯集了自己以及啖、趙對《春秋》的理解，使啖趙學說從思維方式到認知結果上都形成了一個較完整的系統。陸質還是啖趙《春秋》之學的真正實踐者，他曾官左拾遺、國子博士等，唐順宗時拜給事中、皇太子侍講，不僅與王叔文、韋執宜是至交，而且還是王叔文改革集團的參與者[120]。在政治實踐中，陸質所傳的啖趙《春秋》之學深深地影響到了參與永貞革新主要人物。據柳宗元〈答元饒州論《春秋》書〉，他曾與陸質「同巷，始得執弟子禮」[121]，凌准、韓曄、韓泰、呂溫等都師從陸質習啖趙集傳之《春秋》。所以，章士釗在《柳文指要》一書中又說：「陸淳（質）並非子厚一人之師，而實是八司馬及同時流輩之所共事。」陸質不務空談，育人方面常期以經世致用之大任，這在呂溫的回憶中可見一斑：

> 某以弱齡獲謁於公，曠代之見，一言而同。且曰：子非入吾之域，

118　徐松，《登科記考》（北京：中華書局，1984），卷 15，頁 575。

119　關於陸質與趙匡的關係，史傳不一，《舊唐書》卷 189〈陸質傳〉云：「質有經學，尤於《春秋》，少師事趙匡。」《新唐書》卷 200〈啖助傳〉云：「助門人趙匡、陸質，其高第也。」據呂溫〈代國子陸博士進集注《春秋》表〉：「（質）以故潤州丹陽縣主簿臣啖助為嚴師，以故洋州刺史臣趙匡為益友。」《新唐書》之說較妥。

120　《舊唐書》，卷 135，〈王叔文傳〉：「（叔文）密結當代知名之士而欲僥幸速進者，與韋執宜、陸質、呂溫、李景儉、韓泰、韓曄、陳諫、柳宗元、劉禹錫等十數人，定為死交。」

121　《柳河東集》，卷 31。

入堯舜之域；子非觀吾之奧，睹宣尼之奧。良時未來，吾老子少，異日河圖出，鳳鳥至，天子咸臨泰階，清問理本。其能以生人為重，社稷次之之義，發吾君聰明，躋盛唐於雍熙者，子若不死，吾有望焉。[122]

呂溫以「奇才」為王叔文所重[123]，據劉禹錫〈唐故衡州刺史呂君集序〉，呂溫之「奇才」不僅表現為才高，而且表現為「有奇表，有專對」，有抱負有氣魄：「師吳郡陸質通《春秋》，從安定梁肅學文章，勇於藝能，咸有所祖。年益壯志益大，遂撥去文章，與雋賢交。重氣概，核名實，歘然以致君及物為大欲，每與其徒講疑，考要皇王富強之術，臣子忠孝之道，出入上下百年間，祇訶角逐，疊發連中。得一善輒盱衡擊節，揚袂頓足，信容得色舞於眉端。以為桉是言，循是理，合乎心而氣將之，昭昭然若揭日月而行，孰能閡於其勢而爭乎光者？」[124]可見，呂溫的政治作為從學術的政治性上來說，正好就是啖趙《春秋》學的實踐。

中唐時期傳啖趙《春秋》學的經學家從政之後的表現，與唐太宗或唐玄宗時期的經學家的政治作為有很大的區別，他們不再拘於禮制古今之異同或是非，而是以現實政治環境為思考前提，用「除弊救亂」的現實功效作為評判是非的標準。因此這些經學家包括受期影響的政治家們的行為方式往往有些「過激」的表現，不甚符合傳統經學家的「君子」標準，被視為「無士行」。歷史上把參與永貞革新的二王及劉柳等稱為「僥幸速進」者，已為人所共知，茲不贅言。唐德宗時期還有一位通經能吏竇群，其政治作為及人們對他的評價也能說明這一點。據《舊唐書》卷155〈竇群傳〉，竇群始「隱居毗陵，以節操聞」，「後學《春秋》於啖助之門人盧庇者，著書三十四卷，號《史記名臣疏》。」可見是個飽學之士。受韋夏卿推薦，由處士拜為左拾遺，遷侍御史。史書上沒有載其任諫官時的作為，但他任侍御史時卻表現出了較睿智的政治智慧和果敢行政能力[125]，有「臨事不顧生死」[126]的勇氣和膽量。然而他的行為當時被視為「狠

122　呂溫，〈祭陸給事文〉，《全唐文》，卷631。
123　韓愈《順宗實錄》：「叔文最所賢重者李景儉，而最所謂奇才者呂溫。」
124　《全唐文》，卷605。
125　事見《唐會要》，卷6。
126　《舊唐書》，卷155，〈竇群傳〉。

戾」，而此後的史學家言辭更激烈：「竇容州之敢決，如鷙鳥逐雀，英氣動人，巖穴之流，罕能及此。然矯激過當，君子不為。」[127] 如果我們從唐代中期士人們渴望「匡世濟時」的時代責任感來認識這種現象的話，這種所謂「無士行」的作風，恰恰正是除弊救亂所需要的，而促成這種「無士行」的理論基礎，部分來自於啖趙的《春秋》之學。

可見，唐代中後期的經學家的學術精神和政治品質與前期有了較明顯的改變，其中一些擔任過諫職的經學家的政治作為也伴隨這種改變也表現出與前人不同的特徵。相較而言，開國時期的大儒重諫過，武后玄時期的文儒重頌美，安史之亂的「異儒」則重救弊。唐代中後期經學家任諫官者甚多，啖趙學派的有陸質（拾遺、給事中）、呂溫（拾遺、給事中）、竇群（拾遺）等。如果我們將範圍擴大到啖趙學派之外，則有權德輿（拾遺、補闕）、馮伉（給事中）、韋表徵（補闕）、梁肅（補闕）、朱放（拾遺）等等。如果我們將這些諫官們的活動與中唐文學思潮結合起來，我們更會感覺到，無論是復古主義還是功利主義，似乎都與這個時期的經學革新及經學家們的政治活動有著內在的關聯。

第三節　儒家諫政意識與唐代君臣之學

中國古代作為資政之用的政書十分發達 [128]，但作為治政之用的政治學理論卻不在這繁富的政書中。中國古代的政治學理論並不發達，我們所能見到的政治學理論總是與具體的治政之術結合在一起的，所以它們大部分都來自經史典籍。就儒家政治思想家而言，無論是先秦諸子還是漢代經學家，都在探討如何建立並維護一種穩定的君臣關係，這種努力一直延續到唐代。

一

諫諍是儒家政治思想的靈魂，是儒家實現有限君權的主要形式。因此，從孔子孟子到荀子，在論述君臣之道時，都將諫諍放在重要位置。他們並不提倡無原則的「忠君」，也不承認有絕對不變的君臣關係，君臣關係是建立在君王

127　《舊唐書》，卷 155，〈竇群傳〉。

128　政書所涉及的範圍很廣，如《中國叢書綜錄》設「政書類」，下分為「通制」、「儀制」、「職官」、「邦計」、「邦交」、「軍政」、「刑法」、「考工」、「掌故瑣記」、「詔令」、「奏議」等 11 屬，計 1200 餘種。

是否納諫、臣子是臣進諫的基礎上的。因此，商紂無道，「微子去之」，孔子依然稱其為「仁」者[129]，而孟子與齊宣王的那段對話表達的得更清楚：

> 齊宣王問卿。孟子曰：「王何卿之問也？」王曰：「卿不同乎？」曰：「不同。有貴戚之卿，有異姓之卿。」王曰：「請問貴戚之卿。」曰：「君有大過則諫，反覆之而不聽，則易位。」王勃然變乎色。曰：「王勿異也。王問臣，臣不敢不以正對。」王色定，然後問異姓之卿。曰：「君有過則諫，反覆之而不聽，則去。」[130]

以「諫」為基礎，儒家從道德、人格、生活態度、禮儀制度等方面建立了一套完整而嚴密的政治倫理，給「君」和「臣」都提出了明確的政治規範，孟子稱這種規範為「君道」、「臣道」：

> 規矩，方員（圓）之至也；聖人，人倫之至也。欲為君，盡君道；欲為臣，盡臣道。二者皆法堯舜而已矣。不以舜之所以事堯事君，不敬其君者也；不以堯之所以治民治民，賊其民者也。[131]

儒家的「君道」和「臣道」理論在荀子那裡得到了更系統的發揮。儘管荀子已在〈儒效〉、〈王制〉、〈富國〉等章節闡明了儒家的治國思想，但他還是列〈君道〉和〈臣道〉兩章闡述全面論述君王和臣子的政治品質及政治角色。這兩章雖然標題有異，但內容卻相互關聯，這表明在治國實踐中君臣的政治角色並非絕然不同，他們是共同禮法制約下的有著共同政治利益的權力組合。正如〈君道〉所云：

> 人主欲強固安樂，則莫若反之民；欲附下一民，則莫若反之政；欲修政美國，則莫若求其人。

因此，君臣政治角色的不同並不意味著他們可以具備不同的政治品質，相反，力圖與臣民保持政治品質的一致性，才是為君之道，一如〈臣道〉云：

---

129 《論語》，卷9，〈微子〉：「微子去之，箕子為奴，比干諫而死，孔子曰：『殷有三仁焉。』」
130 《孟子》，卷10，〈萬章下〉。
131 《孟子》，卷7，〈離婁上〉。

> 請問為國。曰聞修身，未嘗聞為國也。君者儀也，儀正而景正。君
> 者盤也，盤圓而水圓。君者盂也，盂方而水方。君射則臣決，楚王
> 好細腰，故朝有餓人。

本著這種認識，荀子並沒有將君臣關係定位於「忠」，而是將君王分為不同的類型，據此給臣子提出不同的行為原則：

> 有能進言於君，用則可，不用則去，謂之諫。有能進言於君，用則可，
> 不用則死，謂之爭。有能比知同力，率群臣百吏，而相與彊君撟君，
> 君雖不安，不能不聽，遂以解國之大患，除國之大害，成於尊君安
> 國，謂之輔。有能抗君之命，竊君之重，反君之事，以安國之危，
> 除君之辱，功伐足以成國之大利，謂之拂。故諫、爭、輔、拂之人，
> 社稷之臣也，國君之寶也，明君所尊厚也。……事聖君者，有聽從，
> 無諫諍；事中君者，有諫諍，無諂諛；事暴君者，有補削，無撟拂。[132]

臣子的政治行為受君王政治品格的影響，臣子的「諫、爭、輔、拂」四種行為模式既是主動的，又是被動的。說其主動，是因為這四種行為或能力是臣子所必須具備的政治素質，說其被動，是因為採取哪一種行為方式或施展哪一種能力又取決於君王的政治修養和為政效果。

從孔子到荀子，儒家君臣之學已基本確立，它主要包括三方面：其一，修身。這是君王和臣子都必須持之以恆的道德和人格上自律。其二，諫諍。這是君王的納諫和臣子進諫是普遍的為政原則，是修身之道的政治實踐。其三，互動。君臣之間的尊重和制約是相互的，君王有至尊之「勢」，而臣子有至上之「道」。尊道與從勢的政治倫理調節作用，構成了推動君臣互動的內在動力。

孔孟荀所奠定的儒家君臣之學，在秦漢以後的封建政治中起了主導作用，此後的有關君道和臣道的理論，大都是對這一理論的擴充或注釋。漢代學者比較注重君臣之學的建構，陸賈的《新語》、淮南王門客所撰之《淮南子》、董仲舒的《春秋繁露》、劉向的《新序》、《說苑》、揚雄的《法言》等，都是思想性極強的著作。這些著作主要的寫作形式有三類：《春秋繁露》以解經明志；《淮南子》、《法言》以議論見意；《新語》、《新序》、《說苑》以史

132　《荀子》，卷9，〈臣道篇〉。

鑒今 [133]。無論採用何種形式，他們對君臣之道的思考是大致相同的。較之先秦諸子，漢代學者更強調君王權力的絕對性，淡化了君臣之間的「互動」關係，強化了臣子對君王的依附感，所謂「君道義，臣道忠」[134]，董仲舒的「君神一體」說表達得尤為經典：

> 為人主者法天之行，是故內深藏所以為神，外博觀所以為明也，任群賢所以為受成，乃不自勞於事，所以為尊也，汎愛群生，不以喜怒賞罰，所以為仁也。[135]

本著這種意識，他們將君王權力的約束放在君王的道德自律上，將君王修身與治國緊密結合在一起，所謂「王者，人之始也，王正則元氣和順、風雨時、景星見、黃龍下。王不正則上變天，賊氣並見。五帝三王之治天下，不敢有君民之心。」[136] 所以漢代以後的君臣之學主要集中在君王以仁德修身治國和臣子以忠誠正諫事君這兩方面。這從有些著作所列的條目中可以體現出來。如《新語》十二篇，篇目是：道基、術事、輔政、無為、辨惑、慎微、資質、至德、懷慮、本行、明誠、思務。《新序》十篇，其篇目是：雜事五篇、刺奢、節士、義勇、善謀二篇。《說苑》二十篇，篇目是：君道、臣術、建本、立節、貴德、復恩、政理、尊賢、正諫、敬慎、善說、奉使、權謀、至公、指武、談叢、雜言、辨物、修文、反質。從思想特徵上說，「議論醇正，不愧儒宗」[137]，幾乎是這些論著的總體特徵 [138]，可以說，漢代以後君臣之學的基本構架便是在儒家思想指導下，以治國安邦的作為君臣政治行為的最高目的，以修身、用賢、忠誠、直諫作為君臣契合的紐帶。這種構架成為此後確立君臣關係的重要前提，也成為政治是否開明、社會是否安定繁榮的政治保障，唐代貞觀之治的形成就是這

133　《漢書》，卷 36，〈楚元王傳〉附劉向傳：「（劉向）采傳記行事，著《新序》、《說苑》凡五十篇奏之。數上疏言得失，陳法戒。」

134　劉向，《說苑·建本》。

135　《春秋繁露·離合根》。

136　《春秋繁露·王道》。

137　《四庫全書總目》，卷 91，〈說苑〉條。

138　《新語》之思想特徵，紀昀說得較明確：「今但據其書論之，則大旨皆崇王道，黜霸術，歸本於修身用人。其稱引老子者，惟思務篇引『上德不德』一語，餘皆以孔氏為宗，所援據多《春秋》、《論語》之文。漢儒自董仲舒外，未有如是之醇正也。」見《四庫全書總目》，卷 91，〈新語〉條。

種構架的成功實踐。

二

　　貞觀之治是史家豔羨的太平盛世，形成這一盛世的原因固然是多方面的，但重用諫臣，從諫如流，開創一種主納忠諫、臣進直言的政治氣氛無疑是最成功的因素。唐太宗人本人剛即位，就鼓勵侍臣直諫：

> 貞觀元年，太宗謂侍臣曰：「正主任邪臣，正臣事邪主，亦不能致理。
> 惟君臣相遇，有同魚水，則海內可安。朕早不明，幸諸公數相匡救，
> 冀憑直言鯁議，致天下太平。」[139]

　　無論是從用人原則還是行政制度上，唐太宗都力圖營造一種較寬鬆自由的政治氣氛。他「恐人不言，導之使諫」，無論是否居諫職者都可以進諫，且「中書門下及三品以上入內平章國計，必使諫官隨入，得聞政事，有所開說，太宗必虛己以納之。」[140] 退朝之後，亦不忘聽諫，「命京官五品以上更宿中書、門下兩省，以備訪問」[141]。因此，唐太宗時期諫諍之風蔚然，「直諫者不止魏徵也。」[142]

　　唐太宗虛心求諫納諫，外因來自於「天下稍安，尤須兢慎，若便縱逸，必至喪敗」[143] 的現實危急感，內因則來自於思想意識上的君道自覺與自律。他總結歷史教訓，認為亡國之君的失誤在於「短於自見，不聞逆耳之言，故至於亡。」[144] 所以，天子並不是高高在上、安穩無憂的，「天子者，有道則人推而為主，無道則人棄而不用，誠可畏也」[145]。於是他把敢於直言的臣子視為「師友」，「每思臣下有讜言直諫，可以施於政教者，當拭目以師友待之」[146]，以諫臣為鏡，明曉為政的得失，「以銅為鏡，可以正衣冠；以古為鏡，可以知興替；

139　《貞觀政要》，卷 2，〈求諫〉。

140　《唐會要》，卷 55，「諫議大夫」條。

141　《新唐書》，卷 47。

142　趙翼，《廿二史劄記》，卷 19。

143　《貞觀政要》，卷 1，〈政體第二〉。

144　唐太宗，〈金鏡〉，《全唐文》卷 10，1/49。

145　《貞觀政要》，卷 1，〈政事第二〉。

146　《貞觀政要》，卷 1，〈政事第二〉。

以人為鏡，可以明得失。朕常保此三鏡，以防己過。」[147] 所以，魏徵去世之後，唐太宗不僅有痛失「一鏡」之悲，而且還下〈求直言手詔〉，鼓勵群臣像魏徵那樣敢觸龍鱗，犯顏直諫：

> 朕聞堯舜之君，自愚而益智，桀紂之主，獨智以添愚。故異順逆於忠言，則殊榮辱於帝道。朕登躡宇宙，字育黔黎，恐大德之或虧，懼小瑕之有累，候忠良之獻替，想英傑之謀猷。而諫鼓空懸，逆耳之言罕進，謗木徒設，悸心之論無聞。唯昔魏徵每顯余過，自其逝也，雖有莫彰，豈可獨非於往時而皆是於茲日。故亦庶僚苟順，難觸龍鱗者歟？所以虛己外求，披衷內省。言而不用，朕所甘心，用而不言，誰之責也？自斯已後，各悉乃誠，若有是非，直言無隱。[148]

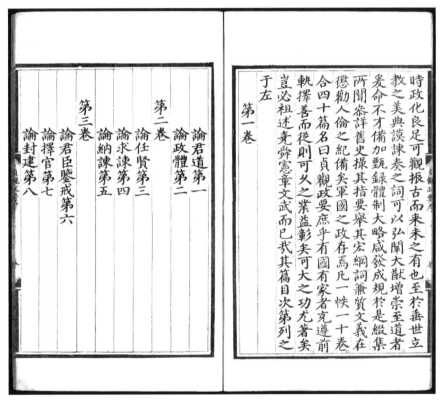

圖 36　《貞觀政要》書影

147　《舊唐書》，卷71，〈魏徵傳〉。

148　《全唐文》，卷8。

可見，貞觀之治的成功其實是儒家諫諍政治的成功實踐，儘管這種政治實踐建立是建立在君王的君道自覺與自律基礎上的，[149] 這種君道自覺和自律，常然有脆弱與無能的一方面，但它也說明了儒家君權有限政治觀念是一種深層次的政治倫理和人格修養的結合，這種結合把執政簡單化，簡單到只要君王修身就可以安天下的程度。唐太宗說：「夫治國猶如栽樹，木根不搖，則枝葉茂榮。君能清靜百姓何得不安樂乎？」[150] 但要達到這種效果又是非常艱難的。非終身修持，時時鑒戒，方可不離正途。唐太宗雖然以納諫著稱，其實在他的心中，帝王獨尊的極權意識很強，納諫與拒諫的矛盾亦時常存在著。《資治通鑑》記載唐太宗的「怒」有十多處，怒魏徵之直諫亦不少，最惱怒時竟說「會須殺此田舍翁」。[151] 但唐太宗的過人之處，就在於他具有「以人為鏡」的納諫意識，能克制自己的情緒，接納臣子的諫言。而貞觀之治的出現，是唐太宗與大臣之間虛心納諫與直言進諫的磨合，由於這種磨合消除了君臣之間的權力威懾，當唐太宗納諫意識有所懈怠時，魏徵等大臣還會及時敲擊。如：

> （貞觀六年）十二月，癸丑，帝與侍臣論安危之本。中書令溫彥博曰：「伏願陛下常如貞觀初，則善矣。」帝曰：「朕比來怠於為政乎？」魏徵曰：「貞觀之初，陛下志在節儉，求諫不倦。比來營繕微多，諫者頗有忤旨，此其所以異耳。」帝拊掌大笑曰：「誠有是事。」[152]

歷史的經驗和貞觀二十多年的政治成功，使得唐太宗對君臣之學有了更深刻的體會，為了教育後代，為了唐王朝的千秋基業，他晚年（648）著《帝範》十二篇，明「修身治國」之理，作為遺言賜贈太子[153]。注《帝範》者曰：「範，法式也。言可以為帝王之法式，故名之帝範。」[154] 太宗本人對此書相當重視，

149　魏徵的心態最有說服力，《貞觀政要》卷2：「太宗曰：『徵每犯顏切諫，不許我為非，我所以重之也。』徵再拜曰：『陛下導臣使言，臣所以敢言。若陛下不受臣言，臣亦何敢兒龍鱗，觸忌諱也。』」

150　《貞觀政要》，卷1，〈政體第二〉。

151　《資治通鑑》卷194：「上嘗罷朝，怒曰：『會須殺此田舍翁。』後問為誰，上曰：『魏徵每廷辱我。』」

152　《資治通鑑》卷194。

153　《資治通鑑》卷198：「上作《帝範》十二篇以賜太子，……且曰：『修身治國，備在其中。一旦不諱，更無所言。』」

154　紀昀《四庫全書總目》釋《帝範》曰：「唐時已有二注本，今本注姓名，觀其體裁，似唐人注經之式。」

命名中寄托了他對帝王在人格、氣質、情趣、才能、政術等方面的要求，相對於唐朝以前諸多有關君臣之道的論述，《帝範》的獨特之處就在於它是第一部由帝王親手編寫的以闡述君道為主要內容的專書，其成書方式雖然也是「披鏡前蹤，博覽史籍，聚其要言，以為近誡」[155]，但史材的選擇，篇目的安排，本身就包含著一個明智的帝王的政治思考，很有認識意義。因此，《帝範》在中國政治史上的地位是不容低估的。

《帝範》十二篇，它們是：「君體、建親、求賢、審官、納諫、去讒、戒盈、崇儉、賞罰、務農、閱武、崇文」。唐太宗認為：「此十二條者，帝王之大綱也。安危與興廢，咸在茲焉。」[156] 的確，這十二條包含了君王修身治國的全部內容，是儒家君道觀的系統闡釋，因此紀昀編《四庫全書》將其歸入「儒家」類。作為儒家思想的發揮，這十二條「帝王之大綱」似乎沒有什麼創新之處，但作為君王實際為政經驗的總結，它們所表述的興亡治亂之道卻又顯得更真切。所以其中的許多篇目讀來不覺得重複，反而能更直觀地表現儒家君道意識的實踐意義。如「君體」：

> 夫人者國之先，國者君之本。人主之體，如山岳焉，高峻而不動，如日月焉，焉貞明而普照。兆庶之所瞻仰，天下之所歸往。寬大其志，足以兼包，平正其心，足以制斷。非威德無以致遠，非慈厚無以懷人。撫九族以仁，接大臣以禮。奉先思孝，處位思恭，傾己勤勞，以行德義。以乃君之體也。

這段話中的含義，人們也許很難用一個概念或一句話來概括。道德自律、仁厚愛民、虛懷求諫、恩威並重等多層意義組合在一起，充分顯示了唐太宗對君王的認識。在他的君道觀念中，君王最寶貴的東西不是權欲，而是德義，君王不是因為擁有權力而至尊，而是因為兼合天下人之美德而令人景仰。這種不張顯權力和欲望的君道觀念與儒家的治國以禮、為政以德的最高原則是相通的。

唐太宗認為，理想的君道「非知之難，惟行之不易，行之可勉，惟終實難」，因此，他不認為自己是盡善盡美的，並告誡後代不要效法他：

---

155 《帝範·序》。

156 《帝範》，卷4，中華書局《叢書集成初編》本。

汝當更求古之哲王以為師，如吾，不足法也。夫取法於上，僅得其中；
取法於中，不免為下。吾居位已來，不善多矣，錦繡珠玉不絕於前，
宮室臺榭屢有興作，犬馬鷹隼無遠不致，行遊四方，供頓煩勞，此
皆吾之深過，勿以為是而法之。顧我弘濟蒼生，其益多；肇造區夏，
其功大。益多損少，故人不怨；功大過微，故業不墜。然比之盡美
盡善，固多愧矣。[157]

對君王來說，只有覺得自己有過，才敢於聞過；而只有納諫，君王才聖明。
所以，在《帝範》中，唐太宗特別強調了「納諫」：

夫王者高居深視，虧聽阻明，恐有過而不聞，懼有闕而莫補。所以
設鞀樹木，思獻替之謀，傾耳虛心，佇忠正之說。言之而是，雖在
僕隸芻蕘，猶不可棄也；言之而非，雖在王侯卿相，未必可容。其
義可觀，不責其辯，其理可用，不責其文。至若折檻壞疏，標之以
作戒，引裾卻坐，顯之以自非。故云忠者瀝其心，智者盡其謀，臣
無隔情於上，君能遍照於下。昏主則不然，說者拒之以威，勸者窮
之以罪，大臣惜祿而莫諫，小臣畏誅而不言。其為壅塞，無由自知。
以為德超三皇，才過五帝，至於身亡國滅，豈不悲哉！此拒諫之惡
也。

「興王賞諫臣，逸王罰之」，[158]這類古訓在唐太宗這裡變成了帝王為政之
綱，從中也透露出一個重要信息：君主制度下君王的權力需要制衡，如果君王
接受這種制衡，那麼國家就會興盛，如果排斥這種制衡，國家就會滅亡。當然
在封建君主政體下，絕對的權力制衡機制是不存的，諫官的設置亦只是一種相
對專權而言的制衡意向，能否讓諫官發揮其作用，關鍵在於君王是否有道。因
此，無論在哪個時代，納諫都是君道的基本範式。唐太宗更明確地將納諫列入
「帝範」之一，在封建君主政治先天不足的情況下，給君王提出了最起碼的然
而也是最高的政治要求，使君王的行為由他律上升為自律，是對儒家君臣之學
的完善。

唐太宗任用諫臣及其創作的《帝範》，對唐代政治產生了深遠的影響，特

157　《帝範》，卷4。
158　《國語・晉語》。

別是安史之亂以後，當嚴峻的社會和政治危機擺在唐代君臣面前時，他們多以貞觀政治為楷模，為自己提出更高的要求。如唐德宗作〈君臣箴〉，將納諫作為君王是否聖明的標志：「惟德惠人，惟辟奉天，從諫則聖，共理則賢。」把唐太宗和魏徵當作君臣相契的榜樣：「在昔稷契，實匡舜禹；近茲魏徵，佑我文祖，君臣協德，混一區宇。」[159] 唐敬宗寶歷二年（826），秘書省著作郎韋公肅注《帝範》，進獻給皇帝，良苦用心昭然。[160]

　　三

　　唐太宗重儒術用諫臣創造了貞觀之治，而讓世人全面感受和領悟這一盛世之成因的是傑出的史學家和諫官吳兢所撰寫的《貞觀政要》。《四庫全書》將《貞觀政要》列入雜史類，沒有列入儒家類，也許另有分類標準，但無論從哪個角度來說，《貞觀政要》是一部以儒家君臣之學主體、以資政治世為目的政學教科書。

　　吳兢（668—749）以史才見長，中宗時期，歷任右拾遺、右補闕，玄宗朝任諫議大夫。吳兢是以諫官的姿態出現在唐代政壇上的，他的諫政活動主要有兩個方面，其一是針對朝廷弊政直諫。現存有〈諫畋獵表〉、〈諫十銓試人表〉、〈上中宗皇帝疏〉、〈諫東封不宜射獵疏〉、〈上玄宗皇帝納諫疏〉等，這些諫疏議論深刻，體現了吳兢敏銳的政治目光。特別是在〈上玄宗皇帝納諫疏〉中，他明確地提出了「帝王之德，莫盛於納諫」的政治命題。其二是發揚直筆無諱的良史作風，以史鑒今。他撰有《則天實錄》、《國史》、《梁》、《齊》、《周史》、《陳史》、《隋史》、《貞觀政要》等，其中最著名的是《貞觀政要》，在這部書中，他以貞觀政治為背景，充分演繹了「帝王之德，莫盛於納諫」的政治命題。

　　吳兢經歷了武周朝。長壽二年（693），武則天為鞏固自己的政治地位，強化為臣之道，委北門學士元萬頃、劉禕等編《臣軌》二卷十章。武則天自制序曰：「比者太子及王，已撰修身之訓；群公列辟，未敷忠告之規。近以暇辰，遊心策府，聊因煒管，用寫虛襟。故綴敘所聞，以為臣軌一部。想周朝之十亂，爰著十章，思殷室兩臣，分為兩卷。所以發揮言行，鎔範身心，為事上之軌模，

159　《全唐文》，卷 55。
160　《舊唐書》，卷 17。

作臣下之繩準。」《臣軌》仿唐太宗的
《帝範》，只是內容以約束臣下為主。
其十章是：「同體、至忠、守道、公正、
匡諫、誠信、慎密、廉潔、良將、利人。」
武則天十分重視《臣軌》，頒行天下，
令貢舉人為業，停《老子》。中宗神龍
元年（705）方停《臣軌》，復習《老
子》。[161] 吳兢親身感受了這一段歷史，
作為曾修《則天實錄》的史官，他對武
則天的評述是肯定的，在他所修的《國
史》中，武則天被列入「本紀」[162]。但
他依然認為，唐太宗時的政治是最完美
的，是為政治國的最高典範：「太宗文
武皇帝之政化，自曠古而來未有如此之

圖 37　武則天

盛者也。雖唐堯虞舜夏禹殷湯周之文武漢之文景皆所不逮也。」[163] 為了激勵唐
玄宗弘太宗之政化，「致太宗之業」，他從貞觀史籍選錄其「委質策名，立功
樹德，正詞鯁義，志在匡君者」，編為《貞觀政要》。[164] 「庶乎有國有家者，
克遵前軌，擇善而從，則可久之業益彰矣，可大之功尤著矣，豈必祖述堯舜，
憲章文武而已哉！」[165]

　　《貞觀政要》的編撰體例有點像《呂氏春秋》、《新語》、《淮南子》、
《說範》等，但又與其不同。這些書博采經史、分類編排，因此有的可視為雜家，
如《呂氏春秋》、《淮南子》，有的可視為儒家思想之集成，如《新語》、《說
苑》等。而《貞觀政要》的史料範圍僅限於貞觀年間，類似於史；它以記述君
臣言論為主，有類於諸子。相對於雜家，它有明顯的儒家傾向；相對諸子，它
有極強的史書性質，因此有人認為《四庫全書》把它歸入史部雜史類是「勉強」

161　《舊唐書》，卷24，〈禮儀志〉。
162　此舉遭到德宗時史官沈既濟的反對，《舊唐書》卷149〈沈傳師傳〉：「既濟以吳兢撰《國
　　　史》，以則天事立本紀，奏議非之曰。」
163　《貞觀政要·序》。
164　吳兢，〈上貞觀政要表〉，《全唐文》，卷298。
165　《貞觀政要·序》。

的[166]。的確，作為諫官的吳兢既不想將這部書寫成傳釋儒家經典的疏論，也不想將它當作借古刺今的工具，他選取唐朝政治最完善時期的歷史材料，不作簡單的史料匯編，而是通過富有建設性的政治思考，創建一套符合儒家政治思想的具有現實操作性的明君賢臣模式，用唐代的政治真實演澤儒家理想的君臣之學。

《貞觀政要》共十卷四十篇，篇目較同類型書籍精細得多，它們幾乎涵蓋了儒家君臣之學的全部同容。茲將此40篇列於此：

> 君道、政體、任賢、求諫、納諫、君臣鑒戒、擇官、封建、太子諸
> 子定分、尊敬師傅、教戒太子諸王、規諫太子、仁義、忠義、孝友、
> 公平、誠信、儉約、謙讓、仁惻、慎所好、慎言語、杜讒邪、悔過、
> 奢縱、貪鄙、崇儒學、文史、禮樂、務農、刑法、赦令、貢賦、辯興亡、
> 征伐、安邊、行幸、畋獵、災祥、慎終。

這些篇目部分參照了《帝範》和《臣軌》，但比它們要全面得多。唐太宗作《帝範》，將其十二視為「帝王之大綱」，武則天作《臣軌》，將其十則視為「事上之軌模，作臣下之繩準」，吳兢對《貞觀政要》的政治期許極高，以為此書「詞兼質文，義在懲勸，人倫之紀備矣，軍國之政存焉。」[167]如果說《帝範》重在帝王之綱，《臣軌》重在臣下之軌，那麼《貞觀政要》則以翔實的史料，通過精心編排，以建構一套君臣共存共榮的政治規範。正是出自這種目的，《貞觀政要》的篇目設置很細，細得近於重複，如〈「任賢」〉與〈求官〉、〈求諫〉與〈納諫〉、〈教戒太子諸王〉與〈規諫太子〉、〈仁義〉與〈忠義〉、〈孝友〉、〈仁惻〉等等，意義相近，似乎可以歸並在一起，而吳兢不嫌重複，將其獨立標出，用意非常明顯，他要以篇目名稱作標示，簡明厄要地表述一種政治行為規範和君臣政治倫理，使《貞觀政要》具備標題醒目、史料翔實的特徵，以清楚的條目寄托自己的鑒誡意識。中國古代許多重要的政治命題都是通過《貞觀政要》而得以證實和豐富的，如「兼聽則明、偏信則暗」（〈君道〉）、「治國與養病無異」（〈政體〉）、「致安之本，惟在得人」（〈任賢〉）、「君

166　吳楓〈評《貞觀政要》〉：「（《貞觀政要》）既不同於經書，也不同於史書；……所以過去在古書分類中甚至無法處理，只是勉強地把它列入史部雜史一類。」此文收入《唐太宗與貞觀之治論集》（西安：陝西人民出版社，1982）。

167　《貞觀政要・序》。

臣同體」（〈君臣鑒戒〉）、「水能載舟，亦能覆舟」（〈教戒太子諸王〉）、「以德行學識為本」（〈崇儒〉）、「樂在人和，不由音調」（〈禮樂〉）、「國以人為本，人以衣食為本」（〈務農〉）、「善始慎終」（〈慎終〉）等等，稱《貞觀政要》真是一部政治教科書是名符其實的。

　　吳兢編《貞觀政要》主要是為了再現唐太宗「用賢納諫之美，垂代立教之規」。[168] 因此，《貞觀政要》的四十篇的篇幅各不相同：君道 5 章、政體 14 章、任賢 8 章、求諫 11 章、納諫 10 章（此篇還附「直諫」10 章）、君臣鑒戒 7 章、擇官 11 章、封建 2 章、太子諸子定分 4 章、尊敬師傅 6 章、教戒太子諸王 7 章、規諫太子 4 章、仁義 4 章、忠義 14 章、孝友 5 章、公平 8 章、誠信 4 章、儉約 8 章、謙讓 3 章、仁惻 4 章、慎所好 4 章、慎言語 3 章、杜讒邪 7 章、悔過 4 章、奢縱 1 章、貪鄙 6 章、崇儒學 6 章、文史 4 章、禮樂 12 章、務農 4 章、刑法 8 章、赦令 4 章、貢賦 5 章、辯興亡 5 章、征伐 13 章、安邊 2 章、行幸 4 章、畋獵 5 章、災祥 4 章、慎終 7 章。如果不看內文，只從標題及其章數來看，作者用心最多的是君王的納諫與臣子的進諫；如果連繫內文，更可以清楚地看到，本書的思想基礎就是以諫諍為紐帶的聖君賢臣政治。吳兢所標示的篇目突出了為政的基本範圍，而其所選的史料以及這些史料所要傳達的另一個重要信息則是：理想的政治在於君臣共議，形成共議局面的前提是君聖臣賢；君聖之道是虛懷納諫，臣賢之道是忠誠正直。從政治效應和社會影響來說，《貞觀政要》最重要恐怕還不是提出了多少政治命題，而是用真實的歷史塑造了一個納諫的明君和一系列忠直賢臣的形象，展示了一種開誠布公、共議國事的理想境界。因此，討論、爭議在《貞觀政要》中出現的頻率相當高，而這種討論和爭議都多在一種坦率而輕鬆的議政環境中進行的。如〈仁義〉：

　　　貞觀元年，太宗曰：「朕看古來帝王以仁義為治者，國祚延長、任法御人者，雖救弊於一時，敗亡亦促。既見前王成事，足是元龜，今欲專以仁義誠信為治，望革近代之澆薄也。」黃門侍郎王珪對曰：「天下彫喪日久，陛下承其餘弊，弘道移風，萬代之福。但非賢不理，惟在得人。」太宗曰：「朕思賢之情，豈舍夢寐！」給事中杜正倫進曰：「世必有才，隨時所用，豈待夢傅說、逢呂尚，然後為治乎？」

168　吳兢，〈上貞觀政要表〉，《全唐文》，卷 298。

太宗深納其言。

這是君臣意見基本相同時的議論，當君臣意見相左時，君臣之間會發生激烈的爭議，但由於他們都依循共同的準則，因此激烈而不失坦蕩，如〈公平〉：

> 貞觀元年，吏部尚書長孫無忌嘗被召，不解佩刀入東上閣門，出閣門後，監門校尉始覺。尚書右僕射封德彝議，以監門校尉不覺，罪當死，無忌誤帶刀入，徒二年，罰銅二十斤。太宗從之。大理少卿戴冑駁曰：「校尉不覺，無忌帶刀入內，同為誤耳。夫臣子之於尊極，不得稱誤，准律云：『供御湯藥、飲食、舟船，誤不如法者，皆死。』陛下若錄其功，非憲司所決，若當據法，罰銅未為得理。」太宗曰：「法者非朕一人之法，乃天下之法，何得以無忌國之親戚，便欲撓法耶？」更令定議。德彝執議如初，太宗將從其議，冑又駁曰：「校尉緣無忌以致罪，於法當輕，若論其過誤，則為情一也，而生死頓殊，敢以固請。」太宗乃免校尉之死。

《貞觀政要》中與上述情形相類的事例極多，朝廷政治以及君王操行的各個方面，太宗君臣幾乎都可以各抒己見，直言無隱，讓人真切地感覺到貞觀時期聖君賢臣、肝膽相照的政治風氣[169]。《貞觀政要》讓後人們真切地感受到：古代政治家們所相幻想的那種相互依存、同舟共濟的君臣關係並不遙遠，它們就存在於貞觀政治中，它把人們對理想政治的期待，從遠古的堯舜時代拉近到唐朝，給後世君臣以直接的參照。因此，不僅吳兢認為聖賢政治不必「祖述堯舜，憲章文武」，唐代統治者亦將《貞觀政要》視為治國之寶，如唐文宗未即位時，「喜讀《貞觀政要》，每見太宗孜孜政道，有意於茲」[170]，即位之後，「又書《貞觀政要》於屏風，每正色拱手而讀之。」[171] 至於唐代詩歌中，歌詠貞觀政治的詩句亦不少，如杜甫「本朝再樹立，未及貞觀初」（〈詠懷〉二首）、「眇然貞觀初，難與諸子偕。」（〈夏日歎〉）等等。

總之，如果說貞觀政治是唐人心中的理想，那麼《貞觀政要》則是再現這個理想的一段真實歷史。吳兢以諫官的政治責任感，史官的歷史使命感，濃縮

---

169 唐太宗云：「儻君臣相疑，不能備盡肝膈，實國之大害也。」（《貞觀政要·政體》）。
170 《舊唐書》，卷 17。
171 《資治通鑑》，卷 248。

了貞觀政治的精華，達到了漢儒所期待的「以著述當諫書」的政治效果，真無愧為「唐之董狐」[172]。

172　《新唐書》卷132〈吳兢傳〉：「兢敘事簡核，號良史。……世謂今之董狐云。」又《史記》卷39〈晉世家〉：「董狐，古之良史，書法不隱。」

第四章　唐代文學家諫官中的道隱角色

　　道教在唐代文化中具有十分特殊的地位，它不僅直接影響到唐代的政治，而且還對文人的生活和思想產生了廣泛的影響。唐代文人中有不少是信奉道教的，特別是許多在政治上極有作為的、或者在文學上極有成就的政治家和文學家，要麼有過明確的道士身分，要麼有過極長的隱逸求道的經歷。在注重道教的政治氣氛下，這種身分和經歷不僅沒有防礙他們走向政治，而且還成為他們進入仕途的臺階。我們細檢唐代的諫官的生平也同樣發現，那些曾任過諫官的文學家，有不少就具備了道隱角色。分析他們的求道隱逸生活以及道教對其政治觀念的影響，對認識唐代文學家的思想、認識唐代諫官的思維特徵亦是極有幫助的。

第一節　道家的政治道德與諫諍意識

　　道家思想是中國古代政治思想的重要組成部分，其無為、無君的政治主張，在我國古代政治思想建構和政治實踐方面所發揮的作用，並不是表面意義上的消極和退讓。由於它在正統的儒家政治教義之外提供了一種新的思辯形態和價值評判原則，所以它常常成為文人和政治家衡定政治的重要參照系。我國古代政治實踐中，那些有骨氣和膽識的政治家，大都從道家思想中吸收了精神養料。特別是在傳統的諫諍實踐中，道家的政治道德往往是指導那些有政治正義感和

社會責任感的士人勸諫君王的思想武器。

一

　　道德是維繫社會關係的基本信念和行為原則，其理論基礎是善。政治道德亦是政治倫理學的基本組成部分，「是人類社會道德的一種特殊表現形態，它是人們在政治生活中以一定的階級道德或社會道德調整人與人之間的政治關係的道德現象的總和。政治道德通常具有廣義和狹義兩種理解。廣義的政治道德主要指一定階級的階級道德，它以集團為道德的主體。狹義的政治道德主要指政治活動中以政治為職業的政治家道德，它是以個體為道德的主體。政治倫理學不僅要側重地研究廣義的政治道德，也要注意研究狹義的政治道德。」[1]如果依照這個理解，我們談道家的政治道德似乎有些背題，因為道家既沒有作為一個階級而成為政治集團，也從不鼓勵個體去做職業的政治家。然而，中國歷史的實事是，道家政治思想雖然沒有被統治階級奉為正統，但卻深深地滲入到了統治階級的政治意識中；道家雖然不鼓勵其信徒成為職業的政治家，但每個政治家的思想結構中都離不開道家的因素。因此，我們可以毫不誇張地說，道教的政治道德在中國古代政治實踐中不僅普遍存在，而且還發揮了重要的作用。

　　道家政治確立了其獨特的治國原則，賀榮一將這一原則概括為「樸治主義」，認為這是一種「以質樸無文的自然方式治民的學說」，它有六大特點：一，以宇宙中人類之最後根源「道」為其形上基石；二，以退隱任自然為其基本精神；三，以「聖人」為樸治主義信徒之師表；四，尚質黜文，以樸為體；五，主弱反強，以柔為用；六，重明輕智。[2]從根本上說，這六大特點其實就是「道」的不同表現形態，是以「道」為理論基礎的一種「無為」政治。賀氏在這裡提供了一種思路，它以「道」作為形上之理念，言外之意，退隱精神、聖人風範、尚質崇樸、主弱反強、重明輕智等都是形下之形態，是政治實踐之具體表現，而形上之道與形下之形共同構成了樸治主義。

　　在現實人生中「有為」是人類社會無可回避的生存行為，或者說，政治實踐就是建立在「有為」的基礎之上的。崇尚「無為」的樸治主義所描述的「形上」與「形下」的特徵，正是依據這種無可回避的存在而得出的治世方略，其中實

1　吳燦新，《政治倫理學新論》（北京：中國社會出版社，2000），頁 5–6。
2　賀榮一，《老子之樸治主義》（天津：百花文藝出版社，1994），頁 15。

則包含著道家特有的哲學思辯。因此，作為治世原則的「道」在老莊裡又區分為「天之道」與「人之道」：

> 天之道，其猶張弓歟？高者抑之，下者舉之；有餘者損之，不足者補之。天之道，損有餘而補不足；人之道，則損不足以奉有餘。孰能有餘以奉天下，唯有道者。（《老子》七十七章）

> 何謂道？有天道，有人道。無為而尊者，天道也；有為而累者，人道也。主者，天道也；臣者，人道也。天道之與人道也，相去遠矣，不可不察。（《莊子・在宥》）

這裡的「道」顯然比一般哲學意義上的「道」說得更加具體，更富有現實的針對性。「天之道」和「人之道」是兩種不同的政治境界，「天之道」是最完美的層級，而「人之道」則是最低下的層級。道家以「天之道」為完美政治的典範，莊子曰：

> 古之王天下者，知雖落天地，不自慮也；辯雖雕萬物，不自說也；能雖窮海內，不自為也。天不產而萬物化，地不長而萬物育，帝王無為而天下功。故曰：莫神於天，莫富於地，莫大於帝王。故曰：帝王之德配天地。此配天地，馳萬物，而用人群之道也。（〈天道〉）

對於如何獲得最高境界，道家則推出了相反相成的實踐原理：「反者道之動，弱者道之用。天下萬物生於有，有生於無。」（《老子》第四十章）[3] 這種相反相成的辯證意識實現了「天之道」與「人之道」的相互作用與相互轉化，進而將政治實踐的重點放在「人之道」的昇華上。在老莊哲學中，「人之道」的昇華途徑主要是修身，所謂「修之於身，其德乃真」（《老子》五十四章），有意思的是，道家「修身」的手段和目的就是克服「人之道」的諸多弊端，以「此在」的和諧到達「彼岸」，它所傳遞的不是「天之道」的夢幻，而是行「人之道」

3　陳鼓應釋曰：「在這裡『反』字是岐義的：它可以作相反講，又可以作返回講（『反』與『返』通）。但在老子哲學中，這兩種意義都被蘊涵了，它蘊涵了兩個觀念：相反對立與返本復初。這兩個觀念在老子哲學中都很重視的。老子認為自然界中事物的運動和變化莫不依循著某些規律，其中的一個總規律就是『反』：事物向相反的方向運動發展；同時事物的運動發展總要返回到原來基始的狀態。」參見氏著《老子注譯及評介》（北京：中華書局，1984），頁 225－226。

的原理與方法，其中也包含著深刻的政治道德：

> 寵辱若驚，貴大患若身。何謂寵辱若驚？寵為下，得之若驚，失之
> 若驚，是謂寵辱若驚。何謂貴患若身？吾所以有大患者，為吾有身，
> 及吾無身，吾有何患？故貴以身為天下，若可寄天下；愛以身為天下，
> 若可托天下。（《老子》十三章）

老子所說的「無身」，並非「棄身」或「忘身」，而是要以一種特殊的關
懷珍惜自己的身體，並以珍惜自我身體的態度和原則去關懷天下。司馬光釋此
章曰：「有身斯有患也，然則既有此身，則當貴之，愛之，循自然之理，以應
事物，不縱情欲，俾之無患可也。」[4] 福永光司更明確地點出了「無身免患」原
則中的治國原則：「真正能夠珍重一己之身，愛惜一己生命的人，才能珍重他
人的生命，愛重別人的人生。並且，也只有這樣的人，才可以放心地將天下的
政治委任他。」[5] 這種獨特的修身治國的政治道德被今人概括為「身國同構」：

> 老子的「道」就是從人身體驗出來的，人身就是一個小天地、小宇宙，
> 從人身中體驗出的自然規律必然也適用於人類社會的大天地和自然
> 界的大宇宙。因此說，道學是一種「身國同構」的學說。道的原則
> 既可用於治身，也可用於治國，推而至於天下，故倡導天人同構、
> 身國一理。[6]

由此，道家政治便以追求「天之道」為最高理想，以「人之道」的超越為
現實手段，在實現自身得道的同時，達到「天下有道」的政治完美[7]。因此，有
人乾脆把道家思想當作一種治國之術：「道家者流，蓋出於史官，歷記成敗存
亡禍福古今之道，然後秉要執本，清虛以自守，卑弱以自持，此君人南面之術
也。」[8]

4　司馬光，《道德真經論》。又宋人范應元《老子道德經古今本集注》釋本章曰：「輕
　　身而不修身，則自取危亡也。是以君子安而不忘危，存而不忘亡，故終身無患也。」
5　福永光司，《老子》。
6　胡孚琛、呂錫琛，《道學通論》（北京：社會科學文獻出版社，1999），頁 25－26。
7　《老子》四十六章：「天下有道，走馬以糞。天下無道，戎馬生於郊。」
8　《漢書·藝文志》。

二

　　道家「治國與治身同」[9]的身國同構的政治道德，不僅標舉了一種「無為」的生活藝術，而且也把治國之術簡化為「無為」二字。司馬談〈論六家要旨〉：「道家，使人精神專一，動合無形，贍足萬物，其為術也，因陰陽之大順，采儒墨之善，撮名法之要，與時遷移，應物變化。立俗施事，無所不宜。指約而易操，事少而功多。」的確，除了「無為」之外，道家似乎不可能也不須要提出更多的治國方略。老子云：

> 不尚賢，使民不爭；不貴難得之貨，使民不為盜；不見可欲，使民心不亂。是以聖人之治，虛其心，實其腹，弱其志，強其骨，常使民無知無欲。使夫智者不敢為也。為無為，則無不治。（《老子》三章）

　　而要使民達到這種無欲、無爭純真境界，帝王必須首先修身，使自己具備「聖人」的品質。老莊政治道德的典範不是「真人」和「至人」，而是「聖人」[10]。在《莊子》中，「真人」出現了 18 次，「至人」出現了 31 次，「聖人」出現了 114 次。在《老子》中，「真人」和「至人」一次沒出現，而「聖人」則多達 31 次。所以，賀榮一認為，道家是「以聖人為中心的樸治主義」[11]。在老莊的論述中，聖人常與「侯王」或「帝王」相對應，侯王、帝王若行「人之道」，則為庸人；若行「天之道」，則為聖人。因而，「聖人」便成了以「天之道」為政的最完美的典範，成了連接「人之道」與「天之道」這兩極的紐帶。老子云：

> 道常無為而無不為。侯王若能守之，萬物將自化。化而欲作，吾將鎮之以無名之樸。鎮之以無名之樸，夫將不欲。不欲以靜，天下將自正。（《老子》三十七章）

　　莊子云：

9　《老子河上公注》。

10　在道家思想中，當「聖人」以儒家的理想出現時，是被否定的對象。如老子：「絕聖棄智」（十九章），莊子云：「聖人不死，大盜不止。雖重聖人而治天下，則是重利盜跖也。」（〈胠篋〉）

11　賀榮一，《老子之樸治主義》（天津：百花文藝出版社，1994），頁 77。

> 天道運而無所積，故萬物成；帝道運而無所積，故天下歸；聖道運
> 而無所積，故海內服。明於天，通於聖，六通四辟於帝王之德者，
> 自為也，昧然無不靜者矣！聖人之靜也，非曰靜也善，故靜也。萬
> 物無足以鐃心者，故靜也。[12]

老莊以「無為」之道衡量世間之侯王或帝王，引導他們行「無為」之政，作一個治國的「聖人」。與所謂「真人」、「至人」的超自然性和超社會性相比，聖人更多的則是以「無為」、「自化」的任自然政治，達到人與社會、人與自然的和諧自然，誠如老子曰：

> 聖人常無心，以百姓心為心。善者，吾善之；不善者，吾亦善之，
> 德善。信者，吾信之；不信者，吾亦信之，德信。聖人在天下，歙
> 歙焉，為天下渾其心，百姓皆注其耳目，聖人皆孩之。（《老子》
> 四十九章）

莊子曰：

> 天有六極五常，帝王順之則治，逆之則凶。九洛之事，治成德備，
> 監照下土，天下戴之，此謂上皇。（〈天運〉）

在「無為」的哲學原理下，道家的修身之道與治國之道合而為一，以「樸」修身，以「樸」治國，而獲得「樸德」的積累，因此，老莊將政治道德的核心放在君王內在品德與外在行為的修持上，以為自身道德的修持不僅是手段，而且也是目的：

> 治人事天，莫若嗇。夫為嗇，早服謂之重積德；重積德則無不克；
> 無不克則莫知其極；莫知其極，可以有國；有國之母，可以長久；
> 是謂深根固柢，長生久視之道。（《老子》五十九章）

「嗇」，愛惜、保養之謂；「重」多、厚之謂。陳鼓應釋本章曰：「老子提出『嗇』這個觀念，並非專指財物上的，乃是特指精神上的。『嗇』即是培

---

12 《莊子‧天道》。

蓄能量，厚藏根基，充實生命力。」[13] 積德能產生足夠的德能，這樣的德能施於治國大計中，亦能使君王因「嗇」己而產生更寬廣的愛心，「治大國，若烹小鮮。以道蒞天下，其鬼不神；非其鬼不神，其神不傷人，聖人亦不傷人。夫兩不相傷，故德交歸焉。」[14]「德」之歸便能無往而不克，這就是道家政治道德的社會效應。

老莊的「無為」之道，不僅體現為「修身」與「治國」一體，而且還表現「道」、「術」的合一。他們所提倡的這種「樸德」或「嗇德」不僅是一種道德境界，而且還是一種可施行於治國實際的具體方法，這就是古書之所謂「君人南面之術」。老子和莊子都追求政治上的「無敵之自在」，所以他們的治術，多以「莫能」之類的詞的表述政術的目標，如「天下莫能與之爭」[15]、「道常無名樸。雖小，天下莫能臣。侯王若能守之，萬物將自賓」[16]、「天下莫能與之爭美」[17]、「聖人藏於天，故莫之能傷。」[18] 對這種「無敵之自在」的治世境界，莊子描述道：

> 聖人藏於天，故莫之能傷。復仇者，不折鎮干；雖有忮心者，不怨飄瓦，是以天下平均。故無攻戰之亂，無殺戮之刑者，由此道也。不開人之天，而開天之天。開天者德生，開人者賊生。不厭其天，不忽於人，民幾乎以其真。（〈達生〉）

可見，「無敵之自在」就是道家的「無不為」之境。莊子所謂的「藏於天」、「開天」，就是順應自然，實行無為而治。如果說莊子說得還比較玄的話，那麼老子則通過「水」，形象地表述了「無為」之治術。《老子》中多處提到水。如：

> 上善若水。水善利萬物而不爭，處眾人之所惡，故幾於道。（《老子》八章）

> 江海之所以能為百谷王者，以其善下之，故能為百谷王。是以聖人

13　陳鼓應，《老子注譯與評介》（北京：中華書局，1984），頁297。
14　《老子》六十章。
15　《老子》二十二章。
16　《老子》三十一章。
17　《莊子・天道》。
18　《莊子・達生》。

> 欲上民，必以言下之；欲先民，必以身後之。是以聖人處上而民不重，處前而民不害。是以天下樂推而不厭。以其不爭，故天下莫能與之爭。（《老子》六十六章）

> 天下莫不柔於水，而功堅強者莫不之能勝，以其無以易之。弱之勝強，柔之勝剛，天下莫不知，莫能行。是以聖人云：「受國之垢，是謂社稷主；受國不祥，是為天下王。」正言若反。（《老子》七十八章）

老子盛贊水「幾於道」，就是因為水能「利萬物」、「不爭」、「處下」、「主柔」，這些特徵基本符合其政治理論中的「道」：「大道泛兮，可左可右。萬物恃之以生而不辭，功成而不無。衣養萬物而不為主，可名於小；萬物歸焉而不為主，可名為大。以其終不自為大，故能成其大。」[19] 悟得「水」的特徵就悟了「道」，也就得得到養身治國之寶。老子云：「我有三寶，持而保之。一曰慈，二曰儉，三曰不敢為天下先。」（《老子》六十七章）「利萬物」則仁慈，「不爭」則儉樸，「處下」則不為名，故「不敢為天下先」，三者共同構成了道家基本的治國原則和最高施政綱領，也形成了道家「無為」而「自化」的政治道德。

三

然而，道家「無為」的政治道德畢竟是與儒家「有為」的政治道德相對的一種行為原則和評判標準，其「小國寡民」的理想國、身國同構的道德修養、無為自化的治國之術，都以現實政治和社會為參照物。於是他們在高揚自己政治道德的同時，便伴隨著對現實政治和社會的弊端的深刻批判，對維繫「有為」政治的道德倫理進行了徹底否定。

政治倫理的核心問題是處理兩種關係，確立兩個標準。兩種關係指君臣關係、君民關係，兩個標準指公與私、善與惡。儒家以「仁」、「義」、「禮」、「智」、「信」以及「忠」、「孝」等觀念和信條作為處理兩種關係、確立兩個標準的原則，從而構成了儒家的政治道德。道家也提出了處理兩個關係、確立兩個標準的政治倫理，不過，道家確立自己的政治倫理是與否定儒家的政治倫理同時進行的：

> 上德不德，是以有德；下德失德，是以無德。上德無為而無以為，

19　《老子》三十四章。

下德無為而有以為。上仁為之而無以為；上義為之而有以為。上禮
為之而莫之應，則攘臂而扔之。故失道而後德，失德而後仁，失仁
而後義，失義而後禮。夫禮者，忠信之薄，而亂之首。[20]

在道家看來，世人所奉行的忠、信、仁、義、禮、智，都是「失道」與「失德」
的結果，是有道之治的低級層次，而且失「道」之後，「德」、「仁」、「義」、
「禮」各個層次，離「道」愈遠，為政愈劣：「大道廢，有仁義；智慧出，有大偽；
六親不和，有孝慈；國家昏亂，有忠臣。」[21]莊子還虛擬了孔子和老子的對話，
具體闡述了道家政治倫理的基礎：

孔子西藏書於周室。子路謀曰：「由聞周之徵藏史有老聃者，免而
歸居，夫子欲藏書，則試往因焉。」孔子曰：「善。」往見老聃，
而老聃不許，於是繙十二經以說。老聃中其說，曰：「大謾，願聞
其要。」孔子曰：「要在仁義。」老聃曰：「請問：仁義，人之性邪？」
孔子曰：「然。君子不仁則不成，不義則不生。仁義，真人之性也，
又將奚為矣？」老聃曰：「請問何謂仁義？」孔子曰：「中心物愷，
兼愛無私，此仁義之情也。」老聃曰：「意，幾乎後言！夫兼愛，
不亦迂乎！無私焉，乃私也。夫子若欲使天下無失其牧乎？則天地
固有常矣，日月固有明矣，星辰固有列矣，禽獸固有群矣，樹木固
有立矣。夫子亦放德而行，循道而趨，已至矣，又何偈偈乎揭仁義，
若擊鼓而求亡子焉！意，夫子亂人之性也！」[22]

老莊「無為而治」的理論基礎是守「常」，何謂「常」？老子曰：「夫物
芸芸，各復歸其根。歸根曰靜，是謂復命。復命曰常。」（《老子》十六章）「取
天下常以無事，及其有事，不足以取天下。」（《老子》四十八章）莊子亦曰：
「夫帝王之德，以天地為宗，以道德為主，以無為為常」[23]。「常」是生命之根，
是自然之道，是人性之本。治國貴在得人，得人貴在順性，只有遵循「常」道，
才可得順人性，成就一種絕對意義上的「無私」、「無欲」、「無名」、「無

20　《老子》三十八章。
21　《老子》十八章。
22　《莊子・天道》。
23　《莊子・天道》。

爭」。而且，在這種政治倫理下所形成的君臣關係、君民關係就達到一種「無事」
的和諧：

> 以正治國，以奇用兵，以無事取天下。吾何以知其然哉？以此：天
> 下多忌諱，而民彌貧；人多利器，國家滋昏；人多伎巧，奇物滋起；
> 法令滋彰，盜賊多有。故聖人云：「我無為，而民自化；我好靜，
> 而民自正；我無事，而民自富；我無欲，而民自樸。」（《老子》
> 五十七章）

然而令老莊失望的是，自「失道」之政治施行以來，君王不再「無為」、
「無事」，而是「有為」、「有事」，這不僅嚴重束縛了人性的自由發展，而
且也給社會帶了動蕩和罪惡。因此，道家以至高至善的道為武器，對社會政治
中存在的諸多弊端和醜惡，提出了嚴厲的批判，以一種非政治、非道德的力量，
追求理想的政治，幻想完美的政治。王明說：「或者有人要問：『半部《論語》
可以治天下，《老子》能做什麼呢？』我們回答：『如果相信半部《論語》可
以治天下，那麼我們敢言：半部《老子》可以革天下。』」[24] 在中國歷史上，儘
管沒有人真正依靠《老子》「革天下」，但是道家政治道德中的那種否定意識
與理想信念，卻極大地豐富了古代政治生活中的諫諍精神，給人們認識社會、
批判社會提供了難得的理論基礎和行為典範。

　　四

　　道家的政治道德是一種否定性的建構，他們既否定既定的政治形態和倫理
道德，亦否定自己所能規定和描述的政治形態與倫理道德[25]，他們的政治理想中
有一種絕對的平等與自由，他們的政治倫理建構著一種絕對的正義與公平[26]，然

24　王明，〈再論齊文化之發展〉，載《道教與傳統文化》。

25　老子曰：「道可道，非常道，名可名，非常名。」（《老子》一章）「天下皆知美之為美，
斯惡已；皆知善之為善，斯不善也。」（《老子》二章）莊子曰：「道通為一，其分也，
成也，也成，毀也。凡物無成與毀，復通為一。」（〈齊物論〉）「道不可聞，聞而非也；
道不可見，見而非也；道不可見，見而非也！知形形之不可形乎？道不當名。」（〈知
北遊〉）

26　《莊子·天運》：「至貴，國爵並焉；至富，國財，國財並焉；至願，名譽，名譽並焉。」

而連他們自己也未能建構起一種能承載這種平等自由、正義公平的政治形態[27]。絕對的理想性，增加了他們對現實的否定力度，而絕對的否定性，又強化了他們對理想的追求。這種神奇的政治道德所發揮的效能，鑄就了中國政治史上富有批判精神和叛逆色彩的諫議意識。

　　道家的批判精神和諫議意識是通過政治比較表現出來的。在道家思想中，理想的絕對性成了他們抨擊現實政治的道德武器，他們很少單獨指斥某種社會政治現象，他們總是以其理想的政治和社會為鏡子觀照現實政治和社會，揭露現實政治的諸多弊端，而理想的絕對性使得他們對醜陋的現實表現出極度的反感和毫不留情的批判。他們批判和否定的不是某種現象，而是產生這種現象有政治制度和倫理道德，「半部《老子》可以革天下」，就是從這個意義上說的。「比較──揭露──否定──建構」這是道家諫議意識的基本模式：

　　　其政悶悶，其民淳淳。其政察察，其民缺缺。[28]

　　「其政悶悶」，即為政寬厚，也就是老子所謂之「以百姓心為心」，「去甚，去奢，去泰。」（《老子》二十九章）莊子所謂之「不拘一世之利以為己私分，不以王天下為己處顯。」[29]、「其民淳淳」，即民風淳樸，也就是老子所謂之「不爭」、「不為盜」、「心不亂」，莊子所謂之「端正而不知以義為義，相愛而不知以為仁，實而不知以為忠，當而不知以為信，蠢動而相使不以為賜。」、[30]「其政察察」，即為政嚴苛；「其民缺缺」，即民風狡猾。這是一種「無常」或「失常」的政風，而老莊批評這種政風時，矛頭都是直接指向最高統治者及其所宣揚的倫理道德。翻開《老子》和《莊子》，總有憤世嫉俗者的聲討，總像一個冷靜的手術師在無情地剜掉政治與社會中看似華美的毒瘤：

　　　民之饑，以其上食稅多，是以饑。民之難治，以其上之多有為，是以難治。民之輕死，以其上求生之厚，是以輕死。夫唯無以生為者，

27　《老子》八十章：「小國寡民」。姚鼐《老子章義》釋曰：「上古建國多而小，後世建國少而大，國大人眾，雖欲返上古之治而不可得。」童書業《先秦七子研究》中說得更明白：「這實際上是一種理想化的小農農村，保持著古代公社的形式。……自然，企圖實現一個鞏固而不會變化的小農經濟的社會，只是幻想，事實上絕對不可能有。」

28　《老子》五十八章。

29　《莊子・天地》。

30　《莊子・天地》。

是賢於貴生。（《老子》七十五章）

以智治國，國之賊；不以智治國，國之福。（《老子》六十五章）

夫妄意室中之藏，聖也；入先，勇也；出後，義也；知可否，知也；分均，仁也。五者不備而能成大盜者，天下未之有也。……彼竊鉤者誅，竊國者為諸侯，諸侯之門而仁義存焉，則是竊仁義聖智者邪？（〈胠篋〉）大亂之本，必生於堯舜之間。（〈庚桑楚〉）

在道家冷雋的目光下，維繫既定政治秩序的仁義道德成了社會禍亂的根源，成了令人無法忍受的虛偽和冷酷。在他們的意識中，被統治者視為不可動搖的神聖的仁義禮教也再具有絕對的權威，成了應該摒棄的東西。因為只有摒棄了這些致亂的東西，社會才能回到「抱樸」、「復樸」的自然狀態：

絕聖棄智，民利百倍；絕仁棄義，民復孝慈；絕巧棄利，盜賊無有。此三者以為文，不足，故令有所屬：見素抱樸，少私寡欲，絕學無憂。[31]

絕聖棄知，大盜乃止；擿玉毀珠，小盜不起；焚符破璽，而民樸鄙；掊斗折衡，而民不爭；殫殘天下之聖法，而民始可與論議。[32]

這種觀點，表現了道家對現實政治強烈的批判精神。然而，如果我們因此認為道家思想主張人人都成為與現實抗爭的鬥士，又違反了道家的政治道德。「反者道之動，弱者道之用」[33]的認知原則和處世之道，使得道家政治道德中的諫議意識特別注重「當下」關懷，並採取「就下」的方式應對世俗之醜惡。他們認為「道」是最崇高的，而「道」卻存在於「當下」的諸種生活中[34]，因此，老子說：「吾言甚易知，甚易行。天下莫能知，莫能行。」（《老子》七十章）知道行道的訣竅就是從細微的小事做起：「圖難於其易，為大於其細；天下難事，必作於易，天下大事，必作於細。是以聖人終不為大，故能成其大。」（《老子》

31　《老子》十九章。

32　《莊子‧胠篋》。

33　《老子》四十章。

34　《莊子‧知北遊》：「東郭子問於莊子曰：『所謂道，惡乎在？』莊子曰『無所不在。』東郭子曰：『期而後可。』莊子曰：『在螻蟻。』曰『何其下邪？』曰：『在稊稗。』曰『何其愈下邪？』曰：『在瓦甓。』曰：『何其愈甚邪？』曰：『在屎溺。』東郭子不應。」

六十三章）。

　　本此，道家不僅不要求人們以身殉道，反而要人們消除善惡觀，和光同塵，以養身為基點，用養身之術行「無為」之道。老子稱之為「被褐懷玉」：「知我者希，則我者貴。是以聖人被褐懷玉。」（《老子》七十章）莊子稱之為「乘物遊心」。陳瑛釋云：「莊子倫理思想中有一個尖銳的矛盾：一方面主張絕對自由，超脫一切；但是另一方面又意識到物體、形體和命運的必然性。這些嚴峻現實，無法回避。他企圖用調和的方式處理這個矛盾：在頭腦中、觀念上尋求高尚的超脫；在現實生活中又要適應現實，不惜與世浮沉，玩世不恭。兩個方面，同時並存，但又各管一個領域，互不干涉，用他的話來說就叫乘物以遊心，託不得已以養中，（〈人間世〉）。」、[35]「被褐懷玉」，則志向高遠而甘於寂寞；「乘物遊心」，則不遭是非而真心常存。因此，道家諫議意識便朝著兩個方向發展：其一，高士與謀士合一；其二，達士與悲士合一。前者使其可由隱者入而為帝師，建功立業；後者使其可以以達遣悲，超然通脫。而在實際生活中，這兩方面因適時與政治拉開了心理距離，減輕了對政治的依賴感，反對現實認識得更清，諫議力度更強，這正是老子「曲則全，枉則直」（《老子》二十二章）的辯證藝術在政治道德上的體現。

第二節　唐代道教的政治理性

　　道教在唐代堪稱國教，與唐朝政治有著密切的連繫。這種連繫既開創了道教繁盛的新局面，也豐富了唐代政治文化的宗教內涵。連結道教與政治的，是政權神化與神權政化的相互需要，為了滿足神化政權的需要，唐代統治者開展了一系列崇神活動；為了政化神權，道教也將其教義中的政治理性進一步強化。值得注意的是，完成這雙重任務的人物，也常常兼有宗教和政治雙重角色，他們或者是先儒而後道，或者先道而後儒；或者在官，或者在野。這是我們分析唐代道教的政治理性時首先應明確的一個歷史背景。

　　一

　　道教的政治理性源自於道家，經過黃老之學與漢代纖緯神學的融合，到西

35　陳瑛等，《中國倫理思想史》（貴陽：貴州人民出版社，1985），頁155。

漢末年原始道教興起時，就已經具備了理論雛形。道教的政治理性首先要解決的是道教的超越性問題。作為一種講求長生久視的宗教，道教利用老莊哲學中的玄妙之道及神仙理想，引導人們走向超越有限生命和世俗人生一路。然而，這個在中國本土產生的宗教，從一開始就陷入了超越與約束的矛盾之中。他們清楚地明白，要想做超人，首先必須做好俗人，用老莊的話來說，就是要做「善人」、「至孝」、「至忠」之人[36]，這種道德意識也深深地影響到了道教的政治理性。

漢末原始道教的經典《太平經》注重建立一種公平和偕的太平社會：「太者，大也，乃言其積大行如天，凡事大也，無復大於天者也。平者，乃言其治太平均，凡事悉理，無復奸私也；平者，比若地居下，主執平也。地之執平也，比若人種善得善，種惡得惡。人與之善，用力多，其物子好善；人與之鮮鮮，其物惡也。氣者，乃言天氣悅喜下生，地氣順喜上養。氣之法，行於天下地上，陰陽相得，交而為和，與中和氣三合，共養凡物，三氣相愛相通，無復有害者。太者，大也；平者，正也；氣者，主養以通和也，得此以治，太平而和，且大正也，故言太平氣至也。」[37]依《太平經》的解釋，這種太平世道的獲得是「陰」、「陽」、「中和氣」三氣相愛相通的結果，而三氣相愛相通，固然離不開宇宙之「元氣」，但更需要規範和協調社會之道德風氣：「男女相通，並力同心，共生子。三人相通，並力同心，共治一家。君臣民相通，並力同心，共成一國，此皆本之元氣自然、天地授命。凡事悉皆三相通，乃道可成也。」、「天氣悅下，地氣悅上，二氣相通，而為中和之氣，相受共養萬物，無復有害，故曰太平。天地中和同心，共生萬物。男女同心，而生子；父母三人同心，共成一家；君臣民三人，共成一國。」[38]《太平經》作為一種宗教教義，將民間之太平放在首位，他們用一種超人的普遍的絕對權力，闡釋人間道德秩序的合理性和重要性：「人者，天之子也，當象天為行。」[39]、「天生人凡有三等：第一天生，第二地生，

36　老子曰：「和大怨，必有餘怨；報怨以德，安可以為善。是以聖人執左契，而不責於人。有德司契，無德可徹。天道無親，常與善人。」（《老子》七十九章。）莊子曰：「天下有大戒二：其一命也，其一義也。子之愛親，命也，不可解於心；臣之事君，義也，無適而非君也，無所逃於天地之間。是之謂大戒。是以夫事其親者，不擇地而安之，孝之至也；夫事其君者，不擇事而安之，忠之盛也。」（《莊子·人間世》）

37　《太平經》，丙部之十四。

38　《太平經》，丙部之十四。

39　《太平經》，丙部之十五。

第三人種類。君者應天而行，臣者應地而行，順承其上；為民者屬臣，轉相事。凡是三氣共一治，然後能成功。故上之安者，其臣良也。臣職理者，其民順常。民臣俱善，其君明，其治長。太平者以道行，三氣悉善，合乎章也，懷道德不相傷也。」[40]《太平經》是借宗教的外衣，將人間的政治制度和倫理道德神化，明確明君、良臣、順民的天職與義務，促使他們「並力同心」，營建一個仁愛、公正、祥和的太平世界。

　　與《太平經》民間性的太平夢不同，道教的理論經典《抱朴子》更注重從思想觀念上明確「道」的與政治連繫以及修道者的道德倫理，使道教的政治理性上層化。葛洪將其《抱朴子》分為內、外兩篇，內篇明神仙之道，外篇則崇儒家之義，體現了他儒道並行、神俗雙修的宗教觀[41]。在這種宗教觀的作用下，葛洪十分強調俗間道教修行的道德規範，《抱朴子・對俗》篇云：「為道者以救人危使免禍，護人疾病令不枉死，為上功也。欲求仙者，要當以忠孝和順仁信

圖 38　葛洪移居圖

40　《太平經》，癸部不分卷。

41　葛洪《抱朴子・塞難》：「仲尼，儒者之聖也；老子，得道之聖也。儒教近而易見，故宗之者眾焉。道意遠而難識，故達之者寡焉。道者，萬殊之源也。儒者，大淳之流也。三皇以往，道治也。帝王以來，儒教也。談者咸知高世之敦樸，而薄季俗之澆散，何獨重仲尼而輕老氏乎？是玩華藻於木末，而不識所生之有本也。何異乎貴明珠而賤淵潭，愛和璧而惡荊山，不知淵潭者，明珠之所自出，荊山者，和璧之所由生也。且夫養性者，道之餘也；禮樂者，儒之末也。所以貴儒者，以其移風易俗，不唯揖讓與盤旋也。所以尊道者，以其不言而化行，匪獨養生之一事也。若儒道果有先後，則仲尼未可專信，而老氏未可孤用。」

為本。若德行不修，而但務求玄道，無益也。」他所提出的君道，基本沒有超出儒家的理論框架，但更強調了公正無私，有融儒道之傾向：

> 人君者，必修諸己，以先四海，去偏黨以平王道，遣私情以標至公。擬宇宙以籠萬殊。真偽既明於物外矣，而兼之以自見；聽受既聰於接來矣，而加之以自聞。儀決水以進善，鈞絕弦以黜惡。昭德塞違，庸親昵賢，使規盡其圓，矩竭其方，繩肆其直，斤效其斫。器無量表之任，才無失授之用。[42]

而對臣子的品德，他更強調有為與「無欲」的結合。他以為，君臣關係「雖有尊卑之殊邈，實若一體之相賴也。」因此，臣子不能「尸素」，但也不能有私心，而消除這些私心，則有賴於道家的無欲之道：

> 夫如影如響，俯伏唯命者，偷容之尸素也；違令犯顏，蹇蹇匪躬者，安上之民翰也；先意承指者，佞諂之徒也；匡過弼違者，社稷之骾也。必將伏斧鑕而正諫，據鼎鑊而盡言，忠而見疑，諍而不得者，待放可也，必死無補，將增主過者，去之可也。其動也，匪訓典弗據，其靜也，非憲章弗循焉。請托無所容，申繩不顧私。明刑而不濫乎所恨，審賞而不加乎附己。不專命以招權，不含洿而談潔。進思盡言以攻謬，退念推賢而不蔽。夙興夜寐，感庶事之不康也，儉躬約志，若策奔於薄冰也。納謀貢士，不宣之於口，非義不利，不棲之乎心。立朝則以砥矢為操，居己則以羔羊為節。[43]

透過他所闡明的「君道」和「臣節」可以看到，作為道教史上的關鍵人物，葛洪在道教上層化的過程中，很明確地給道教以政治定位，修道與修身、求道與求名、入俗與超俗，在個人的能力與人格培養上是不能絕然分開的。「道也者，所以陶冶百氏，範鑄二儀，胞胎萬類，醞醖彝倫者也。」[44] 人乃道之所生，既能合於天而得長生之道，又能合於地而成高尚之德。因此，葛洪雖然認為「道者，儒之本也；儒者，道之末也。」[45] 但卻無意將人引入玄虛之途，對魏晉時期

42　《抱朴子》，外篇，〈君道〉。
43　《抱朴子》，外篇，〈臣節〉。
44　《抱朴子》，內篇，〈明本〉。
45　《抱朴子》，內篇，〈明本〉。

流行的談玄放誕之風猶為不滿：「終日無及義之談，徹夜無箴規之益。誣引老莊，貴於率任。大行不顧細禮，至人不拘檢括，嘯傲縱逸，謂之體道。嗚呼惜乎，豈不哀哉。」[46]

概言之，唐代以前的道教政治理性，基本有兩個系列：其一，借超現實的絕對權威，從外部加給世俗社會一種絕對的威懾力量。其二，「崇道」與「貴儒」並存，從內部提升守道者的道德層次，從實處去落實修身與治國的宗教義理。

二

作為道教最興盛的歷史階段，唐代給道教的發展提供了十分適宜的社會土壤和政治環境，與此相對應，道教亦表現出了深刻的政治理性，從而在治國安邦的意義上實現了道教與政治的融合。

唐代道教的政治理性，首先表現為統治者對道教的政治化要求。其實唐代統治者崇道中的狂熱也包含有極強的政治意識，只是那種狂熱不是本篇所討論的範圍，因為我們所說的政治理性是明確的道德意識和治國思想，它不表現為狂熱，而是表現為冷靜，不表現為超世的神仙，而表現為現世的完人。唐太宗云：「神仙事本是虛妄，空有其名。秦始皇非分愛好，為方士所詐，乃遣童男童女數千人，隨其入海求神仙。方士避秦之苛虐，因留不歸。始皇猶海側踟躕以待之，還至沙丘而死。漢武帝為求神仙，乃將女嫁道術人，事既無驗，便行誅戮。據此二事，神仙不煩妄求也。」唐玄宗在道教的政治化方面著力猶深，他不僅親手導演了諸多尊崇老子的宗教活動，而且親著《道德真經疏》，令頒行天下。唐玄宗的這一系列活動當然不排除宗教的狂熱，但其中的政治理性也是非常明顯的。如其〈為玄元皇帝設像詔〉曰：「道德者，百家之首，清淨者，萬化之源。務本者，立極之要，無為者，太和之門。恭承垂裕之業，敢忘燕翼之訓。故詳延博達，講諷精微。求所以理國理身，思至乎上行下效。」[47]又其〈道德真經疏釋題詞〉云：「其要在乎理國理身。理國則絕矜尚華薄，以無為不言為教。故曰道常無為而無不為。……理身則少私寡欲，以虛心實腹為務，故曰常無欲以觀其妙。」[48]

46　《抱朴子》，外篇，〈疾謬〉。

47　《全唐文》，卷31。

48　《全唐文》，卷41。

　　唐太宗和唐玄宗的崇道中包見含著極強宗教政治化因素，這裡的宗教政治化，不同於人們常說的政教一體或政教合一。因為在他們的意識中，道教的最高實體——神仙與修煉成仙的過程是不同的，神仙在天上，是虛的，修煉過程在人間，是實的。神仙觀念與他們的政治活動沒有直接的連繫，他們都特別注重修煉過程與政治活動的關係，並在這一活動中加入明確的道德倫理因素，從而使崇道活動成為政治的一部分（而不是政治的全部）。唐玄宗〈令寫玄元皇帝真容分送諸道並推恩詔〉便清楚地表達了其崇道化俗的政治目的：

> 朕情為敦本，義在勸農，欲使野絕遊人，國無曠土，安可得也？自今已後，且三五年間未須定戶。其中或有家資破散，檢覆非虛，不可循舊差科，須量事與降。今者真容應見，古所未聞。福雖始於邦家，慶宜均於士庶。……伊爾公卿，逮乎黎獻，宜勉崇玄化，共復惇源。[49]

　　從這段詔令中，《太平經》所描述的社會理想依稀可見。《太平經》云：「君導天氣而下通，臣導地氣而上通，民導中氣而上通。真人傳書，付有德之君，審而聆吾文言。立平立樂，災異除，不失銖分也。」[50]唐玄宗夢老君之真容，這是得天之氣，將其分與諸州，是導天之氣於下。而諸州官員與百姓得真容，感戴皇恩，即導地氣與中氣。三氣相通，便可君臣相得，民風惇厚，百姓樂業，天下太平。唐玄宗發布這道詔令的動機，是宗教的，又是超宗教的，他企圖借助人們對宗教的虔誠，達到治國平天下的政治目的。所以，在唐代道教史上，我們雖然不難發現有許多死於服藥的狂熱君主，但在政治實踐中，他們的崇道行為還是有著十分明顯的政治理性的。至於他們徵召隱士，嘉獎道士，目的之明確早為人們所知，這裡便不贅言了。

三

　　為了適應道教政治化的需要，唐代的道教理論家繼承和發揚了葛洪崇道貴儒的宗教精神，從理論上明確道教的政治參與性，把治國之術與修道之義結合起來，讓道教擔當起了道德勸導的角色。

　　由於特殊的原因，唐代道教格外推崇老子，其《道德經》更是唐代道教理

49　《全唐文》，卷31。

50　《太平經》，丙部之十四。

論建設的基礎。除唐玄宗之外，唐代注疏《道德經》者還有很多，其中影響較大的有成玄英的《老子疏》、李榮的《老子注》、李約的《道德真經新注》、陸希聲的《道德真經傳》、杜光庭的《道德真經廣聖義》。這些注疏各有側重，正如杜光庭所云：「所釋之理，諸家不同。或深了重玄，不滯空有；或溺推因果，偏執三生；或引合儒宗；或趣歸空寂。」[51] 但都不否認《道德經》的道德功利，並通過自己的解釋，使這種道德功利更加具有宗教的神秘性和世俗的廣泛性。宗教的神秘性體現為「靜心歸真」的修身之道，世俗的廣泛性表現為「秉德化俗」的治國之道。在他們的理論中，由於身與國是相同的，因此「靜心歸真」與「秉德化俗」兩個方面並非絕然分開。陸希聲論曰：

> 老氏本原天地之始，歷陳古今之變，先明道德，次說仁義，下陳禮樂之失，刑政之煩，語其訓致而然耳。其秉要執本，在乎情性之極，故其道始於身心，形於家國，以施於天下，如此其備也。[52]

將秉要執本之術施之於政治，對君王而言就是一個如何從自我之「無為」演化為為政之「無為」的推展過程，而即使這個過程，也應處於「無為」的狀態。那麼如何才能上升到這種認識，並完成這種演化過程呢？方法很簡單，杜光庭云：

> 夫一人之身，一國之象也。胃腹之位猶宮室也，四肢之別猶郊境也。骨節之分猶百官也。神猶君也，血猶臣也，氣猶民也。知理身則知理國矣。愛其民所以安國也，郤其氣所以全身也。民散則國亡，氣竭則身死，亡者不可存，死者不可生，所以至人銷未起之患，理未病之疾，氣難養而易濁，民難聚而易散，理之於無事之前，勿追之於既逝之後。[53]

在修身如同治國的理論框架內，自我、家國、天下都獲得了合理的秩序。

51　杜光庭，《道德真經廣聖義》，見《道藏》，第14冊（天津：天津古籍出版社，1996），頁130。

52　陸希聲，〈道德真經傳·序〉，見《正統道藏》，第20冊（臺北：臺灣藝文印書館印行），頁15815。

53　杜光庭，《道德真經廣聖義》，見《道藏》，第14冊（天津：天津古籍出版社，1996），頁352。

道教的生命邏輯，解釋了現實政治中的君、臣、民三者間的密切關係，為修心、愛民、治國等基本的為政之道提供了理論基石。

　　唐代道教理念以修身養氣之道講解愛民治國之要，二者是互相融通，兼而為一的。陸希聲在釋《老子》〈載營魄抱一〉章時說：「夫魄者生之始；一者道之子。營其始，抱其子，則神與形不相離矣。專其沖和之用，致其柔靜之志，則性與炁如嬰兒矣。洗心遺照，何思何慮，則道與德無疵病矣。愛民如赤子，治國如小鮮。人各自正，則可以無為矣。順天應變，一闔一闢，物當自化，則可守雌道矣。道不昏不昧，德乃旁行，百姓注其耳目，聖人皆孩之，則可以無知矣。上三者可以修身，下三者可以治國。所謂修之身，其德乃真；修之天下，其德乃溥。夫如此乎，乃可以生成萬物，蓄養百姓矣。」[54] 受老莊自然無為思想的影響，他們在講修身養氣之術時，亦特別注重「崇本」、「復性」。他們認為空寂是天地之本，亦是人之初始，修養之手段與目的便是「抑末而崇本，反澆以還樸」。[55] 由還樸歸本，人便會息貪競之心，達到「即心無心」[56] 的自化之境。杜光庭云：「夫罪之與禍，皆起於身。身之生惡，由於心想。故身、心、口為三業焉。三業之中，共生十惡。十惡之內，貪罪愈深，故生死忿爭，皆因貪致。貪者，心業之一也。」[57]

　　由修心開始，推演至治國，是道教理論由自利上升為他利的主要手段，也是道教在唐代作為國教的政治需要。因此，道教理論家們不僅注重修心修身這種自利境界，而且特別強調由這種境界所產生的他利效用。如唐玄宗召見吳筠，「帝問以道法，對曰：『道法之精，無如五千言，其諸枝詞蔓說，徒費紙箚耳。』又問神仙修煉之事，對曰：『此野人之事，當以歲月功行求之，非人主之所宜適意。』每與緇黃列坐，朝臣啟奏，筠之所陳，但名教世務而已，間之以諷詠。」[58] 而他們在注《老子》時，亦特別將無為之術由自利轉向他利，突出崇本的政治

54　陸希聲，〈道德真經傳·序〉，《正統道藏》，第 20 冊（臺北：臺灣藝文印書館印行），頁 15820。

55　陸希聲，〈道德真經傳·序〉，《正統道藏》，第 20 冊（臺北：臺灣藝文印書館印行），頁 15820。

56　成玄英，《老子疏》（第三章）。

57　杜光庭，《道德真經廣聖義》，見《道藏》，第 14 冊（天津：天津古籍出版社，1996），頁 490。

58　權德輿，〈吳尊師傳〉，《全唐文》，卷 508。《舊唐書·隱逸傳》全引此文。

效用。只是在理論闡述中，他們用無為他利之道糾正有為政治的諸多弊端。李
榮云：

> 大聖老君，痛時命之大謬，潛至道之崩淪，欲抑本而崇本，息澆以
> 歸淳，故舉大丈夫經國理家，修身立行，必須取此道德之厚實，去
> 彼仁義之華薄，而損俗歸真道。[59]

雖然說「清心養氣，安家保國之術也」，[60]但這種「術」卻不是繁縟的禮
義條令，而是崇本復性的自然無為，理想的治國之術，是「處無為之事，行不
言之教」，[61]這樣才能使百姓「順自然之本性，輔萬物以保真，不敢行於有為，
導之以歸虛靜。」[62]唐代道士與君王的交往中，亦常將這種無為之術作為基本的
治國方略獻給皇帝。《舊唐書‧隱逸傳》載，睿宗徵召司馬承禎，「帝曰：『理
身無為，則清高矣。理國無為，如何？』對曰：『國猶身也。』《老子》曰：『遊
心於淡，合氣於漠，順物自然而無私焉，而天下理。』《易》曰：『聖人者，
與天地合其德。』是知天不言而信，不為而成。無為之旨，理國之道也。」

唐代道教理論家們通過講釋《老子》，使道教的國教特色更加明顯。把「無
為之政」作為一種宗教信念，這不是作為政治思想家的老子的初衷，但是將「無
為」作為一種治國信條，這卻實實在在是老子所期待的。唐代的道教理論以釋
《老子》為契機，豐富了老子「無為之政」的理論內涵，明確了道教的政治理性，
實現了老子的政治願望。

四

如前所述，道家和道教在對待俗世方面有一個共同的傾向：理論上界限截
然，實際上和光同塵；理想中的超人，生活中的俗人。受這種認識傾向的影響，
唐代道教在對待實際人生方面的政治理性也明顯地表現出兩極：其一，因不滿
世俗而以救俗為目的，如李約曰：「自然之道靜，故天地萬物生於其中，人為

59　《道德真經注》（第三十八章）。
60　陸希聲，〈道德真經新注‧序〉，《正統道藏》，第 20 冊（臺北：臺灣藝文印書館印行），頁 16126。
61　〈道德真經注‧序〉。
62　《道德真經注》（第六十四章）。

萬物之主，故與天地為三才。老君在西周之日，故秉道德以救時俗。」[63] 其二，因無法超脫而以和俗為原則，如杜光庭曰：「修身理國，先己後人，故近修諸身，遠形於物，立根固本，不傾不危，身德真純，物感自化矣。（略）身既有道，家必雍和，所謂父愛、母慈、子孝、兄友、弟恭、夫信、婦貞，上下和睦。如此則子孫流福，善及後昆矣。」[64] 因此，唐代道教對儒家的仁義禮智所持的基本態度是：超越中的認同，否定中的肯定。

著名道士吳筠在〈神仙可學論〉中，提出了七種「近於仙道」的修學方法，其中有兩種與世俗的道德相關：

> 身居祿位之場，心遊道德之府。以忠貞而奉上，以仁義而臨下。宏施博愛，內瑩清澈，外混囂塵，惡殺好生。近於仙道者三也。……至孝至貞至義至廉，按真誥之言，不待學修而自得。比干剖心而不死，惠風溺水以復生，伯夷叔齊曾參孝已，人見其沒，道使其存。如此之流，咸入仙格。謂之隱景潛化，死而不亡。此例自然近於仙道者七也。[65]

如果連繫道教史，我們不難發現，吳筠的「神仙可學論」較葛洪有較大的不同。嵇康在〈養生論〉認為，仙人「特受異氣，稟之自然，非積學所能致也。」[66] 葛洪堅決反對這種觀點，他不僅駁斥「仙人無驗」說，而且還明確提出了「神仙無種」，「神仙可學」[67] 的宗教思想。不過在如何學仙的問題上，他強調「道」、「俗」的對立[68]，常人學仙難成的主要原因是「或始勤而卒怠，或不遭乎明師」[69]，而得仙者「皆其受命而偶值神仙之氣，自然所稟。故胎胞之中，已含信道之性，及其有識，則心好其事，必遭明師而得其法。」[70] 葛洪的「神仙

63　陸希聲，〈道德真經新注・序〉，《正統道藏》，第 20 冊（臺北：臺灣藝文印書館印行），頁 16126。

64　杜光庭，《道德真經廣聖義》，見《道藏》，第 14 冊（天津：天津古籍出版社，1996），頁 509。

65　《全唐文》，卷 926。

66　《文選》，卷 53。

67　《抱朴子・至理》：「知長生之可得，仙人之無種耳。」

68　《抱朴子・論仙》云：「常人之所愛，乃上士之所憎；庸俗之所貴，乃至人之所賤。」

69　《抱朴子・論仙》。

70　《抱朴子・辯問》。

可學論」儘管消除了仙與俗之間的絕對區別，但還是強調仙與俗的相對區別：
一，神仙非人人所能學成，故亦非人人所能見到；[71]二，神仙必在修心煉形中實
現。[72]於是乎，他雖然不回避談儒家之仁德，但「道本儒末」的觀念使得他未能
消除「儒」與「仙」區別，因而無法解決得仁與成仙的矛盾。

　　吳筠的「神仙可學論」則從理論上消除了仙與俗的相對區別，從宗教觀念
上解決了得仁與成仙的矛盾，將儒家的倫理道德和聖人標準納入到學道成仙的
修煉內容中，突出了道教的道德意識，極大地增加了道教的政治參與性。吳筠
吸收了原始道教中「善自命長，惡自命短」[73]的善惡觀念，用唐代道教流行的「重
玄」理論來解釋學儒與學道、得仁與成仙的關係，較圓滿地解決了葛洪留下的
問題。所謂「重玄」是隨唐代道教學者對老子「玄之又玄」[74]的哲學感悟，成玄
英釋曰：「有欲之人唯滯於無，無欲之人又滯於無，故說一玄，以遣雙執。又
恐行者滯於此玄，今說又玄，更袪後病。既而非但不滯於滯，亦乃不滯於不滯，
此則遣之又遣，故曰玄之又玄。」[75]相較而言，葛洪的「神仙可學論」尚處於「一
玄」的認識境界上，強調以「無」去「有」，肯定「無」而否定「有」，故肯
定神仙的超俗性，否定俗世的超脫性。吳筠的「神仙可學論」則是「重玄」的
認識境界，他既不滯於神仙在天，亦不滯於神仙在俗，「道」、「俗」兩界並
無差異，學道成仙之路既可以是「性躭玄虛」的超然，又可以是「身居祿位之場」
的入俗；既可是「懷秀拔之節，奮忘機之旅」的隱逸之徒，也可是「至孝至貞
至義至廉」的道德之士。認識論上的突破，促進了宗教與政治的結合，加快了
宗教世俗化和政治化的步伐。

　　在吳筠的「神仙可學論」中，儒家的道德倫理成了學道修仙的途徑之一，
俗世的道德之士亦是「自然」的得道之人。道教神仙不再是玄而又玄的存在，

71　《抱朴子‧論仙》：「若謂人稟正性，不同凡物，皇天賦命，無有彼此，則牛哀成虎，
　　楚嫗為黿，枝離為柳，秦女為石。死而更生，男女易形。老彭之壽，殤子之夭。其何
　　故哉？苟有不同，則其異何限乎？若乎仙人，以藥物養身，以術數延命。使內疾不生，
　　外患不入。久視不死，而舊身不改。苟其有道，無以為難也。」

72　《抱朴子‧論仙》：「學仙之法，欲得恬愉淡泊，滌除嗜欲，內視反聽，尸居無心。」

73　《太平經》庚部之八：「失善從惡，令命不全。……故聖人知陰陽之會，賢人理其曲直，
　　解其未知，使各自知分晝不相怨。善自命長，惡自命短。」

74　《老子》第一章云：「故常無，欲以觀其妙，常有，欲以觀其徼。此兩者同出而異名，
　　同謂之玄。玄之又玄，眾妙之門。」

75　成玄英，《道德經義疏》。

它就在人們實實在在的生活中。如果追溯哲學源頭的話，吳筠在凡俗之中修學仙道的主張，正是莊子「道在屎溺」意識的宗教化；從宗教哲學上來說，又是融合了禪宗「常行直心」以習佛的教義。《壇經》云：「若欲修行，在家亦得，不由在寺。在寺不修，如西方心惡之人；在家若修行，如東方人修善，但願自家修清靜，即是西方。」作為唐代盛行的兩種宗教，道教與禪宗似乎都關注了到世俗人生，把超越的崇高性賦予了世俗人生，也將道德的自律更深刻地契入了世俗人生。因此，吳筠雖然強調入俗，但對俗世中亂性傷身之物還是堅決反對的，如其〈首反於俗章〉云：「福與壽，人之所好，禍與妖（夭），人之所惡。不知至愛者，招禍至妖（夭），無欲者，介福永壽。而過求自害，何速之甚乎？且燕趙豔色，性之冤也；鄭衛淫聲，神之喧也；珍饌旨酒，心之昏也，縉紳絨冕，體之煩也。此四者舍之則淨，取之則擾，忘之則壽，躭之則夭，故為道家之至忌也。」很清楚，在凡俗生活中的修學仙道，是依照儒家的倫理道德規範嚴格約束自己言行，做一個符合儒家道德標準的人。至此，儒家的得仁、道教的修仙、佛教的習佛，已殊途同歸，共同擔負起了感化民風、淨化人生的道德使命，唐代社會的三教並重所產生的三教合一的宗教─政治效果在這裡得到了充分的體現。

第三節　唐代的道隱與諫官

　　「道隱」指求道與隱逸所產生的一種社會角色，包括道士和隱士，也可指一種行為風尚。在唐代以前，道教作為本土宗教一直都比較興盛，不過，在古代政治觀念中，標志著最高權威的「天」或「神」與作為宗教載體的「仙」或「神」是有一定區別的。前者是政治權力的象徵，它以超乎一切的力量，威懾著人間的一切，統治者要以祭祀的形式與其感通，以獲得其庇護，並求得統治的合法性[76]，而普通百姓一樣也要用祭祀的形式，求得諸神的保護。後者是最完美的生命形式的象徵，它以不死的信念和絕對的自由提供了一種超現實的生命境界。為達到這種境界，它要求信奉者通過修煉和服藥，獲得一種超現實超自

76　《春秋繁露》，卷 15，〈郊祀〉：「皇皇上天，照臨下土。集地之靈，降甘風雨。庶物群生，各得其所。靡今靡古，維予一人某敬拜皇天之祜。」

然的神性，擺脫現世諸因素的束縛，求得永恆的生命[77]。在道教興起和傳播的歷程中，神仙信仰逐漸由一種單純的宗教演化為與政治密切連繫的宗教，特別到唐代，它成了李唐王朝神化王室、提升血統的工具，因此，道教不僅在唐代得到了迅猛的發展，而且道教與政治的關係也更加緊密。

一

由於唐高祖李淵起兵反隋、秦王李世民發動玄武門兵變都有道士的參與，所以，李淵和李世民都對道教表現出格外的崇敬。李淵即位後，發布了〈先老後釋詔〉：

老教孔教，此土先宗。釋教後興，宜從客禮。令老先次孔末後釋。[78]

唐太宗即位後，亦發布〈令道士在僧前詔〉：

老君垂範，義在清虛。……大道之興，啟於邃古，源出無名之始，事高有形之外，邁兩儀而運行，包萬物而亭育。故能經邦致治，一反樸還淳。……朕之本系，出於柱史。今鼎祚克昌，既憑上德之慶；天下大定，亦賴無為之功。亦有改張，闡茲元化。自今以後，齋供行立，至於稱謂，其道士女冠，可在僧尼之前。[79]

在崇奉道教方面做花費功夫最多的也許要數唐玄宗。他亦發布詔令，追封老子及其父母[80]，大造玄元廟，大搞瑞應，把崇道氣氛搞得異常火熱。而唐玄宗在崇道上做得最有文化品味的是親注《道德經》，令學者習之；制令家藏《老子》一本，每個復舉人量減《尚書》、《論語》兩條，加《老子》策。詔號莊子為南華真人、文子為通玄真人、列子為沖虛真人、庚桑子為洞虛真人，其四子所著書改為《真經》，令舉子習《老子》、《莊子》、《文子》、《列子》、《庚桑子》：

77　南北朝時寇謙之曰：「長生之道，仙聖相傳，口訣授要，不載於文籍，自非齋功念定通神，何能招致乘風駕龍，仙官臨顧，接而升騰？……不降仙人，何能登太清之階乎？而案藥服之，正可得除病壽終，攘卻毒氣，瘟疫所不能中傷，畢一世之年。可兼穀養性，建功齋請，解過除罪。」（氏著《老君音誦誡經》，載《正統道藏》，「力」字號）

78　《唐文拾遺》，卷1。

79　《全唐文》，卷6。

80　《全唐文》，卷24，〈追尊玄元皇帝父母並加諡遠祖制〉。

> 朕聽政之暇，常讀《道德經》、《文》、《列》、《莊》等書，文約而義精，詞高而旨遠，可以理國，可以保身。朕敦崇其教以左右人也。子大夫能從事於此，甚用嘉之。[81]

此後又專設道舉，使其與進士，明經試一樣，常規化，制度化：

> 開元二十九年正月十五日，於玄元皇帝廟置崇玄學，令習《道德經》、《莊子》、《文子》、《列子》，待習成後，每年隨舉人例送名至省。准明經考試，通者及第處分。其博士置一員。[82]

統治者的政治導向使得唐朝社會形成了二種與道教有關社會風尚，其一是隱逸，其二是交道友。由於朝廷屢下詔徵求巖穴之士，又開道舉納習道經之才，因此，無論是隱逸和交友，有時已經不再是一種純宗教的行為。如道士王希夷隱於兗州徂來山中，好《易》及《老子》，得閉氣導養之術：

> 景龍中，年七十餘，氣力益壯。刺史盧齊卿就謁致禮，因訪以字人之術。希夷曰：「孔子稱『己所不欲，勿施於人』，可以終身行之矣。」及玄宗東巡，勅州縣以禮徵。召至駕前，年已九十六。上令中書令張說訪以道義，宦官扶入宮中，與語甚悅。開元十四年，下制曰：「徐州處士王希夷，絕學棄智，抱一守貞，久謝囂塵，獨往林壑。朕為封巒展禮，側席旌賢，賁然來思，克應嘉召。雖紆綺季之跡，已過伏生之年，宜命秩以尊儒，俾全高於尚齒。可朝散大夫，守國子博士，聽致仕還山。州縣春秋致束帛酒肉，仍賜衣一副、絹一百匹。」[83]

這便是唐代道教與政治關係真實寫照。道士習道深山固然沒有什麼政治企圖，然而皇帝為了「重貞退之節，息貪競之風」，卻免不了要有「賁丘園，招隱逸」的政治活動[84]，自古以來這是統治階級慣用的政治手段。在唐代，由於政治與道教關係的特殊性，隱士或道士作為被徵召的頻率更高。

81　《唐大詔令集》，卷106，「親試四子舉人勅」。

82　《唐會要》，卷77，「崇玄生」條。

83　《舊唐書》，卷192，〈隱逸傳〉。

84　《舊唐書》，卷192，〈隱逸傳・序〉。

二

　　在《舊唐書》之〈隱逸傳〉共錄二十人，除王守慎出家為僧之外，其餘十九人均為道士或學道者。既然將他們列入隱逸傳中，我們當然不以考察他們仕宦履歷為主，我們只是通過他們被徵召及入仕的情形，從中看出唐代道隱與政治的微妙關係。

　　〈隱逸傳〉十九人中，史德義、王希夷、李元愷、白履忠等人皆授朝散大夫。朝散大夫為從五品下之文散官，《舊唐書・職官志》云：「舊例，開府及特進，雖不職事，皆給俸祿，預朝會，行立在於本品之次。光祿大夫已下，朝散大夫已上，衣服皆依本品，無祿俸，不預朝會。」[85]以朝散大夫授予這些樂隱山林者，完全體現了統治者招隱逸以示政治清明的意願。武則天徵史德義的詔書寫得十分清楚：

> 蘇州隱士史德義，志尚虛玄，業履貞確，謙沖彰於里驄，孝友表於閨庭。固辭徵辟，長往嚴陵之瀨，多謝簪裾，高蹈愚公之谷。博聞強識，說禮敦詩，繕性丘園，甘心畎畝。朕承天革命，建極開階，寢寐星雲，物色林壑。順禎期而捐薜帶，應休運而解荷裳，粵自海隅，來求魏闕，行藏之理斯得，去就之節無違。風操可嘉，啟沃攸佇，特宜優獎，委以諫曹。可朝散大夫。[86]

　　從職能上來說，朝散大夫不是在編的諫官，但是作為一種榮譽，皇帝通常給這些散官以議政的權力和義務，這樣，在獎勵隱者的同時，又賦予其政治使命，使政治與隱逸結合起來，從而達成了一種政治默契。作為隱士的朝散大夫，不可能在意這樣的散職，而作為統治者，也決不會將諫政的任務真正落實到這些山林之士上，然而他們彼此都需要這樣一種「封」與「辭」的遊戲。唐代統治者多愛用這種方法去籠絡道隱之士，唐玄宗與白履忠的關係也正好印證了這一點：

> 白履忠，陳留浚儀人也。博涉文史。嘗隱居於古大梁城，時人號為梁丘子。景雲中，徵拜校書郎。尋棄官而歸。開元十年，刑部尚書

85　《舊唐書》，卷 42。
86　《舊唐書》，卷 192，〈隱逸傳〉。

王志愔表薦履忠隱居讀書，貞苦守操，有古人之風，堪代褚無量、馬懷素入閣侍讀。十七年，國子祭酒楊瑒又表薦履忠堪為學官，乃徵赴京師。及至，履忠辭以老病，不任職事。詔曰：「處士前秘書省校書郎白履忠，學優緗簡，道貴丘園，探賾以見其微，隱居能達其志。故以汲引洙泗，物色夷門，素風自高，玄冕非貴。几杖云暮，章秩宜加，俾承禮命之優，式副寵賢之美。可朝散大夫。」履忠尋表請還鄉，手詔曰：「孝悌立身，靜退放俗，年過從耄，不雜風塵。盛德予聞，通班是錫，豈惟旌貴山藪，實欲獎勸人倫。且遊上京，徐還故里。」乃停數月而歸。履忠鄉人左庶子吳兢謂履忠曰：「吾子家室屢空，竟不沾斗米匹帛，雖得五品，何益於實也？」履忠欣然曰：「往歲契丹入寇，家家盡著括排門夫，履忠特以少讀書籍，縣司放免，至今惶愧。今雖不得，且是吾家終身高臥，免徭役，豈易得也。」[87]

一方面是為體現自己的「寵賢之美」，另一方面為得到「免徭役」的特權，五品的「朝散大夫」將朝廷與山林連結在一起，達到了隱逸與入仕的和諧。

朝散大夫的授受達成了統治者與隱士的互不干預的政治默契，「委以諫曹」只是虛受其名，它體現一種較寬鬆的道隱與政治的關係，那麼授與道隱之士以諫官，則體現了一種較緊密的道隱與政治的連繫。〈隱逸傳〉有六位授諫官，〈方伎傳〉中的學道者亦有二個授諫官。這八位學道的諫官中，授拾遺的有徐仁紀、孫處玄，授諫議大夫的有盧鴻一、孔述睿、陽城、孫思邈、明崇儼，授起居郎有的崔覲。這八位被授諫職的道隱之士，在政治上的表現不盡相同。盧鴻一和孫思邈未在朝中任官，依然還山，與授散職沒有兩樣，在此我們不必詳談。其他幾位道隱者一旦接受徵召，擔任諫官之後，大都能較快地轉換角色。

在角色轉換方面最為突出的要數陽城。陽城自幼苦讀，後隱於中條山。唐德宗召為諫議大夫：

時德宗在位，多不假宰相權，而左右得以因緣用事。於是裴延齡、李齊運、韋渠牟等以奸佞相次進用，誣譖時宰，毀詆大臣，陸贄等咸遭枉黜，無敢救者。城乃伏閣上疏，與拾遺王仲舒共論延齡奸佞，

贊等無罪。德宗大怒，召宰相入議，將加城罪。時順宗在東宮，為城獨開解之，城賴之獲免。於是金吾將軍張萬福聞諫官伏閣諫，趨往，至延英門，大言賀曰：「朝廷有直臣，天下必太平矣。」乃造城及王仲舒等曰：「諸諫議能如此言事，天下安得不太平？」已而連呼「太平，太平」。萬福武人，年八十餘，自此名重天下。時朝夕欲相延齡，城曰：「脫以延齡為相，城當取白麻壞之。」竟坐延齡事改國子司業。[88]

敢於與奸佞鬥爭，成就了陽城剛直的諫官品格，也使得成為唐代歷史上著名的諫臣之一。不過，他到底是一個學道者，道隱風範在他的政治生活中依然時有體現，他剛進京時的表現就極富有戲劇性：「初至京，人皆想望風彩，曰：『陽城山人能自刻苦，不樂名利，今為諫官，必能以死奉職。』人咸畏憚之。及至，諸諫官紛紜言事，細碎無不聞達，天子益厭苦之。而城方與二弟及客日夜痛飲，人莫能窺其際，皆以虛名譏之。」這種做法還導致了韓愈的不滿，撰〈爭臣論〉以譏之。陽城的才能的膽識只有在國事最危急的時候才表現出，這正是學道者大智若愚的政治藝術的體現。

也許正是受道隱思想的影響，道隱之士不樂名利，因而在去就取捨方面具有相當的靈活性，徐仁紀和孫處玄就是如此：

> 徐仁紀者，聖曆中徵拜左拾遺。三上書論得失，不納。謂人曰：「三諫不聽，可去矣。」遂移病歸鄉里。神龍初，宣慰使舉徐仁紀之行可以激俗，又徵拜左補闕。三上書，又不省，乃詣執政求出。俄授靈昌令。妻子不之官，廨舍唯衣履及書疏而已，餘無所蓄。

> 孫處玄，長安中徵為左拾遺。頗善屬文，嘗恨天下無書以廣新文。神龍初，功臣桓彥範等用事，處玄遺彥範書，論時事得失，彥範竟不用其言，乃去官還鄉里。

他們的「去官」，不同於那些授朝散大夫者的「固辭」，也不同於盧鴻一和孫思邈的「不受」，他們踏入政治的那一天起就已將自己的角色由隱者轉為諫官，勉勵自己要不惜生死以盡諫職。在這種精神的激勵下，他們的參政意識極為強烈，諫議態度也十分積極，這是任何一個士大夫都可能有的政治意識和

社會責任感。然而道教（家）的淡泊意識和自由精神，又使得他們在失意之時，自然形成了一種退避心理，並毫不猶豫地付諸實踐。像他們堅決地進諫一樣，他們也堅決地退出了不適自己的環境。

綜上所述，唐代道隱與政治的關係可分為三個層面。其一是全鬆散式的。這種關係主要體現司馬承禎類的完全不受朝廷官爵和俸祿者；其二是半緊密式的。這種以以朝散大夫的授受為代表，朝廷以朝散大夫為「諫曹」，表達了希望其參政的意願，但又由於朝散大夫為散職，不預朝會，對那些「五品」官員沒有太多的感召力。其三是緊密式的。他們不僅授予了諫官之職，而且還認真履行了諫官之責，成為了名副其實的諫官。這三層關係表明，像歷代統治者一樣，唐代統治者亦十分注意處理好道隱與政治的關係，這三層關係基本滿足了道隱者養身與濟世相結合的政治需求，也實現了朝廷勸俗與任賢相結合的治國需要，使宗教與政治調理到最為合理的狀態。

第四節　唐代文學家諫官與道隱特徵

唐代文學家大都與道教有關係，特別是那些任過諫職的文學家在思想修養和政治行為方面，都深深地打下了道教的烙印。唐代與道教有關的選官制度有二種，其一是徵辟，其二是道舉。據我們所掌據的資料，唐代文學家諫官中沒有以應道舉入仕者。他們入仕的路子是徵辟與應進士或明經。受徵辟時他們多以隱者或「山人」的身分入朝，而應舉時卻沒有與道教有關的身分特點，是地地道道的文士。

一

徵辟入仕的文學家諫官有盧藏用、盧鴻一、孔巢父、李渤。盧藏用是陳子昂的好友。他工篆隸，好琴棋，工詩善文，「當時稱為多能之士。」、「初舉進士，不調。乃著〈芳草賦〉以見意。尋隱終南山，學辟穀、練氣之術。」[89] 對自己的這段經歷，盧藏用後來回憶道：

　　坐憶平生遊，十載懷嵩丘。題書滿古壁，

89　《舊唐書》，卷94，〈盧藏用傳〉。

采藥遍巖幽。子微化金鼎，仙笙不可求。[90]

不過，盧藏用隱居求道的目的很明確，《舊唐書》本傳云：「初隱居之時，有貞儉之操，往來於少室、終南二山，時人稱為『隨駕隱士』。」唐人劉肅《大唐新語》中亦云：「盧藏用始隱於終南山中，中宗朝累居要職。有道士司馬承禎者，睿宗迎至京，將還，藏用指終南山謂之曰：『此中大有佳處，何必在遠！』承禎徐答曰：『以僕所觀，乃仕宦之捷徑耳。』藏用有慚色。」[91]盧藏用於武則天長安（702–704）被徵拜為左拾遺。任職期間，數次切諫。累官至尚書右丞等職。

盧鴻一是個多才多藝的隱士，善籀篆楷隸，工畫山水樹石[92]。隱於嵩山，結草堂以自適，著〈嵩山志十首〉，[93]描述嵩山之草堂、倒景臺、樾館、枕煙庭、云錦淙、期仙磴、滌煩磯、幕翠庭、洞元室、金碧潭十仙之風光，明期淡泊之志、求仙之意。如〈草堂篇〉：

山為宅兮草為堂，芝蘭兮入藥房。羅薜蘿兮拍薜荔，荃壁兮蘭砌。薜蘿薜荔兮成草堂，陰陰邃兮馥馥香。中有人兮信宜常，讀金書兮飲玉漿，童顏幽操兮不易長。

開元初唐玄宗備禮，二次徵召不至。開元五年，玄宗再度下詔，始赴京闕。「至東京，謁見不拜。宰相遣通事舍人問其故。奏曰：『臣聞老君言，禮者忠信之所薄，不足可依。山臣鴻一敢以忠信奉見。』上別召升內殿，賜之酒食。詔曰：『盧鴻一應辟而至，訪之至道，有會淳風，爰舉逸人，用勸天下。特宜授諫議大夫。』」盧鴻一始辭，後「以諫議大夫放還山」[94]。

孔巢父「早勤文史，少時與韓准、裴政、李白、張叔明、陶沔隱於徂徠山，時號『竹溪六逸』。永王璘起兵江淮，聞其賢，以從事辟之。巢父知其必敗，

90　盧藏用，〈宋主簿鳴皋夢趙六予未及報而陳子雲亡今追為此詩答宋兼貽平昔遊舊〉，《全唐詩》，卷93。

91　劉肅，〈隱逸〉，《大唐新語》（北京：中華書局，1984），卷10，頁157–158。

92　見《舊唐書》，卷192，〈隱逸傳〉及張彥遠《歷代名畫記》，卷9。

93　《全唐詩》，卷123。

94　參見《舊唐書》，卷192，〈隱逸傳〉。

側身潛遁，由是知名。」[95]《全唐詩》和《全唐文》中均無收其詩文。其文才不得而知。唐肅宗時孔巢父才應辟為左衛兵曹參軍，唐德宗時累官至汾州刺史，「入為諫議大夫」，「遷給事中」。李懷光叛亂，孔巢父以宣慰使前往傳詔，遇害。[96]

李渤是中唐時期著名的諫官。「父均，殿中侍御史，以母喪不時舉，流於施州。渤恥其家汙，堅苦不仕。勵志文學，不從科舉。隱於嵩山，以讀書業文為事。」其所讀多為道經，曾撰有〈真系〉、〈少室仙伯王君碑銘〉、〈梁茅山貞白先生傳〉、〈晉茅山真人楊君傳〉、〈雷平山真人許君傳〉、〈宋廬山簡寂陸先生傳〉、〈唐茅山升真王先生傳〉、〈中嶽體元潘先生傳〉、〈王屋山貞一馬先生傳〉、〈茅山元靜李先生傳〉等文。隱居期間，著有〈南溪詩〉：

> 玄巖麗南溪，新泉發幽色。巖泉孕靈秀，雲煙紛崖壁。斜峰信天插，
> 奇洞固神辟。窈窕去未窮，環回勢難極。玉池似無水，玄井昏不測。
> 仙戶掩復開，乳膏凝更滴。丹砂有遺址，石徑無留跡。南眺蒼梧雲，
> 北望洞庭客。蕭條風煙外，爽朗形神寂。若值浮丘翁，從此謝塵役。

唐憲宗元和初，「以山人徵為左拾遺，渤托疾不赴。」元和九年（814），以著作郎徵之，赴官。離別嵩山時，有〈留別南溪二首〉：

> 常歎春泉去不回，我今此去更難來。欲知別後留情處，手種岩花次
> 第開。

> 如雲不厭蒼梧遠，似雁逢春又北歸。惟有隱山溪上月，年年相望兩
> 依依。

他是憲宗即位以來第一個從布衣徵辟入仕者[97]，極受器重，「歲餘，遷右補闕。」李渤任職期間恪盡諫職，伉直敢言。穆宗長慶三年（823）遷諫議大夫。「長慶、寶歷中，政出多門，事歸邪倖。渤不顧患難，章疏論列，曾無虛日。

95　《舊唐書》，卷154，〈孔巢父傳〉。

96　參見《舊唐書》，卷154，〈孔巢父傳〉。

97　《全唐文》，卷712，李渤〈上封事表〉：「陛下（指憲宗——引者注）登極以來，擢自岩野者，惟一人而已。」

帝雖昏縱，亦為之感悟，轉給事中。」[98]

　　受徵辟是隱士傳統的入仕方式，唐代這幾位隱士亦不例外。他們的人生興趣和仕宦結果顯示了唐代政治對隱逸之士的要求亦是隨著時代的變化而發生變化的。盧藏用是的「終南捷徑」式的學道隱逸，是武則天時期廣納才士，士大夫入仕熱情高漲的體現。盧鴻一生活在唐代社會最繁榮的時期，相對安寧的社會和政治，需要通過「舉逸人」來標榜政治的清明，而並非要「逸人」在政治上有所作為，誠如唐玄宗〈賜隱士盧鴻一還山制〉云：「嵩山隱士盧鴻一，抗跡幽遠，凝情篆素，隱居以求其志，行義以達其道，雲臥林壑，多歷年載。傳不云乎：『舉逸人，天下之人歸心焉。』是乃飛書巖穴，備禮徵聘，方佇獻替，式弘政理。而矯然不群，確乎難拔。靜己以鎮其操，洗心以激其流。固辭榮寵，將厚風俗，不降其志，用保厥躬。會稽嚴陵，未可名屈；太原王霸，終以病歸。宜以諫議大夫放還山。……若朝廷有得失，具以狀聞。」[99]當然盧鴻一肯定不會以「諫議大夫」為榮，而朝廷亦並非真想從他那裡得到言「朝廷有得失」之狀。然而在孔巢父和李渤時代便不同了。安史之亂打破了人們的太平夢，朝廷與隱士之間的那種「固徵」與「固辭」的政治遊戲不能滿足社會的實際需要，因此，孔巢父和李渤一旦出仕，都不再以隱者身分自居或自負，而是積極投身於治國安邦的大業之中，成為了得力的幹才。

二

　　應舉入仕者的有陳子昂、吉中孚。他們的習道與入仕情形各不一樣，極富有個性色彩。陳子昂出身於蜀中一個好道習儒而任俠的富豪之家，祖父陳辯「少習儒學，然以豪英剛烈著聞。」[100]其父陳元敬「河目海口，燕頷虎頭。性英雄而志尚元器，」故有「西南大豪」之譽[101]。因受讒害，辭去文林郎之微職，「山棲絕穀，放息人事，餌雲母以怡其神。居十八年，元圖天象，無所不逮。」[102]在這種家風的影響下，陳子昂年輕時亦任俠，「子昂奇傑過人，姿狀嶽立，始以豪家子，馳俠使氣。至年十七八未知書。嘗從博徒入鄉學，慨然立志，因

98　參見《舊唐書》，卷 171，〈李渤傳〉。

99　《舊唐書》，卷 192，〈隱逸傳〉。

100　陳子昂，〈堂弟孜墓志〉，《全唐文》，卷 215。

101　陳子昂，〈我府君有周居士文林郎陳公墓志銘〉，《全唐文》，卷 216。

102　陳子昂，〈我府君有周居士文林郎陳公墓志銘〉，《全唐文》，卷 216。

謝絕門客，專精墳典，數年之間，經史百家，罔不該覽。尤善屬文，雅有相如子云之風骨。」[103] 陳子昂應進士第落榜後，在家鄉曾有過一段「學神仙」的生活[104]。行俠習道、讀書為文是青年陳子昂生活的基本內容。不過在青年陳子昂的心中，縱橫家兼隱士鬼谷子依然是他的人生楷模：

> 吾愛鬼谷子，青溪無垢氛。囊括經世道，遺身在白雲。
>
> 七雄方龍鬥，天下亂無君。浮榮不足貴，遵養晦時文。
>
> 舒之彌宇宙，卷之不盈分。豈圖山木壽，空與麇鹿群。[105]

所以他還是再次應舉，並中進士。後累官至左拾遺。不過當他在仕途受到排擠，失意難遣之時，道教又成了他人生的重要支柱。其〈與韋五虛己書〉云：「命之不來也，聖人猶無可奈何，況於賢者哉！僕嘗竊不自量，謂以為得失在人，欲揭聞見，抗衡當代之士。不知事有大謬異於此望者，乃令人慚愧悔報，不自知大笑顛蹶，怪其所以者爾！虛己足下，何可言耶！夫道之將行也，命也；道之將廢也，命也。子昂其如命何！雄筆，雄筆！棄爾歸吾東山，無汩我思，無亂我心，從此遁矣！」[106]，「雄筆」未能成就其人生理想，求仙問藥似能撫平他內心的傷痛：「子昂晚愛黃老之言，尤耽味易象，往往精詣。在職默然不樂，私有掛冠之意。」罷職還鄉後，「於射洪西山構茅宇數十間，種樹採藥為養。」[107] 因此，陳子昂一生雖然沒有明顯的道士或隱士標志，但家風和社會風氣，使得他在入仕前後都有過較具體的習道求仙的行為，他與道教的關係是非常親密的。

吉中孚是「大曆十才子」之一，也是這批詩人中官運較亨通者。據史載，他始為校書郎，再登宏辭科，為翰林學士，歷諫議大夫、戶部侍郎、判度支、中書舍人等[108]。然而吉中孚最初的身分卻是道士。盧綸〈送吉中孚校校書歸楚

103　盧藏用，〈陳子昂別傳〉，《全唐文》，卷238。

104　陳子昂〈暉上人房餞齊少府入京府序〉：「嗟呼！朝廷子入，朝富貴於崇朝；林嶺吾棲，學神仙而未畢。」（《全唐文》卷214）

105　陳子昂〈感遇〉其十一。按《舊唐書》卷190中〈文苑傳〉：「（子昂）初為《感遇詩》三十首，亦兆司功王適見而驚曰：『此子必為天下之宗矣。』由是知名。」

106　《全唐文》，卷214。

107　盧藏用，〈陳子昂別傳〉，《全唐文》，卷238。

108　參見《新唐書·藝文志》。

州舊山〉原注曰：「中孚自仙官入仕」[109]，李嘉祐〈晚春送吉校書歸楚州〉注曰：「吉中孚曾為道士」。[110] 而表述得最清楚的是李端的〈聞吉道士還俗因而是有贈〉：「聞有華陽客，儒裳謁紫微。舊山連藥賣，孤鶴帶雲歸。柳市名猶在，桃源夢已稀。還鄉見鷗鳥，應愧背船飛。」[111] 詩中略有譏諷。吉中孚在仕途的通達，主要得益於他依附於當朝權相元載父子。元載本人是習道經出身的，「載自幼嗜學，好屬文，性敏惠，博覽子史，尤精道書。家貧，徒步隨鄉試，累上不升第。天寶末，玄宗崇奉道教，下詔求明《莊》、《老》、《文》、《列》四子之學者。載策入高科。」[112] 故而對以道士身分還俗的吉中孚格外青睞，當時李端和吉中孚同時投奔他，他重吉中孚而輕李端，對此李端尚有怨氣。其〈臥病聞吉中孚拜官寄元秘書昆季〉云：「漢家采詩不求聲，自慰文章道欲行。毛遂登門雖異賞，韓非入傳濫齊名。」對吉中孚的應制舉，時有「無識伯和憐吉獠」之譏[113]，伯和即元載之長子，吉獠指吉中孚。吉中孚以道士還俗，兩依權相，始投元載，再依楊炎。故雖有諫議之職，但諫諍之氣全無。倒是楊炎施行兩稅法，吉中孚成了他得力的幹將。《舊唐書·元載傳》：「至德之後，天下兵起，始以兵役，因之饑癘，徵求運輸，百役並作，人戶凋耗，版圖空虛。……炎因奏對，懇言其弊，乃請作兩稅法。」《舊唐書·德宗紀》載，貞元二年（768）正月，「諫議大夫知制誥、翰林學士吉中孚為戶部侍郎，判度支兩稅。」

陳子昂和吉中孚都應試而入仕，學道作為他們生活的一部分，並沒有防礙他們的政治活動，更沒有影響他們的為政能力。無論是入仕之前還是入仕之後，學道求仙都沒有削減他們對生活的熱情。由此亦可見道教在唐代所產生的政治效應。

三

在唐代以道隱身分入仕的文學家諫官中，魏徵和李泌的官職最高，他們都

109　《全唐詩》，卷 276。

110　《全唐詩》，卷 206。

111　《全唐詩》，卷 285。

112　《舊唐書》，卷 118，〈元載傳〉。

113　《唐摭言》，卷 13，「無名子謗議」條：「且吉中孚判以『大明禦宇』為頭，以『敢告車軒』為尾，初類是頌，翻乃成箴。其間又以『金盤』對於『玉府』，非惟問頭不識，抑亦義理全乖。……」無名子長揖詩云：「三銓選客不須嘆，五個登科各有因。無識伯和憐吉獠，弄權虞侯為王申。……」

位列宰相，身處天下多事秋，由隱而仕，卻有
明顯不同的為政風格。魏徵以直諫著名，將道
教之「抱一」機理運用於政治實踐，表現出卓
越的「無畏」的品格；李泌以「山人」入朝，
用道教之無為守常意識應對朝中之奸佞，形成
了一種出處兼得的灑脫品格。魏徵以「剛」著
稱，而李泌則以「柔」見長。

　　作為一個偉大的政治家，人們也許很難
將魏徵與道士連繫起來。《舊唐書‧魏徵傳》
云：「徵少孤貧，落拓有大志，不事生業，出
家為道士。」看來魏徵為道士是不已之事，因
此，在道觀中他心中亦有一種高遠之志和不平
之氣。其〈道觀內柏樹賦〉序云：

圖 39　李泌像

　　　玄壇內有柏樹焉，封植營護，幾乎二紀。枝杆扶疏，不過數尺，籠
　　　於眾草之中，覆乎叢棘之下。雖落拓節目不改本性，然而翳蒼蒙籠，
　　　莫能自申達也。惜其不生高峰，臨絕壑，籠日月，帶雲霞，而與夫
　　　擁腫之徒雜糅茲地。[114]

　　這篇序很容易讓我們想到左思的〈詠史〉詩：「鬱鬱澗底松，離離山上苗。
以彼徑寸莖，陰此百尺條。世胄躡高位，英俊沉下僚。」[115] 出身的孤貧使魏徵
無奈地棲身於道觀，然而這絕不是他的人生理想。因此，道觀中的魏徵，眼界
顯得更加高遠：「好讀書，多所通涉，見天下漸亂，尤屬意縱橫之說。」[116] 而
在中原逐鹿的烽火中，魏徵慨然走出道觀，投筆從戎，加入到重拯天下行列，
時年三十八歲：

　　　中原初逐鹿，投筆事戎軒。縱橫計不就，慷慨志猶存。

　　　杖策謁天子，驅馬出關門。請纓系南粵，憑軾下東藩。

114　《全唐文》，卷 138。

115　《文選》，卷 21，左太沖，〈詠史八首〉其二。

116　《舊唐書》，卷 70，〈魏徵傳〉。

鬱紆陟高岫，出沒望平原。古木鳴寒鳥，空山啼夜猿。

既傷千里目，還驚九逝魂。豈不憚艱險，深懷國士恩。

季布無二諾，侯嬴重一言。人生感意氣，功名誰復論。[117]

走向政治後的魏徵，並非一路順風。他為李密獻十奇策，被視為「老生之常談」，李密降唐後，魏徵隨李密來京師，「久不見知」，自請至山東，被竇建德俘獲，署為起居舍人。竇建德敗後，隱太子李建成聞其名，引為太子洗馬。李建成敗後，唐太宗不計舊怨，擢為諫議大夫。

魏徵的詩文和政治經歷，使人們根本無法看出他的道士出身。他博學、卓識、耿直、忠烈，成就了一個偉大的政治家。如果說直言切諫是魏徵從政的最大特色，博學多識則是他從政的內在資本，那麼出家者的淡泊無欲則是他無私與無畏的心理基礎。他以柏樹來寄托自己的「君子」人格：「唯丸丸之庭柏，稟自然而醇粹。涉青陽不增其華，歷元英不減其翠。」、「貴不移於本性，方有儷乎君子。聊染翰以寄懷，庶無愧於善始。」[118]這種精神看依與孔子的「後凋」之柏相類，但更接近於道教的「抱一」之法。《老子》云：「載營魄抱一，能無離？專氣致柔，能嬰兒？滌除玄覽，能無疵？愛人治國，能無為？天門開闔，能為雌？明白四達，能無知？生之畜之，生而不有，為而不恃，長而不宰，是謂玄德。」葛洪將這種義理演化為養生求道之「至理」：「滌除玄覽，守雌抱一，專氣致柔。」[119]秉自然之性，專心致志，終始如一，養性如此，做人如此，治國亦然。魏徵將道教這種「守雌抱一」之法運用到政治生活中，形成了其獨特的政治人格。褚亮評他：「忠誠所到，心力同盡」[120]，正是從這一角度著手的。只是由於面對嚴峻的社會問題，帶著強烈的責任感，魏徵政治實踐中「抱一」的外在形態不是「致柔」，而是「致剛」。

與魏徵相比，李泌一生更富有傳奇色彩，史家以一個「異」字來評價他：

泌之為人也，異哉！其謀事近忠，其輕去近高，其自全近智，卒而

---

117 魏徵，〈述懷〉，《全唐詩》，卷31。
118 魏徵，〈道觀內柏樹賦〉，《全唐文》卷139。
119 《抱朴子‧至理》。
120 褚亮，〈聖制故司空魏徵挽歌詞表〉，《全唐文》，卷146。

建上宰，近立功立名者。[121]

　　他一生經歷玄、肅、代、德四朝，在求道與求名、濟世與自全、政術與道術諸方面，都表現出一種自然守常、任使無執的自然風範，頗似唐代道教所興盛的「重玄」之道：他學識淵博，「博涉經史，精究《易象》，善屬文，尤工於詩，以王佐自負，」但「恥隨常格仕進」[122]，「常遊於嵩、華、終南間，慕神仙不死術」，[123]深得張九齡等人的賞識。玄宗時，李泌自嵩山上書論當時務，召為翰林學士，但受到當道者楊國忠的忌妒，泌「潛遁名山，以習隱自適」。肅宗平亂急需之詔人才，「泌自嵩、潁間冒難奔行在。肅宗倚重其才，」權逾宰相，但李泌「稱山人，固辭官秩」。閹臣李輔國讒害他，李泌「隱衡岳，絕粒棲神」。代宗朝，李泌召為翰林學士，但受元載排擠，李泌出朝外任，「皆有風績」。德宗奔奉天，召赴行在，授左散騎常侍，拜中書侍郎、平章事、集賢崇文館學士。佐德宗平定內亂，精簡官員，減俸增稅，卓見成效。但德宗「晚好鬼神事」[124]，李泌亦以「鬼道」事之，「有所建明」，甚至能預知卒期：

　　（貞元）四年八月，月蝕東壁，泌曰：「東壁，圖書府，大臣當有憂者。吾以宰相兼學士，當之矣。昔燕國公張說由是以亡，又可免乎？」明年果卒，年六十八。[125]

　　李泌神奇的一生讓人們無法簡單地說他是樂隱還是樂仕，也無法簡單地判定他是道士還是朝官。可以說，道教「雙遣」之道被李泌靈活地運用到了政治實踐之中。他不滯於仕，亦不滯於隱，故「雖累為權倖忌嫉，恆由智免」[126]；需要興利除弊時，他言論縱橫，切中要害；需要鬼神仙術，他頗顯奇能，「上悟聖主」[127]。「讜直之風」[128]與詭異之道並行，謀士之才與方士之術並存，這就是李泌的政風。

121　《新唐書》，卷 139，〈李泌傳〉。
122　《舊唐書》，卷 130，〈李泌傳〉。
123　《新唐書》，卷 139，〈李泌傳〉。
124　《新唐書》，卷 139，〈李泌傳〉。
125　《新唐書》，卷 139，〈李泌傳〉。
126　《舊唐書》，卷 130，〈李泌傳〉。
127　《舊唐書》，卷 130，〈李泌傳〉。
128　《舊唐書》，卷 130，〈李泌傳〉。

　　我們將唐代文學家諫官中與道教關係最為密切的幾位詩人分類進行了論析，從中可以看出，道教對唐人政治的影響是多樣的，多層面的。如魏徵、吉中孚始為道士，後還俗從政，道觀成了他們從政前的棲身之所；陳子昂、李泌始終都沒有放棄過對道教的興趣，入仕前後都沒有停止過習道；盧藏用、李渤將學道作為入仕的階梯，從政後再未走入山林，也未習道。此外，唐代文學家諫官的道隱角色也不盡相同，有道士身分的人不在道觀，有山人之名者可以官至宰相。時代環境及個人情性的差異，使我們幾乎找不到兩個完全相同的道隱角色。這並不說明唐人學道不專，而是文學家和諫官這雙重身分的特殊要求使然。

第五章　唐代文人的諫臣意識與文學意識

　　唐代文人的社會角色是多樣的，從人生價值觀來說，政治參與、建功立業則是其共同的生命取向，這種生命取向反映到他們的政治生活和文學事業中，給他們的生活形態和文學創作都產生了直接的影響。特別是當他們將文學作為自己的第二生命之時，積極的政治參與行為所伴隨的諫臣意識便深深地影響了他們的文學觀念和創作，從唐代文學的發展歷程來看，從初唐到中唐幾次大的文學思潮都與文人的諫臣意識和諫政行為有密切的連繫。

第一節　貞觀時期諫官的文學設計

　　貞觀是唐代政治的完善期，也是唐代文學的調整期。由於唐太宗虛心納諫，這一時期文人的諫政活動十分頻繁，是政治比較開明的時期，因此這個時期有作為的文人基本上都是諫臣。在文學創作方面，唐太宗君臣在注重協調文學的審美功能和政治功用之關係的同時，還自覺強化文人的社會責任感和文學的歷史使命感，力圖將文學從南朝遺風中解脫出來，創造一種新文風。不過，由於唐代初期特殊的政治背景和文學背景，這個時期的文學成就並不太高，在詩歌領域裡，文人的文學角色或多或少地還保留了南朝的某些特徵，因而較少明顯的諫政作品。這個時期對唐代文學發展最突出的貢獻在於從文學的形態、文人的素質等方面，對新時期的文學進行了理想的設計。

一

　　唐王朝建立時，文壇形勢和政治形勢一樣嚴峻。「梁、陳之間，特好詞賦，故其俗以詩酒為重，未嘗以修身為務。降及隋室，餘風尚存。……皆以浮虛為貴。」[1] 如何克服這種浮虛之弊，確立一種符合新時期需要的健康文學，是唐代開國時的史學家經學家以及政治家們共同關心的話題，而諫官作為積極參政者，也利用各種機會表達自己的文學見解，為形成具有時代特色的文風作出了積極的貢獻。唐太宗時期的魏徵較早切入這個問題，作為史學家，他對南北朝以及隋代文學有全面的了解，作為文學家，他對文學的藝術規律以及社會功能也有清楚的認識，因此，他對克服南北朝文風之弊、創建新的文風有較具體的設計：

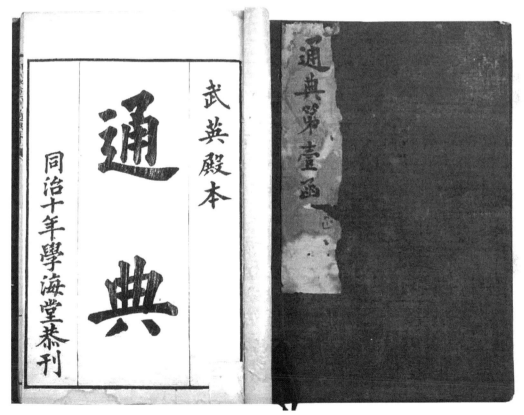

圖 40　　《通典》

　　文之為用，其大矣哉！上所以敷德教於下，下所以達情志於上，大

1　杜佑，《通典》，卷 17，〈選舉五〉。

則經緯天地，作訓垂範，次則風謠歌頌，匡主和民。或離讒放逐之臣，途窮後門之士，道轗軻而未遇，志鬱抑而不申，憤激委約之中，飛文魏闕之下，奮迅泥滓，自致青雲，振沈溺於一朝，流風聲於千載，往往而有。是以凡百君子，莫不用心焉。自漢、魏以來，迄乎晉、宋，其體屢變，前哲論之詳矣。暨永明、天監之際，太和、天保之間，洛陽、江左，文雅尤盛。於時作者，濟陽江淹、吳郡沈約、樂安任昉、濟陰溫子昇、河間邢子才、鉅鹿魏伯起等，並學窮書圃，思極人文，縟綵鬱於雲霞，逸響振於金石。英華秀發，波瀾浩蕩，筆有餘力，詞無竭源。方諸張、蔡、曹、王，亦各一時之選也。聞其風者，聲馳景慕，然彼此好尚，互有異同。江左宮商發越，貴於清綺，河朔詞義貞剛，重乎氣質。氣質則理勝其詞，清綺則文過其意，理深者便於時用，文華者宜於詠歌，此其南北詞人得失之大較也。若能摘彼清音，簡茲累句，各去所短，合其兩長，則文質斌斌，盡善盡美矣。[2]

　　這一名篇所闡述的救弊之道，基本符合儒家理想的文學樣態。孔子曰：「質勝文則野，文勝質則史，文質彬彬，然後君子。」[3]然而在秦漢以來的文學評論中，批評質勝於文的幾乎不存在，他們關注最多的是文勝質的現象，而其開出的救弊之方，就是以質救文，即通過強化文學的社會和政治功能，實現文學的教化作用。唐以前如此，唐以後更是如此。如宋代大臣范仲淹說：「國之文章，應於風化。風化厚薄，見乎文章。是故觀虞夏之書，足以明帝王之道；覽南朝之文，足以知衰靡之化。故聖人之理天下也，文弊則救之以質，質弊則救之以文。質弊而不救則晦而不彰，文弊而不救則華而將落。前代之季，不能自救，以至於大亂，乃有來者起而救之。故文章之薄，則為君子之憂；風化之壞，則為來者之資。惟聖帝明王，文質相救，在乎己不在乎人。」[4]清代顧炎武云：「文之不可絕於天地間者，曰明道也，紀政事也、察民隱也，樂道人之善也。若此者有益於天下，有益於將來，多一篇，多一篇之益矣。若夫怪力亂神，無稽之言，勦襲之說，諛佞之文，若此者，有損於己，無益於人，多一篇，多一篇之損矣。」[5]相較而言，魏徵的「氣質相備，詞理並重」的文學表述雖然亦本自儒家「文質

2　《隋書》，卷76，〈文學傳序〉。

3　《論語・雍也》。

4　范仲淹，〈奏上時務書〉，《范文正公全集》，文集卷7。

5　黃汝成，《日知錄集釋》（長沙：嶽麓書社，1994），卷19，頁674。

彬彬」的理想，但沒有范仲淹和顧炎武那麼濃厚的儒家教化傾向。他注重文學的審美功能，以突出文學自身藝術規律為前提，力圖以完善的藝術形式去表現深刻的思想內容，從而達到「文質彬彬」的藝術效果，而這也許正是唐代文學（尤其是詩歌）不同於宋詩的主要原因之一。

　　進一步說，魏徵在這裡所描繪的「文質彬彬」的境界，較孔子的「文質彬彬」內涵要豐富一些，由於更契合文學創作的基本規則，因而也更富有啟發性和可操作性。例如在談到文學創作本體論時，魏徵不僅突出其「經緯天地」、「匡主和民」的政治效應，而且還特意拈出了「離讒放逐之臣、途窮後門之士」作為創作心態的表徵之一，將「饑者歌其食，勞者歌其事」[6]的古訓轉換為作家創作本體的要求，明確了真情實感在文學創作中的地位[7]。這比單純用教化來補救文弊更有效，因為表達真實情感是克服浮虛之風的思想前提。又如，在談到文學作品的藝術效果時，魏徵沒有簡單地否定南朝或北朝文學，而是客觀地分析南北方文化的差異以及文學表現，針對優劣，對症下藥，「各去所短，合其兩長」。這是一種科學的態度，他充分尊重文學作用的基本規律，合理協調了氣、理、詞等文學和個性因素，讓受不同區域文化影響的文學找到解決問題的辦法。

　　這種尊重文學發展規律，不以偏激的教化觀去糾正浮虛華豔文風的做法，在唐初史學家那裡還有發揮。如令狐德棻云：「夫文章之作，本乎情性，覃思則變化無方，形言則條流遂廣。雖詩賦與奏議異軫，銘誄與書論殊途，而撮其指要，舉其大抵，莫若以氣為主，以文傳意。考其殿最，定其區域，摭六經百氏之英華，探屈、宋、卿、雲之秘奧。其調也尚遠，其旨也在深，其理也貴當，其辭也尚巧。然後瑩金璧、播芝蘭，文質因其宜，繁約適其變，權衡輕重，斟酌古今，和而能壯，麗而能典，煥乎若五色之成章，紛乎猶八音之繁會。」[8]這裡所闡述的文質並重之道與魏徵的「文質彬彬」之說是完全相通的，如果將令狐氏所用的文學術語與六朝文論相參照，不難發現其對六朝文學思想及文學藝

6　何休，《春秋公羊傳》宜公十五年，阮元刻《十三經注疏》本，《春秋公羊傳注疏》卷16：「男女有所怨恨，相從而歌。饑者歌其食，勞者歌其事。」

7　這種意識在南朝文學理論家中廣為提倡。如鍾嶸《詩品序》曰：「至於楚臣去境，漢妾辭宮。或骨橫朔野，魂逐飛蓬。或負戈外戍，殺氣雄邊。塞客衣單，孀閨淚盡。或士有解佩出朝，一去忘反。女有揚蛾入寵，再盼傾國。凡斯種種，感蕩心靈非陳詩何以展其義？非長歌何以騁其情？故曰：『詩可以群，可以怨。』」

8　《周書》，卷41，〈王褒庾信傳論〉。

術的合理吸收。

　　如果說魏徵和令狐德棻以史傳的形式進行了一種文學設計，那麼孔穎達則通過注疏經義全面解釋了儒家詩教，確立一種符合教化準則和道德倫理的文學規範。孔穎達並未超出傳統儒家的理論範疇重建某種新的理論，他疏注經籍，寄意於疏論。正如他完成統一經籍教材的宏偉事業一樣，他對儒家詩教的理解和闡釋，也正好完成了對新時期文學的設計。首先，他對詩歌發生原理的理解，融合了「詩言志」和「詩緣情」兩種概念的合理因素，把「志」、「情」放在詩歌創作的主體位置：

> 詩者，人志意之所適也。雖有所適，猶未發口，蘊藏在心，謂之為志。發見於言，乃名為詩。言作詩者，所以舒心志憤懣，而卒成於歌詠。故《虞書》謂之「詩言志」也。包管萬慮，其名曰心；感物而動，乃呼為志。志之所適，外物感焉。言悅豫之志則和樂興而頌聲作，憂愁之志則哀傷起而怨刺生。《藝文志》云：「哀樂之情感，歌詠之聲發」，此之謂也。[9]

　　孔穎達將「心」與「志」區別開來，普通狀態下思維活動為「心」，而「感物而動」所產生的創作激情則為「志」。與魏徵相似的是，他特別強調「舒心志憤懣」，意在表達一種真誠而強烈的創作心態，亦是針對「流宕忘反，無所取裁」[10] 所開的一劑良藥。

　　魏徵和孔穎達的文學思想體現了他們成熟的文學理念，他們反對浮虛，強調實用，但不排斥文學的審美性，更不排除作家的個性因素在創作中的主導作用，較諸隋朝李愕以反文學的方式反對浮豔文風的偏激作法，魏徵和孔穎達等要顯得合理得多，而這也許正是唐代文學能得以健康發展的原因之一。

二

　　如果說魏徵和孔穎達的文學主張合理地解決了文學是什麼的問題，那麼在唐代初期反浮豔文風的過程中，還要著意解決文學家應具備怎樣的素質的問題。文學家具備怎樣的素質，這在儒家思想中也有規定。儘管孔子將弟子分為「德

9　孔穎達，《毛詩正義》，卷1，阮元刻《十三經注疏》本。

10　《隋書》，卷76，〈文學傳序〉。

行」、「政事」、「言語」、「文學」等四類[11]，但他很少以單方面的知識去教育弟子，他對人才的要求是全方面的，「子以四教：文、行、忠、信」，而對文學創作的要求更加具體，所謂「志於道，據於德，依於仁，遊於藝」[12]。因此，理想的文人應具有深厚的道德修養和實用的治國之術，正如劉勰所云：「君子藏器，待時而動，發揮事業，固宜蓄養以弸中，散采以彪外，楩柟其質，豫章其干，摛文必在緯軍國，負重必在任棟梁，窮則獨善以垂文，達則奉時以騁績。若此文人，應梓材之士矣。」[13]

然而，無論在哪個朝代，人們都會認為現實社會中符合這種理想的文人並不多，而且其中缺點都集中體現在「不護細行」上，所謂「觀古今文人，類不護細行，鮮能以名節自立。」[14]所以歷代反浮華文風者，亦多將矛頭指向文人之才行，唐初也有這種現象。如《貞觀政要·文史》載：「貞觀初，太宗謂修國史房玄齡曰：『比見前後《漢史》載錄揚雄〈甘泉〉、〈羽獵〉，司馬相如〈子虛〉、〈上林〉，班固〈兩都〉等賦，此既文體浮華，無益勸誡，何假書之史策？其有上書論事，詞理直切，可裨於政理者，朕從與不從皆須備載。』」對浮華文辭的鄙夷導致了對文辭之士的貶抑，正如顧炎武所說：「唐宋以下，何文人之多也！固有不識經術，不通古今，而自命為文人者矣。韓文公〈符讀書城南詩〉曰：『文章豈不貴，經訓乃菑畬。潢潦無根源，朝滿夕已除。人不通古今，馬牛而襟裾。行身陷不義，況望多名譽。』而宋劉摯之訓子孫，每曰：『士當以器識為先，一號為文人，無足觀矣。』然而以文人名世，焉足重哉。此揚子云所謂『摛我華，而不食我實』者也。」[15]

不過，唐朝初期「文學」的內涵近似於儒學，因而當時的文學之士其實就是儒學之士，如「太宗既平寇亂，留意儒學，乃於宮城西起文學館，以待四方之士。」[16]唐太宗命杜如晦、房玄齡等十八人以本官兼文學館學士，「諸學士並給珍膳，分為三番，更直宿於閣下，每軍國務靜參謁歸休，即便引見，討論墳籍，

11　《論語·先進》。
12　《論語·述而》。
13　《文心雕龍·程器》。
14　《三國志》，卷21，〈魏書〉。
15　黃汝成，《日知錄集釋》，卷19。
16　《舊唐書》，卷72，〈褚亮傳〉。

商略前載。預入館者，時所傾慕，謂之『登瀛洲』。」[17]那麼這十八學士究竟具備怎樣的素質？其才性和能力如何？褚亮奉旨寫的〈十八學士贊〉表達得很清楚：

> 大行臺司勳郎中杜如晦：「建平文雅，休有烈光。懷忠履義，身立名揚。」記室考功郎中房玄齡：「才兼藻翰，思入機神。當官勵節，奉上忘身。」記室考功郎中于志寧：「古稱益友，允光斯職。蘊此文辭，懷茲諒直。」軍諮祭酒蘇世長：「軍諮諧謔，超然辨悟。正色於庭，匪躬之故。」文學褚亮：「道高業峻，神氣清遠。學總書林，文兼翰苑。」文學姚思廉：「志古精勤，紀言實錄。臨名殉義，餘風勵俗。」太學博士陸德明：「儒術為貴，元風可師。儔學非遠，離經在茲。」太學博士孔穎達：「道充列第，風傳闕里。精義霞開，談辭飆起。」主簿李玄道：「李侯鑒遠，雅量淹通。清言析理，妙藻推工。」天策倉曹李守素：「賢哉博識，穆爾清風。遊情文苑，高步談叢。」記室參軍虞世南：「篤行揚聲，雕文絕世。網羅百世，並包六藝。」參軍事蔡允恭：「猗與達學，蔚有斯文。冰霜比映，蘭桂同芬。」參軍事顏相時：「六文科籀，三冬經史。家擅學林，人遊舊史。」著作佐郎攝記室許敬宗：「槐市騰聲，蘭宮遊道。抑揚辭令，縱橫才藻。」著作佐郎薛元敬：「薛生履操，昭哉德音。辭奔健筆，思逸清襟。」太學助教蓋文達：「言超理窟，辯折談風。蒲輪遠聘，穆契連蹤。」軍諮典籤蘇勗：「業敏遊藝，躬勤帶經。書傳竹帛，畫美丹青。」虞州錄事參軍劉孝孫：「劉君直道，存交守信。雅度難追，清文遠振。」[18]

顯然，這十八學士是一個才能多元的人才組合。應該說，他們首先是因為傑出的文才或儒學而受到太宗賞識的。如房玄齡：「明達吏事，飾以文學」[19]；蘇世長，「機辯有學」[20]，薛收，「言辭速敏，還同宿構。馬上即成，曾無點竄」[21]；許敬宗，「太宗大破遼賊於駐蹕山，敬宗立於馬前受旨草詔書，詞彩甚

17　同上。
18　《全唐文》，卷147。
19　《舊唐書》，卷66，〈房玄齡傳〉。
20　《舊唐書》，卷75，〈蘇世長傳〉。
21　《舊唐書》，卷73，〈薛收傳〉。

麗，深見嗟賞」[22]，等等。但他們的才能絕不僅僅表現在文才上，他們將自己的儒學、史學、書學、德行、政能等，施用於行政的各個領域，為唐王朝的走向安定繁榮做出了許多實際的努力。因而他們見諸史籍的事跡，亦多以諫諍為主。那種積極的諫諍行為，成功地實踐了文才與諫官合一的人才模式。這十八學士中曾任諫職的或有過諫諍行為的有十一人，其諫諍是大膽而中肯的，特別是那些以文著稱者，在諫諍方面表現得尤為突出。如姚思廉：「以藩邸之舊，深被禮遇，政有得失，常遣密奏之。思廉亦直言無隱，太宗將幸九成宮，思廉諫曰：『離宮遊幸，秦皇漢武之事，固非堯舜禹湯之所為也。』」[23] 虞世南是由隋入唐的大文人，「太宗重其博識，每機務之隙，引之談論，共觀經史。世南雖容貌儒懦，若不勝衣，而志性抗烈，每論及古先帝王為政得失，必存規諷，多所補益」。所以儘管太宗與他不乏詩文之交，但虞世南死後，太宗最難忘的還是他的諫諍：「虞世南於我，猶一體也。拾遺補闕，無日暫忘，實當代名臣，人倫準的。吾有小失，必犯顏而諫之。今其云亡，石渠、東觀之中，無復人矣。痛惜豈可言耶？」[24] 褚亮「年十八，詣陳僕射徐陵，陵與商榷文章，深異之。」而在隨唐高祖期間，諫高祖畋狩，隨太宗時亦能「從容諷議，多所裨益。」可見唐太宗朝的那些文人們，都是有著堅貞操守和卓越能力的人，他們沒有簡單地將自己的角色定位於文章或經義上，而是在政治實踐中發揮文章的作用，錘煉道德精神，使道德、文章、操行和文品完美地結合起來，從而達到濟世輔政的社會和政治效用。

唐代初期諫官以其實際行為，設計並實現了一種理想的文學人格，貞觀時期的政治現狀和文學創作表明，這種文學人格的設計與實現，具有相當普遍的意義。首先，唐太宗在政治人格與文學人格的確認方面，也起了一定的表率作用。《貞觀政要·文史》載：

> 貞觀十一年，著作佐郎鄧隆表請編次太宗文章為集。太宗曰：「朕若制事出令，有益於人者，史則書之，足為不朽。若事不師古，亂政害物，雖有詞藻，終貽後代笑，非所須也。只如梁武帝父子及陳後主、隋煬帝，亦大有文集，而所為多不法，宗社皆須臾傾覆。凡

22 《舊唐書》，卷82，〈許敬宗傳〉。
23 《舊唐書》，卷73，〈姚思廉傳〉。
24 《舊唐書》，卷72，〈虞世南傳〉。

　　人主惟在德行，何必要事文章耶？」竟不許。

　　其次，魏徵、褚遂良、岑文本、李百藥等著名大臣，雖未列入十八學士，但都像十八學士一樣，文才與諫諍兼備，形成了一種追求德性、文才、政能合一的政治風氣。魏徵、褚遂良固不待贅言，岑文本、李百藥等人的表現亦是如此。史載：「文本自以出自書生，每懷撝挹。平生故人，雖微賤必與之抗禮。居處卑陋，室無茵褥幃帳之飾。事母以孝聞撫弟姪恩義甚篤。太宗每言其『弘厚忠謹，吾親之信之。』」、[25]「百藥以名臣之子，才行相繼，四海名流莫不宗仰。藻思沉鬱，尤長於五言詩，雖樵童牧豎，並皆吟諷。性好引進後生，提獎不倦。所得俸祿，多散之親黨。又至性過人，初侍父母喪還鄉，徒跣單衣，行數千里，服闋數年，容貌毀悴，為當時所稱。」而他作〈贊道賦〉諷太子嬉戲過度，更得太宗贊賞。[26]

　　再次，在這種人才思想的影響下，貞觀時期對文士之士的選拔也比較慎重，「（貞觀）二十二年九月，考功員外郎王師明知貢舉，時冀州進士張昌齡、王公理並有俊才，聲振京邑，而師明考其文策，黜之，舉朝不知所以。及奏等第，太宗怪無昌齡等名，因召師明問之。對曰：『此輩誠有詞華，然其體輕薄，文章浮豔，必不成令器。臣若擢之，恐後生相倣傚，有變陛下風雅。』帝以為名言。」[27]雖然王師明的話並不新鮮，但如果與貞觀時期的文學人才標準相參照，它依然有一定的時代意義。

　　要之，貞觀時期的諫官以其崇高的人格和卓越的政治才能，為後代文人樹立了光輝的榜樣。他們的社會責任感和政治參與欲為後代文人的才性培養奠定了方向，他們以諫諍為形式的政治成功是文人價值體系的最高境界，他們雖然沒有刻意去表達什麼觀念，但他們的努力正是對唐代文人人格的完美設計。

三

　　貞觀時期文壇風氣比較複雜，詩歌創作情形基本上沿襲著南朝遺風，詩歌領域裡爭麗鬥巧的現象還時有存在。如何看待這種現象呢？如何評價那些倡導

25　《舊唐書》，卷70，〈岑文本傳〉。
26　《舊唐書》，卷72，〈李百藥傳〉。
27　《通典》，卷17，〈選舉五〉。

文學新風的諫官們的作為呢？

隋朝時身為治書侍御史的李諤對南朝文風提出了嚴肅的批評，並主張用行政手段，一舉改變文學的浮華之風。其所上〈革文華書〉：先抨擊了南朝「競一韻之奇，爭一字之巧。連篇累牘，不出月露之形；積案盈箱，唯是風雲之狀」的浮豔文風，然後表示「臣既忝憲司，職當糾察，若聞風即劾，恐掛網者多。請勒諸司，普加搜訪，有如此者，具狀送臺。」結果當年就有泗州刺史司馬幼之因文表華豔而被交付有司治罪。[28] 與李愕的這種偏激和簡單的方法不同，唐初貞觀年間的諫官們由於在觀念上兼顧文學的審美性和功能性，所以對文學創作中的藝術美還是充分肯定的。魏徵對隋煬帝的認識就很能說明這一點。其名篇《隋書·文學傳序》對隋文帝和隋煬帝評曰：

> 高祖初統萬機，每念斲彫為樸，發號施令，咸去浮華。然時俗詞藻，猶多淫麗，故憲臺執法，屢飛霜簡。煬帝初習藝文，有非輕側之論，暨乎即位，一變其風。其〈與越公書〉、〈建東都詔〉、〈冬至受朝詩〉及〈擬飲馬長城窟〉，並存雅體，歸於典制。雖意在驕淫，而詞無浮蕩。故當時綴文之士，遂得依而取正焉。所謂能言者未必能行，蓋亦君子不以人廢言也。

魏徵的這一段話在文學史及美學史都較少提及，羅宗強在評述唐初政治家的文學主張時認為：「初唐政治家們既反對沿齊、梁文風發展下去，任其流蕩忘返，用於消閑，縱欲，主張文學有益於政教，而又重視文學自身的特點。他們在對待文學自身的教化作用與文學的藝術特徵的問題上，持一種比較全面的、比較穩重的有利於以後文學的發展的觀點。」但在分析唐初三十餘年未能擺脫南朝遺風的原因時，卻認為「理論上的不成熟，也應該是初唐三十餘年間文風沒有明顯轉變的原因。」[29] 顯然有點自相矛盾。應該說，唐朝初期的政治家和史家的文學理論是比較成熟的，特別是魏徵，他關注到了文學的審美效應和社會功能，尊重藝術的審美規則，反對以狹隘的政治教化來取代文學的藝術效果。他清楚，簡單的行政命令，無法改變「淫麗」的「時俗」，要創作出理想的文學作品需要文學自身的淨化和完善，而這個自身淨化和完善的過程需要一段時

28　《隋書》，卷66，〈李諤傳〉。

29　羅宗強，《隋唐五代文學思想史》（上海：上海古籍出版社，1986），頁49、53。

間。在貞觀文壇上，這種自身淨化過程是完全必要的，因為貞觀政壇上活躍的
政治家和文學家都是由隋入唐的老臣，他們的創作習慣和審美定勢使得他們入
唐之後的創作風格很難有根本性改變，他們只能憑借清楚的意識，淡化原來的
創作興趣，在力所能及的範圍內糾正文學創作中的不良習氣，將文學引向健康
發展的軌道。魏徵所說的「能言者未必能行」就包含著這層意思。因而，貞觀
時期未能擺脫南朝文學遺風，是文學自身淨化過程中不可避免的現象。從這個
意義上來認識貞觀時期的文學風氣與文學理論的關係，或許更合乎實事。

　　「能言者未必能行」是貞觀時期的文學現象，而文學自身的淨化就是將
「言」與「行」有機地協調起來。作為最高統治者，皇帝的藝術興趣往往會影
響整個文壇，而諫官或具有諫臣意識的大臣的作為又會對皇帝的藝術興趣起一
定的規諫和引導作用，貞觀時期文壇的狀況也是如此。唐太宗是個偏愛豔麗藝
術的君主，他雖然表白：「朕所以不恣情以樂當年，而勵心苦節、卑宮菲食者，
正為蒼生耳。」[30] 然而藝術中，他似乎有「恣情」之意。他的所謂「恣情」有兩
個方面。其一，是在尊重藝術規律的前提下，倡導一種情感與藝術的完美契合，
這與南朝君主及隋煬帝的放縱有根本的區別，而諫官們也基本贊成這種觀念。
如在《貞觀政要》中記載有唐太宗和魏徵等大臣關於樂與政的一段對話：

> 太常少卿祖孝孫奏所定新樂。太宗曰：「禮樂之作，是聖人緣物設教，
> 以為撙節。治政善惡，豈此之由？」御史大夫杜淹對曰：「前代興亡，
> 實由於樂。陳將亡也，為認為〈玉樹後庭花〉，齊將亡也，而為〈伴
> 侶曲〉，行路聞之，莫不悲泣，所謂亡國之音。以是觀之，實由於
> 樂。」太宗曰：「不然，夫音聲豈能感人？歡者聞之則悅，哀者聽
> 之則悲，悲悅在於似非由樂也。將亡之政，其人心苦，然苦心相感，
> 故聞之則悲耳。何樂聲哀怨，能使悅者悲乎？今〈玉樹〉、〈伴侶〉
> 之曲，其聲具存，朕能為公奏之，知會必不悲耳。」尚書右丞魏徵
> 進曰：「古人稱，禮云，禮云，玉帛云乎哉！樂云，樂云，鐘鼓云
> 乎哉！樂在人和，不由音調。」太宗然之。[31]

　　唐太宗對音樂的理解是合理的。《禮記・樂記》中提出了幾個著名的命題，

30　《大唐新語》，卷1，〈匡贊〉。
31　《貞觀政要》，卷7，〈禮樂〉。

如「凡音之起，由人心生也」、「樂者通倫理者也」等，並賦予音樂神聖的政治使命：「其感人深，其移風易俗，故先人著其教焉。」唐太宗的解釋雖沒有超出「樂生於人心」的認識範疇，但顯然淡化了「樂通倫理」的教化論，承認音樂藝術的客觀規律，正是基於這種理解，他對所謂的「亡國之音」並不怎麼反感。對唐太宗的這種藝術興趣，魏徵沒有表示反對，只是再次強調「樂在人和，不由音調」，強調人和與國的關係，引導唐太宗將興趣放在治國之上。

其二，唐太宗的「恣情」中依然有豔情的傾向。唐太宗雖稱「以萬機之暇，遊息藝文」，有「節之於中和，不系之於淫放」[32]的自律意識，但也偏好華豔之美，他時常與大臣們宴飲唱和，而那些唱和之詩亦多「麗藻窮雕飾」[33]。有時還與些「恣情」的豔詩，要大臣唱和。諫官或有諫臣意識的大臣對這種現象則是反感的，他們會提出規諫。如：

> （貞觀）七年九月二十三日，上謂侍臣曰：「朕因暇日，每與秘書監虞世南商量今古，朕一言之善，虞世南未嘗不悅，有一言之失，未嘗不悵恨。嘗戲作豔詩，世南進表諫曰：『聖作雖工，體制非雅，上之所好，下必隨之。此文一行，恐致風靡，輕薄成俗，非為國之利。賜令繼和，輒申狂簡，而今之後，更有斯文，繼之以死，請不奉詔旨。』群臣皆若世南，天下何憂不治。因顧謂世南曰：『朕更有此詩，卿能死否？』世南曰：『臣聞詩者，動天地，感鬼神。上以風化下，下以俗承上。故季札聽詩，而知國之興廢，盛衰之道，實基於茲。臣雖愚誠，願不奉詔。』」[34]

其實虞世南是以寫宮體詩著稱的文學家，在與唐太宗的宴遊中，寫了不少應景唱和之詩，《全唐詩》現存其詩一卷，除幾首樂府之外，其餘都是與奉和應制之詩，其創作格調與在隋朝與隋煬帝的唱和時沒有什麼兩樣。但他的文學意識卻異常清醒，對唐太宗喜好豔情的行為提出了尖銳而中肯的批評，甚至以死相爭，這是文學自身淨化的一個典型事例。而這一席話由唐太宗本人說出來，又說明他對虞世南的勸言還是贊成的。正因為這樣，他對大臣的勸諫總是比較

32　唐太宗，〈帝京篇序〉，《全唐詩》，卷1。

33　封行高，〈冬門宴於庶子宅各賦一字得色〉：「無君敬愛重，歡言情不極。雅引發清音，麗藻窮雕飾。」（《全唐詩》，卷33。）

34　《唐會要》，卷65。

敏感，如《大唐新語》載：

> 太宗在洛陽，宴群臣於積翠池。酒酣，各賦一事。大宗賦《尚書》曰：
> 「日昃習百篇，臨燈披五典。夏康既逸怠，商辛亦沉湎。恣情昏主
> 多，克己明君鮮。滅身資累惡，成名由積善。」魏徵賦《西漢》曰：
> 「受降臨軹道，爭長趣鴻門。驅傳渭橋上，觀兵細柳屯。夜燕經柏
> 谷，朝遊出杜原。終藉叔孫禮，方知天子尊。」太宗曰：「魏徵每言，
> 必約我以禮。」[35]

其實，唐太宗的這首詩寫得十分古拙，沒有絲毫豔情和華美，而魏徵的詩
並不規諷之意，只詠歎漢高祖之事，在篇末強調禮於治國之重要。但唐太宗從
中還是能敏感到了其中的諷諫，感歎魏徵對自己的一番苦心。這說明在糾正六
朝浮靡文風、創建新的文學方而，唐太宗君臣是基本相通的，而且正因為唐太
宗本人在文學上也有較強的自我淨化的意識，他才樂於接受大臣們的諫諍和規
諷，自覺克服創作中的那些不甚高雅的興趣，盡量使文學走向健康和高雅。

總之，貞觀二十多年是唐人諫政活動最活躍的時期，也是唐代詩歌開始自
身淨化的重要時期，唐太宗君臣雖然沒有留下豐富的詩作，但他們在文壇積弱
難返的形勢下，端正了文學觀念，並遵循文學的客觀規律，理智地進行了自我
淨化。在這個過程中，唐代諫臣們逐步強化了文學的社會功能，弱化了華豔與
浮靡的流弊，為後代文學的發展提供了有益的經驗和借鑒。

第二節　陳子昂的諫臣意識與唐詩的自我確認

在唐代文學上，陳子昂所得到榮譽極高，「唐之名人無不推之」[36]，後人
更稱其為唐詩之祖，「陳拾遺子昂，唐之詩祖也。不但〈感遇詩〉三十八首為
古體之祖，其律詩亦近體之祖也。」[37]可見，唐詩的發展與陳子昂的貢獻是分不
開的，關於陳子昂的文學貢獻，人們論述得很多。但陳子昂為何為唐詩之祖，
他是如何讓唐詩具備自己的特質的東西？在此，我們將從陳子昂的諫官身分入

35　《大唐新語》，卷8，〈文章〉。
36　晁公武，《郡齋讀書志》，卷4上。
37　方回，《瀛奎律髓》，卷1。

手，解析他是怎樣完成這一時代使命的。

一

　　人們對陳子昂的評價重在其「變」之功，如盧藏用云：「（子昂）崛起江漢，虎視函夏。卓立千古，橫制頹波。天下翕然，質文一變。」[38] 梁蕭亦云：「唐有天下幾二百載，而文章三變：初則廣漢陳子昂以風雅革浮侈。」[39] 但他們在評價陳子昂時常常將他與其同時代文人相比較，強調他的「獨始性」。如韓愈〈薦士〉：「國朝盛文章，子昂始高蹈」，宋濂〈答章秀才論詩書〉云：「唐初承陳、隋之弊，多尊徐、庾，遂致頹靡不振。張子壽、蘇廷碩、張道濟相繼而興，各以風雅為師；而盧升之、王子安務欲凌跨三謝，劉希夷、王昌齡、宋少連亦欲蹴跨江、薛，固無不可者。奈何溺於久習，終不能改其舊。甚至以律法相高，益有四聲八病之嫌矣。唯陳伯玉痛懲其弊，專師漢、魏，而友景純、淵明，可謂挺然不群之士，復古之功，於是為大。」[40] 如果從開創一代文學風氣的歷史地位上來說，陳子昂具有奠基的作用，「子昂始高蹈」之類的評價是完全可以理解的。但是如果將陳子昂與其時代割裂開來，過分強調陳子昂的「始獨」之功，顯然不符合文學發展的規律，也不符合唐詩的真實。因為一種文學思潮的形成，絕非一人之功，個人只能是整個文學思潮中的一分子，即使這一分子特別關鍵。認識陳子昂應作如是觀。

　　貞觀時期的魏徵、令狐德棻等文學家們對新時期文學的理想設計上文已敘述，茲以其同時代為例，考察當時的文學風氣。略早於陳子昂的初唐四傑改革浮靡文風的強烈呼聲，其中王勃的聲音最為洪亮。楊炯〈王勃集序〉云：「嘗以龍朔初載，文場變體。爭構纖微，競為雕刻。糅之金玉龍鳳，亂之朱紫青黃，影帶以絢其功，假對以稱其美，骨氣都盡，剛健不聞。思革其弊，用光志業。」王勃在其〈上吏部裴侍郎啟〉一文中亦明確表達自己的文學見解：「文章之道，自古稱難。聖人以開物成務，君子以立言見志。遺雅背訓，孟子不為；勸百諷一，揚雄所恥。苟非可以甄明大義，矯正末流，俗化資以興衰，家國由其輕重，古人未嘗留心也。」王勃的文學意識，基本上就是儒家詩教的翻版，他以強化

38　盧藏用，〈右拾遺陳子昂文集序〉，《全唐文》，卷283。
39　《唐文粹》，卷92。按《文苑英華》「變」作「振」。
40　《宋文憲公全集》，卷37。

文學的社會功能和政治效用來矯正浮靡文風，與唐初魏徵、令狐德棻等人的文學設想基本相近。由於年少早逝，王勃未能顯示其政治才能，其政治實踐也非常有限，但就其有限的政治經歷以及為政原則來看，他的政治思想亦未超出儒家的範疇，其為沛王侍讀時所撰之《平臺秘略》即能說明這一點。《平臺秘略》已佚，現存有〈平臺秘略論〉十首，內容為〈孝行〉、〈貞修〉、〈藝文〉、〈忠武〉、〈善政〉、〈尊師〉、〈褒客〉、〈幼俊〉、〈規諷〉、〈慎終〉等等，這些條目與此前儒家政論沒有多大區別，其〈藝文〉、〈善政〉、〈規諷〉等篇章中所表現出的文學觀念和諫淨意識，亦體現了一個青年詩人難能可貴的政治頭腦，如其〈規諷〉篇云：「夫陵谷好遷，乾坤忌滿。哀樂不同而不遠，吉凶相反而相襲。故有全中卒行，用心於不爭之場；杜漸防微，投跡於知幾之地。昔之善持滿者，用此者也。」這位剛踏進政壇的詩人運用史料，陳述了規諷於治國修身之重要，其文學革新的動機也正是來自於儒家思想對文學的政治期待。通觀王勃的文學理性，我們可以明顯感覺到重實用輕辭采的思維傾向，儘管在政治上，王勃是一個失敗者，在文學創作中，他也未能完成其革除浮侈的文學使命，但其短暫的人生依然在唐代文學史上寫下了輝煌的一筆，除了在近體詩上的成就之外，其影響最大的就是詩歌革新的呼喚，這種呼喚與其潛在的諫臣意識是分不開的。如果連繫王勃的人生觀，我們還會看到，王勃對立言的社會功利期待也是相當強烈的：「噫！蒼生可以救耶？斯文可以存耶？昔太上有立德，其次有立功，其次有立言。非以拘名，將以濟人也。」[41] 除王勃之外，當時許多政治家對浮靡文風以及重文的選士制度亦深為不滿，如唐高宗儀鳳三年（678）魏元忠上書言：「理國之要，在文與武。今言文者則以辭華為首而不及經綸，言武者則以騎輕為先而不及方略。是皆何益於理亂哉！」[42] 這類文字在唐高宗朝還能找到很多，可以說，改變文學風氣、端正文學發展的方向是不少政治家們思考的共同話題。

　　陳子昂的文學改革意識就是這種時代潮流催生的，既不「獨」，也非「始」。既非「獨始」，那麼為何唯獨陳子昂取得了「卓立千古、橫制頹波」的文學成就，並獲得至高的贊譽呢？近年來有人在探討這個問題時說：「鼓吹文風改革者既

41　王勃，〈黃帝八十一難經序〉，蔣清翎，《王子安集注》（上海：上海古籍出版社排印本，1995），卷 9。

42　《資治通鑑》，卷 202。

然不是陳子昂一人，為什麼獨有他在後世的影響最大？我以為這與他除了理論的要求外，還進行了足以實踐其理論要求的創作有關。在理論與實踐相互映證與支持方面，在當時提倡文風革新的眾人中，遑論其他，連王勃也無法與之相比。」[43] 這話有一定道理，值得我們進一步思考的是，既然文學改革是一種時代潮流，那麼為什麼有的人未能將這種改革進行下去，實踐於文學創作，而唯有陳子昂能將其文學理論應用於實踐，使文學「質文一變」，別開生面？如果將其與王勃相比，答案自見。王勃由於政治的坎坷和天不假年，未能實踐其諫臣角色，政治意識和文學創作未能充分結合，因此，他的革新意識只停留在理論上，未付諸實踐，給他自己也給文學留下了許多遺憾。如果再將其與魏元忠相比，答案也很明顯，魏元忠等對浮靡文風的不滿只停留在奏章，他們缺少文學創作，未能提供必要的文學借鑒。王勃和魏元忠的種種遺憾在陳子昂那裡得到了彌補，陳子昂以諫臣的心態走向生活，其政治實踐和文學實踐都深受這種諫臣心態的影響。本著重政治效應的諫臣心態，陳子昂和王勃一樣，不願將自己定位一個文學之士，像魏元忠一樣，不願讓文學成為無益於治國的東西。其〈上薛令文章啟〉云：

> 一昨恭承顯命，垂索拙文，祗奉恩榮，心魂若屬，幸甚幸甚。某聞鴻鐘在聽，不足論擊缶之音；太牢斯烹，安可薦羹藜之味。然則文章薄伎，固棄於高賢，刀筆小能，不容於先達，豈非大人君子以為道德之薄哉！……伏惟君侯星雲挺秀，金玉間成，衣冠禮樂，範儀明野，致明君於堯舜……某實細人，過蒙知遇，顧循微薄，何敢祗承？謹當畢力竭誠，策駑磨鈍，期效忠以報德，奉知己以周旋。文章小能，何足觀者？不任感荷之至。[44]

在這段干謁性的文字裡，陳子昂使用「文章薄伎」、「文章小能」等前人常用的詞句，並不是要貶抑文學的價值，而是希望薛令（元超）不要只把他看作文章之士，請求他把自己當作「致明君於堯舜」的濟世之士引薦於朝。入仕之後，陳子昂真正任拾遺的時間並不長，但其政治活動始終伴隨著諫諍。陳子昂初任麟臺正字時，武后召見使論為政之要，他上〈答制問事八條〉，其中有「招

43　劉石，〈文學價值與文學史價值的不平衡性─陳子昂評價的一個新角度〉，《文學遺產》，1994.2。

44　《全唐文》，卷214。

諫科」，詳細地陳述了自己的諫諍意識：

> 天下貴能至公，至公者當務直道。臣伏見神皇至公，應物直道容賢，
> 然未見敢諫之臣，骨鯁之士，天下直道未得公行。巨聞聖人大德，
> 在能聽諫。古典所說，蓋不足陳。臣伏見太宗文武聖皇帝，德冠三王，
> 名高五帝，實由能容，魏徵愚直，獲盡忠誠，國史書之，明若日月。
> 直言之路啟，從諫之道開，貞觀已來，此實為美。今聖皇坐明堂，
> 布大政，神功聖業，能事備矣。夫骨鯁之士，能美聖功，伏惟神皇
> 廣延直臣，旌賞諫士，使大聖之德引納日新，書之金板，萬代有述。
> 非神皇卓犖仁聖，臣不可獻此言也。[45]

　　他把魏徵與唐太宗的關係視為理想的君臣關係，用貞觀時期的諫諍風氣勸
導武則天廣開言路，任用骨鯁直言之臣：「古人言，為國忠臣者半死，而為國
諫臣者必死。然而至忠之臣不避死以諫主，至聖之主不惡直以廢忠臣。」[46]因此，
在從政的日子裡，他一直把直言進諫作為自己從政的基本信條，無論他在什麼
地方，也無論他具備什麼角色，只要他認為朝廷的決策不合時宜或禮法，他都
會直言相諫，「每上疏言政事，詞旨切直」[47]，《全唐文》中現存其直言政事之
文近二十篇，其中〈諫雅州討生羌書〉、〈諫靈駕入京書〉、〈上蜀川軍事書〉、
〈諫刑書〉、〈諫政理書〉、〈諫用刑書〉等，並不作於他任諫官時。這些諫
疏都是針對當時較敏感的政治事件和軍事事件而提出的，其中較少書生之言，
視野開闊，思慮深刻，表現出一個政治家非凡的膽識和能力。王夫之評曰：「陳
子昂以詩名於唐，非但文士之選也，使得明君以盡其才，駕馬周而頡頏姚崇，
以為大臣可矣。其論開間道擊吐蕃，既經國之遠猷，且當武氏戕殺諸王凶威方
烈之日，請撫慰宗室，各使自安，攖其虓怒而不畏，抑陳酷吏濫殺之惡，求為
伸理，言天下之不敢言，而賊臣凶黨弗能加害，固有以服其心而奪其魄者，豈
冒昧無擇而以身試虎吻哉？故曰以為大臣任社稷而可也。」[48]儘管他最終未能實
現自己的政治理想，但唐人對他政治品質依然給予極高的評價：「陳君道可以

45　《全唐文》，卷212。

46　陳子昂，〈申宗人冤獄書〉，《全唐文》，卷213。

47　趙儋，〈大唐劍南東川節度觀察處置等使戶部尚書兼御史大夫梓州刺史鮮于公為故右
　　拾遺陳公建旌德之碑〉，《全唐文》，卷732。

48　王夫之，《讀通鑑論》，卷21。

濟天下，而命不通於天下；才可以致堯舜，而運不合於堯舜。」[49]這種評價並不失公允。

可見，相對於其同時代的政治家和文學家，陳子昂顯然具有獨特的政治品質和文學才能。他比一般的文學家更具有政治頭腦，比一般的政治家更具有文學天才，他不僅能敏銳地觀察當時的社會政治，而且還能準確而形象地將其所見所感表達出來。這樣的能力結構，與唐代初期魏徵、令狐德棻以及孔穎達等史學家和經學家們對文學家的要求是相一致的，因此，陳子昂的政治實踐和文學成就使唐代文人在能力結構上獲得自我確認，文學家的諫臣意識與文學的社會效應相結合，使唐代文學確立了新的發展方向，從這個意義上來說，陳子昂是功不可沒的。

二

應該說，陳子昂的人生風格是多樣的，「奇傑過人，姿狀嶽立。始以豪家子，馳俠使氣。至年十七、八，未知書。……晚愛黃老之言，尤耽味易象。」[50]但綜觀其一生，陳子昂仍不失為一個恪守道德的政治家和文學家，他的〈座右銘〉是：

> 事父盡孝敬，事君端忠貞，兄弟敦和睦，朋友篤信誠。從官重恭慎，立身貴兼明，待士慕謙讓，蒞民尚寬平，理訟惟正直，察獄必審情。謗議不足怨，寵辱詎須驚，處滿常憚盈，居高本慮傾。詩禮固可學，鄭衛不足聽，幸能修實操，何俟釣虛聲。白珪可玷滅，黃金諾不輕。秦穆飲盜馬，楚客報絕纓。言行墊我擇，存歿自揚名。[51]

這是一種全面的道德自律，他將儒家的倫理、道家的淡泊糅合在一起，將施展才華和建功立業當作人生之常道：「歲月易得，古人疾沒代不稱，功業未成；君子以自強不息。豈非懷其寶，思其用，然後以取海內之名，以定當年之策，展其才力以驅馳。」[52]這種道德自律和功名追求所產生的人格效力延續到文

49　趙儋，〈大唐劍南東川節度觀察處置等使戶部尚書兼御史大夫梓州刺史鮮于公為故右拾遺陳公建旌德之碑〉，《全唐文》，卷 732。

50　盧藏用，〈陳子昂別傳〉，《全唐文》，卷 238。

51　陳子昂，〈座右銘〉，《全唐文》，卷 214，2/956。

52　陳子昂，〈餞陳少府從軍序〉，《全唐文》，卷 214，2/956。

學實踐中，使得陳子昂也賦予文學極崇高的政治使命和道德義務：「以身許國，我則當仁；論道匡君，了思報主。」[53]在道德自律中的陳子昂，正是從這種崇高感和義務感把握人生方向及價值取向的。不過，如何將這種崇高感和義務感貫穿於文學創作中卻並非易事，因為文學創作不同於貼標簽，空洞的口號和抽象的理論是解決不了問題的。而從唐代初期的文學現狀來看，如何將文學的崇高感和義務感融入創作裡，形成一種讓人普遍接受的價值取向，是唐代文學自我確認的關鍵。陳子昂的文學成就也就是通過自己的努力，確立了文學的藝術趣尚和價值追求，使唐代文學在審美情趣和藝術價值上獲得新的自我確認。

　　陳子昂是主張復古的，其藝術情趣以古雅為高。在具體文學實踐中，陳子昂很注重「復古」與「用今」的關係，在處理與同時代詩人們的關係上，在宣傳自己詩歌理想的方式上，其表現也比較符合藝術規律。他沒有抽象地表達自己的文學見解，更沒有機械地將自己孤立於時代文學潮流之外，相反，他十分注意讓自己的文學活動建立在眾人皆能認可的基礎上，通過具體的文學實踐，宣傳自己的文學主張，用真情交流傳遞自己的藝術情趣。這一點，陳子昂與唐朝開國初期的魏徵等人文學革新精神和實踐原則是相通的。

　　文學史上談到陳子昂的文學主張，多舉其〈修竹篇序〉，但人們在稱頌其「興寄」、「風骨」之類的文學主張的時候，往往忽略了這樣一個問題：東方虯那篇令陳子昂興奮不已的有「正始之音」的〈孤桐篇〉到底是什麼樣的？這首詩已佚，我們也無法感受它「骨氣端翔，音情頓挫，光英朗練，有金石聲」的藝術特色。不過《全唐詩》中所保存的東方虯的四篇作品，思想和藝術都十分平庸，如〈春雪〉：「春雪滿空來，觸處似花開。不知園裡樹，若個真是梅。」〈昭君怨〉：「掩淚辭丹鳳，銜悲向白龍。單于浪驚喜，無復舊時容。」據此，〈孤桐篇〉實際有多高的成就也可想而知了。所以，陳子昂作〈修竹篇序〉的真實動機不是因為東方虯的〈孤桐篇〉真的超乎時彥，而是他想借此發表自己的文學主張，倡導一種文學精神。只要細加考察便會發現，陳子昂的文學主張都是通過這種方式表達出來的，如在〈夏日暉上人房別李參軍崇嗣序〉中，陳子昂說：「各述所懷，不拘章韻。」這與他注重情感表述、不受語言形式束縛的創作原則是一致的。又如在〈登薊城西北樓送崔著作融入都序〉中云：「以

53　陳子昂，〈登薊城西北樓送崔著作融入都序〉，《全唐文》，卷84。

身許國，我則當仁；論道匡君，子思報主。」借送人表達自己的政治懷抱；又〈喜馬參軍相遇醉歌序〉云：「吾無用久矣！進不能以義補國，退不能以道隱身。……夫詩可以比興，不言曷著？」可見陳子昂並不是一個板著面孔空喊改革口號的人，他的文學革新是貫穿於文學實踐中的，他不僅自我實踐，而且更善於通過交遊、唱和等形式宣傳自己的詩歌理想，以感染更多的人，獲得更大的共鳴。陳子昂與宋之問的關係亦能證他的這種努力是成功的。後人在評價陳子昂時，總將其與沈佳期、宋之問對立起來，如高棅亦云：「唐興，文章承陳、隋之弊，子昂始變雅正，瓊然獨立，超邁時髦。……故能掩王盧之靡韻，抑沈、宋之新聲，繼往開來，中流砥柱，上遏貞觀之微波，下決開元之正派。」[54] 似乎陳子昂對宋之問很反感，宋之問一直是他批駁的對象，其實不然。儘管陳子昂與宋之問的文學趣尚不同，但他們之間的交往卻十分緊密，時有詩歌唱和，而他們的唱和詩除了真實的感情交流之外，還有一種藝術潛在感染。如宋之問那首〈使天兵軍約與陳子昂新鄉為期及還而不相遇〉詩云：「入衛期之子，籲磋不少留。情人去何處？淇水日悠悠。恆碣青雲斷，衡漳白露秋。知君心許國，不是愛封侯。」其情感和氣勢就頗似陳子昂的古詩。而陳子昂在與他唱和的詩中，也有意地表露自己的政治情懷，如〈同宋參軍之問夢趙六贈盧陳二子之作〉云：「達兼濟天下，窮獨善其時。諸君推管樂，之子慕巢夷。奈何蒼生望，卒為黃綬期。銘鼎功未立，山林事亦微。撫孤一流慟，懷舊且暌違。」陳子昂將宋之問作為一個可以交流的對象來傾訴，這種傾訴也許是無意識的，卻極富感染力。上述現象體現了陳子昂文學實踐的自覺性和廣泛性，他沒有將文學的社會功能和政治效用等同於死板的教化，而是在文學的各個環節上融入自己的審美趣尚和價值追求，以便引導文學之士突破南朝及唐初宮體詩的樊籬，從新的角度確認新時期的藝術。陳子昂的努力是有成效的，他同時代的盧藏用對他熱情洋溢的評價就說明了這一點。

正因為陳子昂不刻意將自己與同時代的詩人對立起來，所以生活上的陳子昂融儒道佛於一體，藝術上的他也表現出極大的兼融性，除儒家的君臣道德之外，仙意和佛趣常駐其胸，一如其〈夏日暉上人房別李參軍序〉云：「討論儒、墨，探覽真玄。覺周、孔之猶述，知老、莊之未悟。遂欲高攀寶座，伏奏金仙，開不二之法門，觀大千之世界。」許多詩歌就是他那習佛求仙情懷的寫照，如：

---

54 高棅，《唐詩品匯·五言古詩敘目》。

「鐘梵經行罷，香床坐入禪。巖庭交雜樹，石瀨瀉鳴泉。水月心方寂，雲彼思獨玄。寧知人世裡，疲病苦攀緣。」[55]中又：「世上無名子，人間歲月賖。縱橫策已棄，寂寞道為家。臥疾誰能問，閑居空物華。猶憶靈臺友，棲真隱大霞。還丹奔日馭，卻老餌云芽。寧知白社客，不厭青門瓜。」[56]陳子昂的這種文學境界，也許不甚符合復古的標準，所以朱熹對陳子昂作品中的思想內容提出了非議，「恨其不精於理，而自托於仙佛之間自以為高也。」[57]而這正是陳子昂的獨特之處，也是陳子昂的真實之處。

　　陳子昂處理「復古」與「用今」的方法，對李白產生了很大的影響。李白復古意識極強，自云：「大雅久不作，吾衰竟誰陳。王風委蔓草，戰國多荊榛。……聖代復元古，垂衣貴清真。群才屬休明，乘運共躍鱗。文質相炳煥，眾星羅秋旻。我志在刪述，垂輝映千春。」[58]孟棨〈本事詩〉亦載：「李白才逸氣高，與陳拾遺齊名，先後合德。其論詩云：『梁、陳以來，豔薄斯極。沈休文又尚以聲律，將復古道，非我而誰與？』」而李白在社會生活和文學創作中並沒有因為自己審美情趣與他人有差異而不與人交往，更沒有將自己的藝術情趣拘於某一方面，廣泛的情趣成就了他超絕的詩才。有意思的是，李白對陳子昂的認可，恰恰亦在他的仙道風範上，其〈贈僧行融〉云：「梁有湯惠休，常從鮑照遊。峨眉史懷一，獨映陳公出。卓絕二道人，結交鳳與麟。」[59]這說明陳子昂倡導文學革新的方式以及文學實踐的形式也得到了後人的確認。

　　三

　　作為諫官的陳子昂在唐詩創作中的突出地位，恐怕在於他將文學的審美功能和社會功能結合起來，充分發揮文學主體的能動作用，為唐詩的諫政與言情提供了藍本。這一點杜甫的感受最為真切：

　　　有才繼騷雅，哲匠不比肩。公生揚馬後，名與日月懸。

　　　同遊英俊人，多秉輔佐權。彥昭超玉價，郭震起通泉。

55　陳子昂，〈酬暉上人秋夜獨坐山亭有贈〉，《全唐詩》，卷83。
56　陳子昂，〈臥疾家園〉，《全唐詩》，卷84。
57　朱熹，〈齋居感興二十首序〉，《晦庵先生朱文公文集》，卷4。
58　李白，〈古風五十九首〉其一，王琦，《李太白全集》卷2。
59　王琦，《李太白全集》，卷12。

到今素壁滑，盛事豈一時。終古立忠義，〈感遇〉有遺篇。[60]

　　盧藏用的「質文一變」、梁蕭的「以風雅革浮侈」，都是就其諫政詩歌的藝術特質而言的。有人在解析陳子昂有關「風骨」、「興寄」等理論時存有誤區，認為陳子昂的理論和創作是重質輕文、守舊落後的，「華實並存，文質俱重——內容與形式完美統一，這才是盛唐的『奧妙』，這才是『唐詩所以成功的原因』。它恰恰證明了陳子昂重質輕文的詩歌理論，沒有從根本上把文學發展的時代脈搏，背離了文學發展的總體趨勢，因而未能為唐詩指明所應發展的莊端道路。怎麼能把唐詩的成功歸美於陳子昂呢？」[61]這種言論顯然違反了唐詩發展的真實情形。因為將唐詩的成功歸美於陳子昂，並不是後人強加的，而是其同時代的人以及唐代所有有成就的文學家們所公認的，因為陳子昂的確讓他們看到和學到了唐代文學發展所需要的東西。連唐人都認可他的文學地位，我們憑什麼要加以否認呢？而且如果我們弄清楚陳子昂的文學理論以及創作實踐給唐代文壇留下了什麼，唐人從他裡獲得了哪些方面的自我確認，就會理解唐人為何如此崇敬陳子昂了。

　　的確，在對藝術的社會功能的認識上，陳子昂未能超出儒家的政治思維，在給武則天的《諫政理書》中，他表達理想的治國境界，突出了詩、樂在治國中的作用：

　　　　聖人之教，在於可大可久者，故臣欲陛下振領提綱，使天下自理也。然臣竊獨有私恨。陛下方欲興崇大化，而不知國家太學之廢積歲月矣，堂宇蕪穢，殆無人蹤，詩書禮樂，罕無習者，陛下明詔尚未及之，愚臣所以有私恨也。臣聞天子立太學，可以聚天下英賢為政教之首，故君臣上下之禮於是興焉，揖讓樽俎之節於此生焉。是以天下得賢臣由此道也。今則荒廢，委而不論，而欲睦人倫，興禮讓，失之於本而求之於末，豈可得哉！況天下子三年不為禮，禮必壞，三年不為樂，樂必崩，奈何天子之政而輕禮樂哉！

　　這段觀念並不新鮮的文字，不是文學宣言，而是治國策略。作者明確地將

60　杜甫，〈陳拾遺故宅〉，《杜詩詳注》，卷11。
61　劉石，〈陳子昂新論〉，《文學評論》，1988.2。

詩、書、禮、樂作為治國的基本要件，從觀念上明確了文學藝術的社會功能，從根本上解決了文學內容與形式的關係問題，確定了文學的存在形態及價值。相對於唐朝以前的文學觀念，它近乎老生常談，但在唐代文學處於浮靡不振、迫切需要尋找自己的發展方向的關鍵時刻，陳子昂的這番話還是有著強烈的現實針對性的，它促成了唐代文學在社會功能上的自我確認。

　　但是，如果認為陳子昂的文學意識只停留在政治教化上，那是片面的。陳子昂提出的「興寄」是一個大於「寄興」的理論範疇，它包括「興」和「寄」這兩個方面。所謂「興」，又包含有「起興」和「興象」兩個層面，側重於外在物象；所謂「寄」，也包含「言志」和「寄情」兩個層面，側重於內在情感。但「興寄」作為一種文學觀念，不是簡單的外在與內在相結合或主體與客體相結合的問題，它把儒家傳統的比興、言志與漢魏時期緣情、重氣等觀念融合在一起，形成了一種富有唐朝時代特色的文學觀念。因此，他在表述「興寄」、「風骨」這兩個理論範疇的時候，都是有意將其與「漢魏」、「正始」這一特定的時代連繫在一起。說明在他的文學觀念中，那個階段的文學藝術是唐詩成長不可或缺的土壤。因而陳子昂所提倡的復古也有繼承並發揚漢魏、正始文學的因素。宋劉克莊云：「陳〈感遇〉三十八首，李〈古風〉六十六首，真可以掃齊、梁之弊，而追還黃初、建安矣。」[62] 很有見地。因此，儘管陳子昂注重文學的教化效用，但他繼承漢黃初建安文學重氣、重風骨的藝術成果，既強調文學的社會效應，又突出創作主體的情感表現；既重視具有藝術美感的「興象」，又肯定富有個性的情感寄托，確立了唐代詩歌藝術的理想。杜甫稱他「有才繼騷雅」，就是從這個角度而言的。今人徐文茂釋「興寄」云：「如果說『興』是指審美主客體在特定的具體環境中相互感應、相互揚棄、相互統一的辯證運動，那『寄』則是從突出審美主體的角度來著眼的，是從審美運動主體由緒、意、旨，以及如何使旨具體物化為興象並構成詩境的過程來提出的。……『興寄』不僅肯定了審美主客體的辯證運動，而且就主客關係和運動形態，強調了審美主體的自覺性、能動性、創造性。」[63] 此見解是相當深刻的。陳子昂標舉「風骨」和「興寄」，一方面規定了新時期文學的美學特質，另一方面也突出了文學家的創作規範，這兩者是互為一體的，「風骨」是「興寄」的藝術形態，有「興

62　劉克莊，〈詩話後集〉，《後村先生大全集》，卷176。

63　徐文茂，〈陳子昂〈興寄〉說新論〉，《文學評論》，1998.3。

寄」即有「風骨」。在注重「興寄」的創作意識中，「質」和「文」是沒有輕重之分的。也許陳子昂有些作品有過於古拙之弊，但從理論上說，他並沒有「重質輕文」的傾向，相反，他所期待的依然是魏徵所展望的那種「文質彬彬，盡善盡美」的文學境界。

陳子昂在「興寄」觀念指導下的文學實踐，完成了唐代文學寫什麼和怎樣寫的時代使命，在革除南朝浮靡文風、創建新時期文學規範方面發揮了重要作用，從創作主體和藝術效果兩方面引導唐人進行了自我確認，使文學成為其參與政治、抒寫人生的有效手段。「興寄」和「風骨」在唐代文學中獲得廣泛的確認和運用，胡應麟云：「唐初承襲梁、隋，陳子昂獨開古雅之源。……高適、岑參、王昌齡、李碩、孟云卿，本子昂之古雅，而加以氣骨者也。」[64]而其代表作〈感遇〉三十八首，更是影響深遠。這種影響分為直接和間接兩條線索，直接線索即張九齡的〈感遇〉、李白的〈古風〉、司空圖的〈效陳拾遺感遇〉、孫郃的〈古意（擬陳子昂）〉等，他們繼承陳子昂〈感遇〉詩的表現手段，抒發情感，諷刺時弊，呈現出古雅質樸的風格。間接線索即杜甫、元結、白居易、韓愈，他們雖然沒有明顯地使用〈感遇〉的形式寫作，但繼承了陳子昂的諷諫精神，以文學為參政形式，表達自己對現實社會的關注、對朝政弊端的批評，使現實主義文風更加光大。從這兩條線索中我們可以明白陳子昂為何能在唐代文壇有如此高的聲響了。

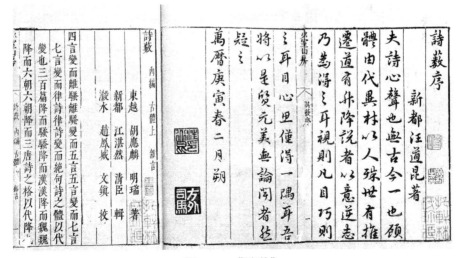

圖 41　《詩藪》

64　胡應麟，《詩藪》，〈內篇〉，卷 2。

綜上所述，陳子昂作為一代文學大家，以其鮮明的文學理論和豐富的文學實踐，為唐詩的發展確立了方向。其論道匡君的諫淨精神、復古用今的實用原則、追求興寄的文學理性，從作家修養、生活風範、文學實踐等角度，為唐代文學擺脫南朝文學遺風、形成自我個性提供了可行的規範，讓唐代文學獲得了自我確認，走向健康發展的軌道。

第三節　中唐文學家的諫臣意識與詩文革新思潮

唐代中期，文壇的革新風氣極盛。詩歌領域裡有以元、白為首的新樂府詩派，散文領域裡有以韓、柳為代表的古文派，他們順應時代的政治需要，強化文學與政治的關係，用儒家詩教和道德來規範文人及文學，使中唐文學理論和創作呈現出注重社會功用、突出道德教化、追求文（詩）道一體的特徵。值得注意的是，這個時代也是文學家任諫官最多的時代，即使沒有任諫官的文學家，其諫臣心態也較此前文人顯得強烈。這個現象告訴我們，從諫臣意識來考察中唐文學的革新思潮，對於探討中唐文學發展的動因，不僅必要，而且肯定是有收益的。

一

人們在研究中唐詩文革新思潮時，通常要從前期的代表人物開始。前期的代表人物是李華（當為盛唐人）、蕭穎士（當為盛唐人）、獨孤及、梁肅、權德輿等人，他們的文學思想直接開啟了中唐的文學革新運動。中唐文學革新運動的代表人物有：元稹、白居易、韓愈、柳宗元、李翱。在上述這些人物中，除蕭穎士、韓愈、柳宗元之外，其餘都任過諫官。而且無論是否為諫官，他們的品格和才能都具有以下共同特徵：其一，性剛直，敢論議；其二，有儒術，重道德；其三，有政能，尚實效。他們是一批傑出的深受儒家政治觀念影響的以復興儒學、振興時代為己任的政治家和文學家。

李華和蕭穎士都是開元二十三年（735）進士，主要活動於唐玄宗時代。雖然其年代超出了本節討論的範圍，但他們的品格、學術和文章都直接開啟中唐，故暫放在此節中討論。在現實生活中，他們恪守儒家的道德規範，在忠孝友悌諸方面都十分突出。《新唐書・李華傳》載：李華「外若坦蕩，內謹重」。

因彈劾奸相楊國忠之親族被權貴嫉恨，為右補闕。安史之亂中陷賊，迫受偽官，「自踐危亂，不能完節，又不安能安親，欲終養而母亡，遂屏居江南。上元中，以左補闕、司封員外郎召之。華喟然曰：『烏有墜節危親，欲荷天子之寵乎？』稱疾不拜」。李華的兒子李翰、侄子李觀都是中唐時期傑出的古文家。特別是李觀，年二十九歲卒，史稱其屬文「不旁沿前人，時謂與韓愈相上下」，成就極高。蕭穎士在〈贈韋司業書〉中稱：「自有識以來，寡於嗜好，經術之外，略不嬰心。」他的人生理想是：「假使因緣會遇，躬力康衢，正應陪侍從近臣之列，以箴規諷諭為事，進足以獻替明君，退足以潤色鴻業。」因此他對當時以文辭取士的制度深為不滿，表示自己絕不會做一個文辭之士：「丈夫生遇升平之時，自為文儒士，縱不能公卿坐取，助人主視聽，致俗雍熙，遺名竹帛，尚應優遊道術，以名教為己任，著一家之言，垂沮勸之益，此其道也。豈直以辭場策試，一第聲名為知己相期之分耶？」[65] 他的行為方式有兩個明確特徵，一方面因不滿於權貴當政而在官場上表現出「誕傲褊忿」[66]；另一方面以弘道為己任，廣結同道之士。《新唐書‧文苑傳中》云：「穎士樂聞人善，以推引後進為己任，如李陽、李幼卿、皇甫冉、陸渭等數十人，由獎目，皆為名士，天下推為知人，稱蕭功曹。嘗兄事元德秀，而友殷寅、顏真卿、柳芳、陸據、李華、邵珍、趙驊，時人語曰『殷、顏、柳、陸，李、蕭、邵、趙』，以能全其交也。」

　　天寶年間的李華和蕭穎士，是生活在儒家道德理想中的人。當這種理想與現實社會發生衝突的時候，他們所選擇的是安貧守道，以道術和道德自足。他們雖任過諫官或有諫臣意識，但由於仕途坎坷，他們在政治上基本沒有作為，看不出他們所從事的諫政活動。不過他們那種重道術和道德的崇儒精神，通過廣交同道之士，對此後儒士的人生理想和政治作為都產生了深刻的影響，這在獨孤及和梁肅的身上體現得較明顯。獨孤及曾受知於李華，梁肅是獨孤及的弟子，而中唐古文大家韓愈與他們亦有師承淵源。「大曆、貞元之間，文字多尚古學，效揚雄、董仲舒之述作，而獨孤及、梁肅最稱淵奧，儒林推重。愈從其徒遊，銳意鑽仰，欲自振於一代。」[67] 與李華和蕭穎士的文儒合一的知識結構相

65　蕭穎士，〈贈韋司業書〉，《全唐文》，卷223。
66　《舊唐書》卷190〈文苑傳下〉：「李林甫采其名，欲拔用之。乃召見。時穎士寓居廣陵，母喪，即縗麻而詣京師，徑偈林甫於政事省。林甫素不識，遽見縗麻，大惡之，即令斥去。穎士大忿，乃為〈伐櫻桃賦〉以刺林甫……終以誕傲褊忿，困躓而卒。」
67　《舊唐書》，卷160，〈韓愈傳〉。

比，獨孤及和梁肅更接近於師吏一體的能力結構。他們不僅自己習儒奉儒，精通經籍，而且在政治貴踐和社會生活中自覺地宣揚儒家經義，通過辦學、講學、提拔儒士等方式，用儒家的道德觀念去教化民眾，用道德來規範文章，表現出極強的行政能力和人格感召力。「獨孤及剛方直清，根於酌情處理術，其修身蒞官，確乎處中，立言遣辭，有古風格。」[68]、「性孝友，其為文彰明善惡，長於論議。」[69]任諫官時他恪盡職守，任地方官時，亦以弘儒為己任，以儒術教化一方。梁肅〈陪獨孤常州觀講《論語》序〉較具體地記述了獨孤及師吏一體的行政特徵：

> 晉陵守河南獨孤公以德行文學，為政一年，儒術大行。與洙泗同風。公以為使民悅以從教，莫先乎講習；括五經英華，使夫子微言不絕，莫備乎《論語》。於是俾儒者陳生以《魯論》二十篇於郡學之中，率先講授。乃季冬月朔，公既視政，與二三賓客躬往觀焉。

圖 42　獨孤及

在教化一方的同時，獨孤及對家人的教育也十分嚴格。受他的感染，其子

68　權德輿，〈獨孤公諡議〉，《全唐文》，卷488。

69　《新唐書》，卷162，〈獨孤及傳〉。

獨孤朗和獨孤郁都是當時出色的諫官。獨孤朗元和中擢右拾遺，累官至諫議大夫。獨孤郁深得權德輿賞識，元和初拜右拾遺，進右補闕，「挺議繚固，號稱職」[70]。

　　梁肅的主要作為是利用自己的文學影響，推獎有道之人，倡習儒守道之風。「時崔元翰、梁肅文藝冠時，贄輸心於肅，肅與元翰推薦藝實之士。」如果說獨孤及於師吏一體中偏重於吏，那麼梁肅則偏重於師。在有關梁肅的史料中，他基本上都是以師的形象出現的。如李泌命其子李繁拜梁肅為師：「泌與右補闕、翰林學士梁肅友善，嘗命繁持所著文請肅潤色。繁亦自有學術，肅待之甚厚，因許師事件，日熟其門。」[71]又《舊唐書‧崔群傳》云：「群有沖識精裁，為時賢相，清議以儉素之節，具終不及厥初。群年未冠，舉進士，陸贄知舉，訪於梁肅，議其登第有才行者。肅曰：『崔群雖少年，他日必至公輔。』果如其言。」又呂溫「從陸質治《春秋》，梁肅為文章」[72]。

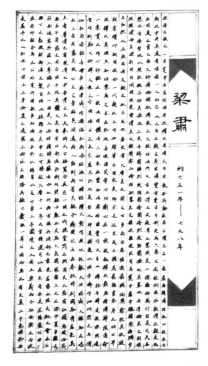 

圖 43　梁肅

70　《新唐書》，卷 162，〈獨孤及傳〉。

71　《舊唐書》，卷 130，〈李泌傳〉。

72　《舊唐書》，卷 160，〈呂溫傳〉。

作為一代文風的開啟者，蕭穎士、李華、獨孤及‧梁肅等人都有自己明確的文學主張。他們倡導儒學，指明文學的社會教化效果，追求文學的社會價值，以宗經、載道、致用、諫政作為文學的基本形態。李華云：「文章本乎作者，而哀樂繫乎時。本乎作者，六經之志也；繫乎時者，樂文武而哀周幽厲也。立身揚名，有國有家，化人成俗，安危存亡於是乎觀之。宣於志者曰言，飾而成之曰文。有德之文信，無德之文詐。」[73] 像所有倡導儒學者一樣，他們都有明顯的復古傾向，對孔孟以後的文章都有所不滿。蕭穎士「以為六經之後有屈原、宋玉，文甚雄壯而不能經。厥後有賈誼，文詞最正，近於理體。枚乘、司馬相如亦環麗才士，然而不近風雅」[74]。即使對開元天寶年間的文風，李華亦頗有微詞：「開元天寶之間，海內和平，君子得從容於學，以是詞人材碩者眾。然將相屢非其人，化流於苟進成俗，故體道寡矣。」[75]

與李華等前一輩的對既有文學現象的否定性批評有所不同的是，獨孤及和梁肅通過對文學典型的肯定性評價，確立了一種新的文學典範和創作規則，並將諫諍和文氣提到了極高的地位。獨孤及贊李華曰：

> 公之作，本乎王道。大抵以五經為泉源，抒情性以托諷，然後有歌詠；美教化，獻箴諫，然後有賦頌；懸權衡以辯天下公是非，然後有論議。至若記序編錄銘鼎刻石之作，必采其行事以正褒貶，非夫子之旨不書。故風雅之指歸，刑政之本根，忠孝之大倫，皆見於詞。於是文士馳騖，飆扇波委，二十年間，學者稍厭折楊皇荂，而窺咸池之音什五六。識者謂之文章中興，公實啟之。[76]

與此相同，梁肅評獨孤及的文章云：

> 夫大者天道，其次人文，在昔聖王以之經緯百度，臣下以之弼成五教。德又下衰，則怨刺形於歌詠，諷議彰乎史冊。故道德仁義，非文不明，禮樂刑政，非文不立。文之興廢視世之治亂，文之高下視才之厚薄。……洎公為之，於是操道德為根本，總禮樂為冠帶，以

---

73 李華，〈贈禮部尚書清河孝公崔沔集序〉，《全唐文》，卷315。
74 李華，〈揚州功曹蕭穎士文集序〉，《全唐文》，卷315。
75 李華，〈楊騎曹集序〉，《全唐文》，卷315。
76 獨孤及，〈檢校尚書吏部員外郎趙郡李公中集序〉，《全唐文》，卷388。

> 易之精義、詩之雅興、春秋之褒貶屬之於辭，故其文寬而簡，直而婉，辯而不華，博厚而高明，論人無貶虛美，比事為實錄，天下凜然，復睹兩漢之遺風，善乎！[77]

梁肅贊李泌之文云：

> 其習嘉遯則有滄浪紫府之詩，其在王庭則有君臣賡載之歌。或依隱以玩世，或主文以譎諫，步驟六義，發揚時風。[78]

　　他們通過贊美同道的詩文，標舉一種符合時代政治需要的文風，倡導一種宗經、明道、務實、諷諫的文學精神，這對提升作家的社會責任感、高揚諷諫傳統是十分必要的。為了讓這種文學精神表達得更強烈，他們在文學創作上，還吸收傳統的養氣說，以文氣作為聯結創作主客體的紐帶，注重文學的藝術性和思想性的統一，明確文、道、氣三者的辯證關係，為文學創作提供一種創作規範。如梁肅云：

> 文之作，上所以發揚道德，正性命之紀；次所以財成典禮，厚人倫之義；又次所以昭顯義類，立天下之中。……理勝則文薄，文勝則理消，理消則言愈繁，繁則亂矣。文薄則意愈巧，巧則弱矣。故文本於道，失道則博之以氣，氣不足則飾之以辭。蓋道能兼氣，氣能兼辭，氣不當則文斯敗矣。[79]

　　從蕭穎士、李華到獨孤及、梁肅，文人的政治角色越來越鮮明，對文學的諫諷要求也越來越明確。他們一方面用儒家的道德規範來要求自己，力圖讓自己成為一個道德的政治家；另一方面用富有時代特色的文學現象確立一種文學典範，沒有使文學革新僅停留在對某種文學現象的否定上。所以，作為中唐文學革新運動的先驅，他們從理論上和創作上為新的文學高潮的到來打下了堅實的基礎。

77　梁肅，〈常州刺史獨孤及集後序〉，《全唐文》，卷 518。
78　梁肅，〈丞相鄴侯李泌文集序〉，《全唐文》，卷 518。
79　梁肅，〈補闕李君前集序〉，《全唐文》，卷 518。

二

　　經過唐肅宗、代宗、德宗朝幾十年的醞釀，到唐憲宗元和（806-820）年間，文學革新的高潮終於到來了。其標志是：其一，以元稹和白居易為代表的新樂府詩歌的興起；其二，以韓愈、柳宗元為代表的古文運動的展開。這些人物登上政治舞臺的時候，或任諫官，或任御史，都有著極強的政治參與欲，政治活動和文學創作中都秉承著儒士們慣有的諫臣意識。所以說，這個文學革新高潮是伴隨著文人諫臣人格的自塑來實現的。

　　韓愈的入仕理想是做一名諫官，在寫給徐州張建封的〈齪齪〉詩中說：「願辱太守薦，得充諫諍官。排雲叫閶闔，披腹呈琅玕。」因此他對那些素餐尸位者十分反感，他有一篇〈爭臣論〉，是針對陽城而發的。「陽城拜兼諫議大夫，聞得失熟，猶未肯言，公作此論譏切之。」[80] 韓愈認為，「君子居其位，則思死其官；未得其位，則思修其辭以明其道。」因而對陽城居其位而不行其事非常不滿：「夫陽子本以布衣隱於蓬蒿之下，主上嘉其行誼，擢在此位，官以諫為名，誠宜有以奉其職，使四方後代知朝廷有直言骨鯁之臣，天子有不僭賞從諫如流之美。庶巖穴之士聞而慕之，束帶結髮，願進於闕下，而伸其辭說，致吾君於堯舜，熙鴻號於無窮也。」而陽城任諫官五年不言一事，違背了諫臣之道，故韓愈嚴厲責問：「今陽子在位不為不久矣，聞天下之得失不為不熟矣，天子待之不為不加矣，而未一言及政。視政之得失，若越人視秦人之肥瘠，忽焉不加喜於其心。問其官，則曰諫議也；問其祿，則曰天下大夫之秩也；問其政，則曰我不知也。有道之士，固如是乎哉？」在歷史上，陽城是一位有為的諫官，韓愈作此文後三年，奸相裴延齡陷害陸贄，企圖自代，陽城以死相諫。注家以為，「公作此論時，城居位五年矣。後三年而能排擊延齡，或謂城蓋有待，抑公有以激之歟？」[81]

　　因此，韓愈雖然未任過諫官，但他以弘揚儒道為己任，始終恪守著傳統的臣道觀，把直言進諫作為人臣之天職，心中總有一種強烈的諫臣意識有，一種弘道匡君的政治責任感和道義感。正因如此，韓愈在中國文化史上不僅是一個畢生弘道的儒學家，而且是一個敢於直言進諫的政治家，諫臣是他基本的政治角色，他被陽山、潮州，都與直諫有關。

80　馬其昶，《韓昌黎文集校注》（上海：上海古籍出版社，1986），卷2。
81　馬其昶，《韓昌黎文集校注》（上海：上海古籍出版社，1986），卷2。

與韓愈相同，柳宗元雖然沒有擔任諫官，而他的政治品質也是一個諫臣。他被貶之後自述心志曰：

> 宗元早歲，與負罪者親善，始奇其能，謂可以共立仁義、裨教化。過不自料，勤勤勉勉，唯以中正信義為志，以興堯舜孔子之道、利安元元為務。不知愚陋，不可力強，其素意如此也。[82]

圖 44　柳宗元雕像

柳宗元受啖趙學派的影響，他反對章句之儒，主張以經駁傳，不拘舊說，依經釋理，獨抒己見。他說：「馬融、鄭玄者，二子獨章句師耳。今世固不少章句師，僕幸非其人。」[83] 他認為「有益於世」的學問才是值得研究的，而研究學問亦應有益於世。政治的坎坷使他未能實現自己的治學理想，後來當有人與他談治學之道時，他還深感愧疚：

82　柳宗元，〈寄許京兆孟容書〉，《柳河東全集》，卷 30。
83　柳宗元，〈答嚴厚輿秀才論為師道書〉，《柳河東全集》，卷 34。

　　始僕之志學也，甚自尊大，頗慕古之大有為者。泊沒至今，自視缺然，
　　知其不盈素望久矣。上之不能交誠明，達德行，延孔子之光燭於後來；
　　次之未能勵材能，興功力，致大康於民，垂不滅之聲。退乃偍偍於
　　下列，呫呫於末位，偃仰驕矜，道人短長，不亦冒先聖之誅乎！[84]

　　柳宗元是以能吏的形象出現在政治舞臺上的。加人「二王」政治集團之後，
他和劉禹錫等人為革除弊政做了許多實事：「自其執政以後，罷進奉、宮市、
五坊小兒，貶李實，召陸贄、陽城，以范希朝、韓泰奪宦官之兵柄，革德宗末
年之亂政，以快人心、清國紀，亦云善矣。」[85]柳宗元對諫官之職特別敬仰，在
〈祭穆質給事文〉中，他這樣評價諫官：

　　自古直道，鮮不顛危。禍之重輕，則係盛衰。矯矯明靈，克丁聖時，
　　形軀獲宥，三觸無朽。賢良發策，始振其儀。天子動容，敬我直辭。
　　載之冊府，命以諫司。抗奸替否，與正為期。奏書百上，知無不為。

　　因此，在他的心中，諫官的責任感和榮譽感一直都十分強烈。他的政論文
以及部分寓言小品，都具有極強的諷諫或諷刺色彩，儘管在很多問題上，柳宗
元和韓愈都存在著分歧，但因為「明道」之古文有益於世、便於使文學行使其
參政諷諫的職能，所以，越是在被貶的歲月裡，他對文學的認識越真切，古文
創作也愈嫻熟，而且在那蠻荒之地，還擔當起了師長的角色。[86]

　　相對於韓柳，元稹、白居易則是直接以諫官的身分活躍於政治舞臺的，他
們的諫臣意識隨著其諫政活動而表現得淋漓盡致，而他們倡導新樂府的直接動
機就是以詩諫政，因此，從他們身上最能感受到唐人的諫臣意識對政治生活和
文學創作的影響。授諫官之前，白居易和元稹都應制舉，「退居於上都華陽觀，
閉戶累月，揣摩當代之事，構成策目七十五門。」[87]這是他們系統整理政治思想
的重要時期，在《策林》中，他們專設「納諫」一目，以「上封事，廣視聽」
為副標題，表達自己對諫諍的看法：

84　柳宗元，〈答貢士元公瑾論仕進書〉，《柳河東全集》，卷34。
85　王夫之，《讀通鑑論》，卷25。
86　參見孫昌武，《唐代古文運動通論》（天津：百花文藝出版社，1984），頁196。
87　白居易，〈策林序〉，《白居易集》，卷62。

天子之耳，不能自聰，合天下之耳聽之，然後聰也；天子之目，不能自明，合天下之目視之，然後明也；天子之心，不能自聖，合天下之心思之，而且聖也。若天子唯以兩耳聽之，兩目視之，一心思之，則十步之內不能聞也；則百步之內，不能見也；殿庭之外，不能知也：況四海之大，萬樞之繁者乎？聖王知其然，故立諫諍諷議之官，開獻替啟沃之道，裨乎補察遺闕，輔助聰明。猶懼其未也，於是設敢諫之鼓，建進善之旌，立誹謗之木：工商得以流議，士庶得以傳言，然後過日聞而德日新矣。是以古之聖王，由此途出焉。

在他們的諫諍理論中，君王應從諫如流，而人臣更應直言進諫，因此，他們又設「使百官職修，皇綱振」一目，目的「在乎革慎默之俗」：

夫百職不修，萬事不舉，皇綱弛而不振，頹俗蕩而不還者，由君子讜直之道消，小人慎默之道長也。臣伏見近代以來，時議率以拱默保位者為明智，以柔順安知者為賢能，以直言危行者為狂愚，以中立守道者為凝滯。故朝寡敢言之士，庭鮮執咎之臣，自國及家，寖而成俗。……慎默積於中則職事廢於外；強毅果斷之心屈，畏忌因循之性成。反謂率職而舉正者不達於時宜；當官而行法者不通於事變。是以殿最之文，雖書而不實；黜陟之法，雖備而不行。欲望善者勸，惡者懲，百職修，萬事舉，不可得也。

元白二人的這一段工夫沒白費，元和元年（806）四月，他們應「才識兼茂明於體用科」，元稹制科三等（甲等）及第，授左拾遺；白居易入四等（乙等），授周至尉，二年後授左拾遺。對元白的應制舉，王夫之予以了極高的評價：

制科取士，唐之得元、白，宋之得二蘇，比可謂得人之盛矣。稹、居易見知於裴中立，軾、轍見知於司馬君實，皆正人君子所嘉與也。觀其應制之策，與登科以後慨陳言，持國是，規君過，述民情，達時變，洋洋乎其為昌言也。而抑引古昔，稱先王，無悖於往聖之旨，則推重於有道之士而為世所矜尚，宜矣。推此志也，以登三事，任密勿，匡主而庇民，有餘裕焉。[88]

88　《讀通鑑論》，卷25。

此後的政治實踐表明，元、白是恪盡職守的諫官。他們把授諫官視為皇帝對自己的恩寵，希望像理想中的賢臣那樣拾遺補闕，無愧於當朝。如白居易云：「臣所以授官以來，僅將十日，食不知味，寢不遑安；唯思粉身，以答殊恩，但未獲粉身之所耳。」[89]元稹「既居諫垣，不欲碌碌自滯」[90]，且專呈〈論諫職表〉以明志：

> 臣聞先王之制祿也，居其位而不行其職者誅，是以上無虛授，下不隱情。臣竊觀今之備素餐而不行其職者，莫過於臣輩。……近年已來，正衙不奏事，庶官罷巡對，若此，是不見遺闕，補拾何階？不得敷陳，廷議安設？其所舉諫職者，唯獨誥令有便，除授有不當，則奏一封執一見而已。以臣思之，君臣之際，論列是非，諷諭於未形，籌劃於至密，尚不能回至尊之盛意，備讜愿之巧言，而況於既行之誥令，已命之除授，然後奏一對，執一見，思欲收絲綸之詔，回日月之光，信無裨於萬一矣。至使凡今之人，以上封進計為妄動，拾遺補闕冗員，以此稱供奉官，與王珪、魏徵為等列，臣雖至愚，能不自愧？[91]

在他們看來，自己應該是皇帝為政不可缺少的耳目，而且他們的作為不是為了自己，而是為了皇帝和天下：「萬一事有不便於時者，陛下豈不欲聞之乎？萬一政有不合於道者，陛下豈不欲知之乎？倘陛下言動之際，詔令之間，小有闕遺，稍關損益，臣必密陳所見，密獻所聞，但在聖心裁斷而已。」[92]也許他們把這種獻諫與納諫活動過於理想化和簡單化，忽略了朝廷中其他複雜的因素[93]，因此，他們積極而激切的諫淨有時反而事與願違。如唐憲宗對白居易的犯顏直諫有時便接受不了，曾對宰相李絳說：「白居易小子，是朕拔擢致名位，而無禮於朕，朕實難耐！」[94]元稹則因言事激切，「為執政所忌，出為河南縣尉。」[95]他們這種激切的諫諍活動，不少史學家也不甚了解。明末史學家王夫之對元稹〈論諫職表〉中的觀點就非常不滿，他說：「唐制：誥令已下，有不便者，諫

89　白居易，〈初授拾遺獻書〉，《白居易集》，卷 58。

90　《舊唐書》，卷 166，〈元稹傳〉。

91　《元稹集》，卷 33。

92　白居易，〈初授拾遺獻〉，《白居易集》，卷 58。

93　白居易，〈初授拾遺〉：「天子方從諫，朝廷無忌諱。」

94　《舊唐書》，卷 166，〈白居易傳〉。

95　《舊唐書》，卷 166，〈元稹傳〉。

官上封事駁正改行。駁之於後以兼聽得中，而不議之於先以喧囂致亂，道斯定矣。元稹甫受拾遺之命，輒欲使諫官各獻其謀，復正牙奏事及庶司巡對，唯欲奪宰相之權，樹己之威福而已。諫官者，諫上之失也，議方未定，天子大臣未有失也，何所諫也？論道者，三公之職，辰告者，卿士之司；糾謬者，諫官之責；各循其分，而上下志通，大猷允定。稹小人，惡足以知此哉？」[96] 王夫之的批評是從行政程序上說的，而我們對元稹的理解卻不能拘於此。元稹不願意諫官只是消極地應付某些行政瑣事，而是建議諫官積極主動地參政議政，這是一個想有所作為的諫官應有的姿態，怎能說是小人之舉呢？

圖45　白居易

　　韓愈、柳宗元、元稹、白居易的諫臣意識和諫政活動，只是中唐政治的縮影。憲宗元和年間是唐代諫諍風氣比較活躍的時期，許多文人和政治家都是以諫臣的姿態出現在政壇上的。儘管我們不排除他們思想的複雜性，但他們強烈的諫臣意識說明，儒家思想依然是其參與政治的指導思想，新樂府和古文的創作就是他們在儒家思想的指導下，將政治參與意識延伸到文學領域後的藝術實踐。

　　　三

　　在對元白樂府詩及其詩歌理論的評價中，不少人認為白居易的詩歌理論就是儒家詩教的翻版，毫無新意；而他的新樂府詩如同諫疏，毫無文采。我們不能否認白居易及其新樂府詩派的確具有這種特點，但是任何一種文學形式的興起都有其原因的，對新樂府詩派的理論和創作，我們不能否定了之。因為作為一個在當時影響極大的文學革新運動，也許它並不全屬於元白或元白詩派，而屬於中唐社會風氣，屬於整個中國文化精神。從文學諫政功能的藝術探索的角

_____

96　王夫之，《讀通鑑論》，卷25。

度來說，元白及新樂府詩派還是有積極的貢獻的。

注重文學的社會功能，是儒家詩學的一貫傳統，在此不必贅論。即使就唐代文學而言，從初唐到中唐，文學創作中的社會性因素消長也一直左右文學發展的重要因素。陳子昂和杜甫之所以在中唐時期得到廣泛的認同，主要原因就在於他們確立了一種可以體現文學的諫政功能的藝術範式。不過，由於元白對文學的諫政功能要求過於狹隘，標準過於苛刻，導致了他們對陳子昂、李白、杜甫等人的評價有失公允。如元稹〈敘詩寄樂天書〉云：

> （德宗時）朝廷大臣以謹慎不言為樸雅，以時進見者，不過一二親信。直臣義士，往往抑塞。禁省之間時或繕完隤墜。豪家大師，乘聲相扇，延及老佛，土木妖熾，習俗不怪。上不欲今有司備宮闈中小碎須求，往往持幣以易餅餌，吏緣其端，剝奪百貨，勢不可禁。僕時孩駿，不慣聞見，獨於書傳中初習，理亂萌漸，心體悸震，若不可活，思欲發之久矣。適有人以陳子昂〈感遇〉詩相示，吟玩激烈，即日為〈寄思玄子〉詩二十首。……又久之，得杜甫詩數百首，愛其浩蕩津涯，處處臻到，始病沈宋之不存寄興，而訐子昂之未暇旁備矣。

顯然在肯定杜甫的同時指出了陳子昂的不足。白居易〈與元九書〉云：

> 唐興二百年，其間詩人，不可勝數。所可舉者，陳子昂有〈感遇〉詩二十首，鮑防有〈感興〉詩十五首。又詩之豪者，世稱李杜。李之作，才矣，奇矣，人不逮矣；索其風雅比興，十無一焉。杜詩最多，可傳者千餘篇。至於貫穿今古，覼縷格律，盡工盡善，又過於李。然撮其〈新安吏〉、〈石壕吏〉、〈潼關吏〉、〈塞蘆子〉、〈留花門〉之章，「朱門酒肉臭，路有凍死骨」之句，亦不過三四十首。杜尚如此，況不迨杜者乎止！

關於白居易對李杜的態度，歷來有一種揚杜抑李說。其實，如果將此文與白居易在其他場合對李杜的評價相對比就會發現，白居易對李白和杜甫的評價其實是很複雜的。首先，在〈與元九書〉中，白居易既未真正揚杜，亦未真正抑李。白居易對李白的才氣是肯定的、贊賞的，只是不滿其詩少「風雅比興」；

而杜甫所傳的千餘首詩歌中，長處在「覘縷格律，盡工盡善」，真正符合「風雅比興」標準的也不多，所以「杜尚如此」一語並非褒嘉，也是不滿。這種不滿在〈與元九書〉中還有，如：「自長安抵江西，三四千里，凡鄉校、佛寺、逆旅、行舟之中往往有題僕詩者。此誠雕蟲之技，不足為多。然今時俗所重正在此耳。雖前賢如淵、云者，前輩如李、杜者，亦不能忘情於其間哉！」其次，在其他場合或其他感情背景下，他對李白和杜甫都是讚賞的。其〈李白墓〉云：「采石江邊李白墳，繞田無限草連雲。可憐荒壟窮泉骨，曾有驚天動地文。」同情之心、仰慕之意不遜色於當年杜甫對李白的情感。在〈傷唐衢〉一詩中，白居易對唐衢將他「但傷民病痛，不識時忌諱」的〈秦中吟〉與陳子昂和杜甫並列十分讚賞，終身難忘：「憶昨元和初，忝備諫官位。是時兵革後，生民正憔悴。但傷民病痛，不識時忌諱。遂作秦中吟，一吟悲一事。貴人皆怪怒，閑人亦非訾。天高未及聞，荊棘生滿地。唯有唐衢見，知我平生志。一讀再歎嗟，再吟垂涕泗。因和三十韻，手題遠緘寄。致吾陳杜間，賞愛非常意。」所以，我們不能簡單地說白居易揚杜抑李，只能說他對李杜的人品和詩歌是肯定的，只是在宣傳自己的詩歌主張時，有意以「李杜」作為比照，標舉一種更高的境界，使自己的觀點表達得更鮮明，更有感召力，更能激發人們對那種境界的追求。所以對李杜的批評性評價只是一種宣傳策略，不代表其真實情感。

圖46　李白

　　元白之所以對李白和杜甫做出這種過激性的批評，主要原因是因為他們用諫臣的心態來衡量文學，要求文學發揮經世致用的作用，承擔起諷喻美刺的使命。因此，從創作動機上說，他們幾乎將詩歌與進諫結合在一起。白居易〈與元九書〉云：

　　　　自登朝以來，年齒既長，閱事漸多。每與人言，多詢時務；每讀書史，
　　　　多求理道：始知文章合為時而著，歌詩合為事而作。是時皇帝初即位，

> 宰府有正人。屢降璽書，訪人急病。僕當此日，擢在翰林，身是諫官，手請諫紙，啟奏之外，有可能救濟人病，裨補時闕，而難於指言者，輒詠歌之。欲稍稍遞進聞於上，以上廣宸聰，副憂勤；次以酬恩獎，塞言責；下以復吾平生之志。

而對自己的作品中不甚符合這一標準的東西，他們也表現得深為不屑，白居易關於〈長恨歌〉等詩的評價已見於〈與元九書〉，元稹〈上令狐相公詩啟〉亦表達了相同的意思：

> 稹自御史府謫官，於今十餘年矣。閑誕無事，遂專力於詩章。日益月滋，有詩向千餘首。其間感物寓意，可備矇瞽之諷者有之，詞直氣粗，界尤是懼，固不敢專陳露於人。唯杯酒光景間，屢為小碎篇章，以自吟暢。然為律體卑下，格力不揚，苟無姿態，則陷流俗。常欲得思深語近，韻律調新，屬對無差，而風情宛然，而病無能也。江湖間多新進小生，不知天下文有宗主，妄相仿效，而又從而失之，遂至於支間褊淺之詞，皆目為元和詩體。

元白似乎也明白他們所倡導的諫政詩歌與時俗流行的詩體並不協調，但強烈的諫臣意識又促使他們必須要創作那種可以「補察時政」和「泄導人情」的詩歌。為此，他們高度肯定那種具有諫諍特徵的詩歌，以滿足其作為諫官的精神追求：「為詩意如何，六義互鋪陳。風雅比興外，未嘗著空文。」[97]、「篇篇無空文，句句必盡規。功高虞人箴，痛甚騷人辭。非求宮律高，不務文字奇。惟歌生民病，願得天子知。」[98]為了使這種諫諍詩歌能及時「得天子知」，他們建議恢復古代的「采詩」制度，這一思想已體現在白居易的《策林‧采詩》中。可見，相對於陳子昂和李白等人的復古，元、白文學觀念上的復古表現得更徹底，這種徹底的復古源自於諫政的政治理想，他們的詩歌實踐和政治實踐一樣，都是為實現這種理想而存在的。元白對李杜（包括陳子昂）的態度，是諫官在特定的政治心態下對文學政治功能的極端化要求，在中唐這種要求有其存在的政治土壤。唐憲宗即位之初，學乃祖太宗，積極納諫，曾對宰臣說：「太宗以神聖之資，群臣進諫者猶往復數四，況朕寡昧，自今事有違，卿當十論，但無

97　白居易，〈讀張籍古樂府詩〉，《白居易集》，卷1。

98　白居易，〈寄唐生〉，《白居易集》，卷1。

一二而已。」[99]而且唐憲宗還開「賢良方正直言極諫」科，任用「指陳時政之失，無所避」的直諫之人[100]，白居易和元稹等人的新樂府詩創作之所以能形成一場聲勢浩大的運動，就是因為有這種政治需求。據說當白居易的新樂府詩傳入宮中時，憲宗大為賞歎：

> 盩厔尉、集賢校理白居易作樂府及詩百餘篇，規諷時事，流聞禁中。上見而悅之，召入翰林學士。[101]

可見，白居易的新樂府詩是文人諫臣意識的充分表現，是諫臣進諫與君王納諫的政治默契。如果我們連繫陳子昂、李白、杜甫諫諍風格較鮮明的作品就會看到，他們其實都有白居易所倡導的那種「不為文而作」的特徵，只不過白居易的諫臣心態更為激切，對文學的諷諫作用強調得更加突出罷了。

如果說元、白主要將諫臣意識延伸到詩歌領域，那麼韓柳古文運動則將是將諫臣意識延伸到散文領域。他們秉承諫臣傳統的求實精神和政治責任，用一種積極入世的姿態對待文學，以文風的改革帶動社會和政治風氣的轉變，由理論上的文以明道達到實際上政道合一。「道」，即「聖人之道」，它是韓柳古文共同談論的話題，而「文以明道」既是指文學的內容，也是指文學的形式，它本身就是個統一體：「道德之歸也有日矣，況其外在之文乎？」[102]同樣，「政道合一」既是為政的內容，也是為政的方式，恪守仁義道德是政治的基點和全部：「凡吾所謂道德云者，合仁與義言之也，天下之公言也」[103]。合而言之，「道」是修身之源、為文之本、為政之基，「道」能將做人、為文、施政三者結合在一起。從這個意義上來說、韓愈、柳宗元及其領導的古文運動，也是一種為革除弊政、恢復道統而吶喊的政治活動，而韓柳的古文理論就是為這一政治活動服務的，因而也有較鮮明的諫臣意識。

韓愈認為為學作文的目的在教化，「學生或以通經舉，或以能文稱，其微者，至於習法律、知字書，皆有以贊於教化，可以使令於上者也。」[104]因此他

99　《資治通鑑》，卷 237。
100　《資治通鑑》，卷 237。
101　《資治通鑑》，卷 237。
102　韓愈，〈答李翊書〉。
103　韓愈，〈原道〉。
104　韓愈，〈省試學生代齋郎議〉。

要求文章應「適於實用」[105]，「學所以為道，文所以為理」[106]，有了這樣的「學」和「文」，作家便會成為一個「自樹立」之人：「若聖人之道不用文則已，用則必尚其能者；能者非他，能自樹立，不因循者是也。」[107]，能「自樹立」，就有了評判是非的標準，便可以著文而行教化了。所以韓愈的自我評價是：「其業則讀書著文歌頌堯舜之道，雞鳴而起，孜孜焉亦不為利；其所讀皆聖人之書，楊墨釋老之學無所入其心；其所著皆約六經之旨而成文，抑邪與正，辨時俗之所惑。居窮守約，亦時有感激怨懟奇怪之辭，以求知於天下；亦不悖於教化。」[108]

柳宗元也十分注重文學的實用性，以「輔時」作為文學的目的，其〈答吳武陵論非國語書〉云：「僕之為文久矣，然心少之，不務也，以為是特博奕之雄耳。故在長安時，不以是取名譽，意欲施之事實，以輔時及物為道。」但「輔時」的社會效用必須借助「明道」才能實現，故其〈答韋中立論師道書〉明確提出了「文以明道」的觀點：「始吾幼且少，為文章以辭為工。及長，乃知文者以明道，是固不苟為炳炳烺烺、務采色、誇聲音而以為能也」。「明道」不僅能處理文辭與內容的關係，而且還能發揮「諷喻」的社會效果，而能否發揮這種效果，也是衡量文學價值的重要尺碼。在〈楊評事文集後序〉中，柳宗元將這層意思表達得較透徹：

> 文之用，辭令褒貶，導揚諷喻而已。雖其言鄙野，足以備於用，然而闕其文彩，固不足以竦動時聽，誇示後學，立言而朽，君子不由也。故作者抱其根源，而必由是假道焉。作於聖，故曰經；述於才，故曰文。文有二道：辭令褒貶，本乎著述者也；導揚諷喻，本乎比興者也。著述者流，蓋出於《書》之謨、訓，《易》之象、繫，《春秋》之筆削，其要在於高壯廣厚，詞正而理備，謂宜藏於簡冊也。比興者流，蓋出於虞、夏之詠歌，殷、周之風雅，其要在於麗則清越，言暢而意美，謂宜流於謠誦也。茲二者，考其旨義，乖離不合，故筆秉之士，恆偏勝獨得，而罕有兼者焉。既有能而專美，命之曰藝

105　韓愈，〈答竇秀才書〉：「學不得其術，凡所辛苦而僅有之者，皆符於空言而不適於實用，又重以自廢。」韓愈，〈答竇秀才書〉：「學不得其術，凡所辛苦而僅有之者，皆符於空言而不適於實用，又重以自廢。」

106　韓愈，〈送陳秀才彤序〉。

107　韓愈，〈答劉正夫書〉。

108　韓愈，〈上宰相書〉。

成，雖古文雅之盛世，不能並肩而生。唐興以來，稱是選而不怍者，梓潼陳拾遺，其後燕文貞以著述之餘，攻比興，而莫能極。張曲江以比興之隙，窮著述而不克備，其餘各探一隅，相與北馳於道者，其去彌遠。文之難兼，斯亦甚矣。

可見，柳宗元的立論較為中允，他沒有孤立地談辭令和諷喻，而是將其作為文章不可分割的兩方面，認為只有辭令和諷喻兼得才是完美的作品，而兼得的途徑在「假道」。在其他作品中，柳宗元亦多次申明了這個觀點，如〈報崔黯秀才論文書〉：「聖人之言，期以明道，學者務求諸道而遺其辭。辭之傳於世者，必由於書。道假辭而明，辭假書而傳。要之，之道而已耳，道之及，及乎物而已耳。斯取道之內者也。今世因貴辭而矜書，粉澤以為工，適密以為能，不亦外乎？」柳宗元早年就注重實幹和實效，被貶蠻荒之後沒有政治實踐的環境，他便以弘道為己任，高揚「文以明道」的精神，以「明道」為旗幟，將諷喻之旨貫穿於文學活動之中，「自為罪人，舍恐懼則閑無事，故聊復為之，然而輔時及物之道，不可陳於今，則宜垂於後。」[109] 這種信念不僅促使他寫下了大量優秀的作品，而且還有力地支持和促進了古文運動，為中唐文學革新做出了極大貢獻。不是諫官亦不在朝廷的柳宗元以其文學成就一直實踐著諫臣的輔時與諷喻的天職，這是難能可貴的。

元白、韓柳作為中唐文學革新運動的領軍人物，都是有著強烈的諫臣意識的政治家，他們有意將文學創作與政治實踐結合在一起，用諫政的形式來要求文學的表現形式，用諫政的效用提升文學的社會價值，從思想上和藝術上真正實踐了儒家的文學觀念，從而使得中唐文學以復古為旗幟形成了一個新的現實主義高潮。

---

109 柳宗元，〈答吳武陵論非國語書〉，《柳河東全集》，卷31。

主要參考文獻

一、傳統文獻

漢‧司馬遷撰，《史記》（北京：中華書局，1959）。

漢‧班固撰，唐‧顏師古注，《漢書》（北京：中華書局，1962）。

魏‧阮籍著，李志鈞等校點，《阮籍集》（上海：上海古籍出版社，1978）。

晉‧陳壽撰，陳乃乾校點，《三國志》（北京：中華書局，1982）。

南朝宋‧范曄撰，唐‧李賢等注，《後漢書》（北京：中華書局，1965）。

南朝梁‧沈約撰，《宋書》（北京：中華書局，1974）。

南朝梁‧蕭統編，唐‧李善注，《文選》（北京：中華書局，1977）。

南朝梁‧劉勰著，周振甫注，《文心雕龍注釋》（北京：人民文學出版社，1983）。

南北朝‧庾信撰，倪璠注，許逸民校點，《庾子山集注》（北京：中華書局，1980）。

南北朝‧顏之推著，王利器集解，《顏氏家訓集解》（北京：中華書局，1993）。

唐‧王通撰著，《中說》（北京：中華書局，叢書集成初編本）。

唐・姚思廉撰，《梁書》（北京：中華書局，1973）。

唐・李百藥撰，《北齊書》（北京：中華書局，1972）。

唐・溫大雅撰，李季平、李錫厚點校，《大唐創業起居注》（上海：上海古籍出版社，1983）。

唐・房玄齡等撰，《晉書》（北京：中華書局，1974）。

唐・魏徵撰，《隋書》（北京：中華書局，1973）。

唐・魏徵撰，《魏書》（北京：中華書局，1974）。

唐・令狐德棻等撰，《周書》（北京：中華書局，1971）。

唐・李延壽撰，《北史》（北京：中華書局，1974）。

唐・長孫無忌等撰，劉俊文點校，《唐律疏議》（北京：中華書局，1986）。

唐・李嶠，（唐）蘇味道撰，徐定祥注，《李嶠詩注 蘇味道詩注》（上海：上海古籍出版社，1995）。

唐・王勃撰，蔣清翊注，《王子安集》（上海：上海古籍出版社，1995）。

唐・楊炯著，徐明霞點校，《楊炯集》（北京：中華書局，1980）。

唐・張鷟撰，趙守儼點校，《朝野僉載》（北京：中華書局，1979）。

唐・劉知幾撰，（清）浦起龍釋，《史通通釋》（上海：上海古籍出版社，1978）。

唐・吳兢編著，《貞觀政要》（上海：上海古籍出版社，1978）。

唐・李吉甫撰，賀次君點校，《元和郡縣圖志》（北京：中華書局，1983）。

唐・李林甫等撰，陳仲夫點校，《唐六典》（北京：中華書局，1988）。

唐・杜佑撰，王文錦等點校，《通典》（北京：中華書局，1988）。

唐・劉餗撰，程毅中點校，《隋唐嘉話》（北京：中華書局，1979）。

唐・封演撰，趙貞信校注，《封氏聞見記校注》（北京：中華書局，1985）。

唐・劉禹錫撰，卞孝萱校訂，《劉禹錫集》（北京：中華書局，1990）。

唐・白居易著；顧學頡校點，《白居易集》（北京：中華書局，1979）。

唐・元稹撰，冀勤點校，《元稹集》（北京：中華書局，1982）。

唐・柳宗元著，《柳河東全集》（北京：中國書店，1991，影印本）。

唐・杜牧著，陳允吉點校，《樊川文集》（上海：上海古籍出版社，1978）。

唐・陸質撰，《春秋集傳纂例》（北京：中華書局，《叢書集成初編》本）。

唐・林寶撰，岑仲勉校記，郁賢皓、陶敏整理，《元和姓纂》（北京：中華書局，1994）。

唐・李肇撰，《唐國史補》（上海：上海古籍出版社，1979）。

唐・張彥遠撰，秦仲文、黃苗子點校，《歷代名畫記》（北京：人民美術出版社，1983）。

唐・劉肅撰，許德楠、李鼎霞點校，《大唐新語》（北京：中華書局，1984）。

唐・趙璘撰，《因話錄》（上海：上海古籍出版社，1979）。

五代・王定保撰，《唐摭言》（上海：上海古籍出版社，1978）。

後晉・劉昫等撰，《舊唐書》（北京：中華書局，1975）。

北宋・王溥撰，《唐會要》（北京：中華書局，1955）。

北宋・李昉等編，《太平廣記》（北京：中華書局，1955）。

北宋・李昉等編，《文苑英華》（北京：中華書局，1966）。

北宋・歐陽修、宋祁撰，《新唐書》（北京：中華書局，1975）。

北宋・司馬光，《資治通鑑》（北京：中華書局，1956）。

北宋・王讜撰，《唐語林》（上海：上海古籍出版社，1978）。

北宋・郭茂倩編，《樂府詩集》（北京：中華書局，1979）。

北宋・阮閱編，周本淳校點，《詩話總龜》（北京：人民文學出版社，1998）。

南宋・洪興祖撰，《楚辭補注》（北京：中華書局，1983）。

南宋・鄭樵撰，王樹民點校，《通志二十略》（北京：中華書局，1995）。

南宋・朱熹集注，《詩集傳》（上海：上海古籍出版社，1980）。

南宋・朱熹撰，《四書章句集注》（北京：中華書局，1983）。

南宋・劉克莊著，王秀梅點校，《後村詩話》（北京：中華書局，1983）。

南宋・嚴羽著，郭紹虞校釋，《滄浪詩話》（北京：人民文學出版社，

1983）。

明・胡應麟撰，《詩藪》（上海：上海古籍出版社，1979）。

明・胡震亨著，《唐音癸籤》（北京：中華書局，1981）。

明・高棅編選，《唐詩品匯》（上海：上海古籍出版社，1982）。

清・顧炎武著，清・黃汝成集釋，《日知錄集釋》（長沙：嶽麓書社，1994，
　　排印本）。

清・仇兆鰲注，《杜詩詳注》（北京：中華書局，1979）。

清・王夫之等撰，《清詩話》（上海：上海古籍出版社，1963）。

清・王夫之著，《讀通鑑論》（北京：中華書局，1976）。

清・彭定求等編，《全唐詩》（北京：中華書局，1960）。

清・沈德潛編，《唐詩別裁》（北京：中華書局，1975）。

清・浦起龍注，《讀杜心解》（北京：中華書局，1961）。

清・趙殿成箋注，《王右丞集箋注》（上海：上海古籍出版社，1961）。

清・王琦注，《李太白集》（北京：中華書局，1977）。

清・趙翼著，王樹民校證，《廿二史箚記校證》（北京：中華書局，1984）。

清・錢大昕撰，《十駕齋養新錄》（上海：上海書店，1983）。

清・楊倫箋注，《杜詩鏡銓》（上海：上海古籍出版社，1962）。

清・徐松撰，趙守儼點校，《登科記考》（北京：中華書局，1984）。

清・章學誠著，葉瑛校注，《文史通義校注》（北京：中華書局，1985）。

清・董誥等編，《全唐文》（上海：上海古籍出版社，1990，影印本）。

清・孫星衍撰，陳抗、盛冬鈴點校，《尚書今古文注疏》（北京：中華書局，
　　1986）。

清・朱彬撰，饒欽農點校，《禮記訓纂》（北京：中華書局，1996）。

清・嚴可均編，《全上古三代秦漢三國六朝文》（北京：中華書局，1985）。

清・焦循撰，沈文倬點校，《孟子正義》（北京：中華書局，1987）。

清・何文煥輯，《歷代詩話》（北京：中華書局，1981）。

清・馮集梧注，《樊川詩集注》（上海：上海古籍出版社，1978）。

清·李道平撰，潘雨廷點校，《周易集纂疏》（北京：中華書局，1994）。

清·劉寶楠撰，高流水點校，《論語正義》（北京：中華書局，1990）。

清·劉熙載撰，《藝概》（上海：上海古籍出版社，1978）。

清·勞格、趙鉞撰，徐敏霞、王桂珍點校，《唐尚書省郎官石柱題名考》（北京：中華書局，1992）。

清·戴望著，國學整理社編輯，《諸子集成》（石家莊：河北人民出版社，1986）。

清·孫詒讓撰，王文錦、陳玉霞點校，《周禮正義》（北京：中華書局，1987）。

清·皮錫瑞著，《經學通論》（北京：中華書局，1954）。

清·皮錫瑞著，周予同注釋，《經學歷史》（北京：中華書局，1959）。

清·王聘珍撰，王文錦點校，《大戴禮記解詁》（北京：中華書局，1983）。

清·蘇輿撰，鐘哲點校，《春秋繁露義證》（北京：中華書局，1992）。

中華書局上海編輯所編輯，《唐人選唐詩》（十種）（北京：中華書局，1958）。

王明編，《太平經合校》（北京：中華書局，1960）。

楊伯峻譯注，《孟子譯注》（北京：中華書局，1960）。

高亨著，《周易大傳今注》（山東：齊魯書社，1979）。

楊伯峻譯注，《論語譯注》（北京：中華書局，1980）。

楊伯峻編著，《春秋左傳注》（北京：中華書局，1981）。

劉開揚著，《高適詩集編年箋注》（北京：中華書局，1981）。

陳鐵民等校注，《岑參集校注》（上海：上海古籍出版社，1981）。

陳夢雷撰，《周易淺述》（上海：上海古籍出版社，1983）。

逯欽立輯校，《先秦漢魏晉南北朝詩》（北京：中華書局，1983）。

趙昌平校編，《顧況詩集》（南昌：江西人民出版社，1983）。

丁福保輯，《歷代詩話續編》（北京：中華書局，1983）。

郭紹虞編選，《清詩話續編》（上海：上海古籍出版社，1983）。

高亨著，《周易古經今注》（北京：中華書局，1984）。

李云逸注，《王昌齡詩注》（上海：上海古籍出版社，1984）。

范之麟注，《李益詩注》（上海：上海古籍出版社，1984）。

錢仲聯集釋，《韓昌黎詩系年集釋》（上海：上海古籍出版社，1984）。

王利器撰，《新語校注》（北京：中華書局，1986）。

馬其昶校注，《韓昌黎文集校注》（上海：上海古籍出版社，1986）。

李誼校注，《韋莊集校注》（成都：四川省社會學院出版社，1986）。

傅璇琮主編，《唐才子傳校箋》（北京：中華書局，1987）。

李景白校注，《孟浩然詩集校注》（成都：巴蜀書社，1988）。

安旗主編，《李白全集編年注釋》（成都：巴蜀書社，1990）。

林尹注譯，書目文獻點校，《周禮今注今譯》（北京：中華書局，1994）。

蒙文通輯校，《道書輯校十種》（成都：巴蜀書社，2001）。

二、近人論著（以作者姓氏筆畫簡體排序）

于迎春，《秦漢士史》（北京：北京大學出版社，2000）。

卜孝萱，《元稹年譜》（濟南：齊魯書社，1980）。

毛漢光，《唐代統治階層的社會變動——從官吏家庭背景看社會流動》（臺北：政治大學高級研究生畢業論文（稿本），1986）。

毛漢光，《中國中古社會史論》（臺北：聯經出版事業公司，1988）。

毛漢光，〈隋唐政權中南朝舊族之仕進憑藉與途徑〉，《第一屆國際唐代學術會議論文集》（臺北：學生書局，1989）。

毛漢光，《中國中古政治史論》（臺北：聯經出版事業公司，1990）。

王運熙、楊明，《魏晉南北朝文學批評史》（上海：上海古籍出版社，1989）。

王運熙、楊明，《隋唐五代文學批評史》（上海：上海古籍出版社，1994）。

王穎樓，《隋唐官制》（成都：四川大學出版社，1995）。

王壽南，《唐代人物與政治》（臺北：文津出版社，1999）。

王吉林，《唐代宰相與政治》（臺北：文津出版社，1999）。

鄧國光，《韓愈文統探微》（臺北：文史哲出版社，1992）。

鄧國光，《文原──中國古代文學與文論研究》（澳門：澳門大學出版中心，1997）。

鄧小軍，《唐代文學的文化精神》（臺北：文津出版社，1993）。

田餘慶，《東晉門閥政治》（北京：北京大學出版社，1989）。

田廷柱，《隋唐士族》（西安：三秦出版社，1990）。

馮爾康、閻愛民，《中國宗族社會》（杭州：浙江人民出版社，1994）。

寧欣，《唐代選官研究》（臺北：文津出版社，1995）。

劉師培，〈南北文學要略〉，《國粹學報》（第 1 年第 9 期）。

劉澤華，《先秦政治思想史》（天津：南開大學出版社，1984）。

劉永濟，《十四朝文學要略》（哈爾濱：黑龍江人民出版社，1984）。

劉躍進，《門閥士族與永明文學》（上海：三聯書店，1996）。

孫昌武，《柳宗元傳論》（北京：人民文學出版社，1982）。

孫昌武，《唐代古文運動通論》（天津：百花文藝出版社，1984）。

呂思勉，《中國制度史》（上海：上海教育出版社，1985）。

向達，《唐代長安與西域文明》（上海：三聯書店，1992）。

牟潤孫，《注史齋叢稿》（北京：新華出版社，1993）。

呂一飛，《胡族習俗與隋唐風韻》（北京：書目文獻出版社，1994）。

許倬云，《西周史》（增訂本）（上海：三聯書店，1994）。

嚴耕望，《唐史研究叢稿》（香港：新亞研究所，1969）。

岑仲勉，《唐人行第錄》（上海：上海古籍出版社，1978）。

岑仲勉，《唐史餘瀋》（上海：上海古籍出版社，1979）。

岑仲勉，《金石論叢》（上海：上海古籍出版社，1981）。

岑仲勉，《隋唐史》（北京：中華書局，1982）。

岑仲勉，《岑仲勉史學論文集》（北京：中華書局，1990）。

陳寅恪，《陳寅恪文集》1—6（包括《寒柳堂集》、《金明館叢稿初編》、《金明館叢稿續編》、《隋唐制度淵源略論稿》、《唐代政治史述論稿》、《元 白詩箋證稿》）（上海：上海古籍出版社，1980）。

李澤厚、劉綱紀，《中國美學史》（第一卷）（北京：中國社會科學出版社，1984）。

李澤厚、劉綱紀，《中國古代思想史論》（北京：人民出版社，1986）。

汪籛、唐長孺等編，《汪籛隋唐史論稿》（北京：中國社會科學出版社，1987）。

余英時，《士與中國文化》（上海：上海人民出版社，1987）。

張國剛，《唐代官制》（西安：三秦出版社，1987）。

張躍，《唐代後期儒學》（上海：上海人民出版社，1994）。

陳尚君輯校，《全唐詩補編》（北京：中華書局，1992）。

陳尚君輯校，《唐代文學叢考》（北京：中國社會科學出版社，1997）。

陳來，《古代宗教與倫理——儒家思想的根源》（上海：三聯書店，1996）。

陳明，《儒學的歷史文化功能——士族：特殊形態的知識分子研究》（上海：學林出版社，1997）。

杜曉勤，《初唐盛詩歌的文化闡釋》（北京：東方出版社，1997）。

余恕誠，《唐詩風貌》（合肥：安徽大學出版社，1997）。

楊幼炯，《中國政治思想史》（北京：商務印書館，1998）。

李浩，《唐代關中士族與文學》（臺北：文津出版社，1999）。

李星，《中國儒教史》（上海：上海人民出版社，2000）。

鄒昌林，《中國禮文化》（北京：社會科學文獻出版社，2000）。

周予同，《經今古文學》（北京：中華書局，1955）。

周予同，《周予同經學史論著選集》（增訂本）（上海：上海人民出版社，1983）。

周一良，《魏晉南北朝史論集》（北京：中華書局，1963）。

周良霄，《皇帝與皇權》（上海：上海古籍出版社，1999）。

鄭振鐸，《插圖本中國文學史》（北京：人民文學出版社，1957）。

羅根澤，《中國文學批評史》（上海：上海古籍出版社，1984）。

羅宗強，《隋唐五代文學思想史》（上海：上海古籍出版社，1986年）。

羅宗強，《魏晉南北朝文學思想史》（北京：中華書局，1996）。

羅聯添，《唐代文學論集》（臺北：學生書局，1989）。

尚定，《走向盛唐》（北京：中國社會科學出版社，1994）。

林安梧，《儒學與中國傳統社會之哲學省察——以〈血緣性縱貫軸〉為核心 的
　　理解與詮釋》（上海：學林出版社，1998）。

侯外廬，《中國思想通史》（北京：人民出版社，1957）。

施子愉，《柳宗元年譜》（武漢：湖北人民出版社，1958）。

費孝通，《鄉土中國》（上海：三聯書店，1985）。

柳詒徵，《中國文化史》（北京：中國大百科全書出版社，1988）。

趙超，《新唐書宰相世系表集校》（北京：中華書局，1988）。

俞榮根，《儒言治世》（成都：四川人民出版社，1995）。

俞榮根，《儒家法思想通論》（南寧：廣西人民出版社，1998）。

胡適，《白話文學史》（北京：東方出版社，1996）。

查屏球，《唐學與唐詩》（北京：商務印書館，2000）。

唐長孺，《魏晉南北朝史論叢》（上海：三聯書店，1955）。

唐長孺，《魏晉南北朝史論拾遺》（北京：中華書局，1983）。

唐長孺，《魏晉南北朝隋唐史三論》（武漢：武漢大學出版社，1993）。

錢穆，〈略論魏晉南北朝學術文化與當時門第之關係〉，《新亞學報》（1963），
　　5卷3期。

錢穆，《中國歷代政治得失》（臺灣：東大圖書股份有限公司，1977）。

錢穆，《中國文化史導論》（修訂本）（北京：商務印書館，1994）。

錢穆，《國學概論》（北京：商務印書館，1997）。

錢鍾書，《管錐編》（北京：中華書局，1979）。

錢鍾書，《談藝錄》（補訂本）（北京：中華書局，1984）。

錢基博，《中國文學史》（北京：中華書局，1993）。

徐復觀，《兩漢文學思想史》（香港：香港中文大學出版社，1975）。

徐揚休，《中國家族制度史》（北京：人民出版社，1992）。

郭紹虞，《中國文學批評史》（上海：上海古籍出版社，1979）。

袁行霈，《中國詩歌藝術研究》（北京：北京大學出版社，1987）。

袁行霈，《中國文學概論》（北京：高等教育出版社，1990）。

顧頡剛，《秦漢的方士與儒生》（上海：上海古籍出版社，1998）。

高明士，《隋唐貢舉制度》（臺灣：文津出版社，1999）。

章士釗，《柳文指要》（北京：中華書局，1971）。

章群，〈宗朝與家朝〉，《唐代文化研究論文集》（上海：上海人民出版社，1994）。

章太炎，《國學講演錄》（上海：華東師範大學出版社，1995）。

梁啟超，《先秦政治思想史》（北京：東方出版社，1976）。

梁啟超，《中國歷史研究法》（北京：東方出版社，1976）。

閻步克，《士大夫政治演生史稿》（北京：北京大學出版社，1996）。

黃仁宇，《中國大歷史》（上海：三聯書店，1997）。

蔣寅，《大曆詩風》（上海：上海古籍出版社，1992）。

蔣寅，《大曆詩人研究》（北京：中華書局，1995）。

蔣慶，《公羊學引論》（瀋陽：遼寧教育出版社，1995）。

葛曉音，《詩歌高潮與盛唐文化》（北京：北京大學出版社，1998）。

葛曉音，《漢唐文學的嬗變》（北京：北京大學出版社，1999）。

傅璇琮，《唐代詩人叢考》（北京：中華書局，1980）。

傅璇琮，《李德裕年譜》（濟南：齊魯書社，1984）。

傅璇琮，《唐代科舉與文學》（西安：陝西人民出版社，1986）。

傅璇琮，《唐五代文學編年史》（瀋陽：遼海出版社，1997）。

傅紹良，《盛唐文化精神與詩人人格》（臺北：文津出版社，1999）。

傅紹良，《盛唐禪宗文化與詩佛王維》（臺北：佛光出版社，1999）。

蔡拓，《西方政治思想史上的政體學說》（北京：中國城市出版社，1991）。

霍師松林，《文藝學簡論》（北京：中國社會科學出版社，1982）。

霍師松林，《唐宋詩文鑒賞舉隅》（北京：人民文學出版社，1984）。

霍師松林，《盛唐文學的文化透視》（西安：陝西師範大學出版社，2000）。

三、外國著述

〔古希臘〕亞里士多德，吳壽彭譯，《政治學》（北京：商務印書館，1999）。

〔法〕霍爾巴赫，陳太先等譯，《自然政治論》（北京：商務印書館，1999）。

〔美〕杜維明，錢文忠等譯，《道・學・政──論儒家知識分子》（上海：上海人民出版社，2000）。

〔英〕威廉・葛德文，何慕李譯，《政治正義論》（北京：商務印書館，1997）。

〔德〕奧特弗利德・赫費，龐學銓等譯，《政治的正義性》（上海：上海譯文出版社，1998）。

〔德〕黑格爾，王造時譯，《歷史哲學》（上海：上海書店出版社，1999）。

〔義〕薩爾沃・馬斯泰羅內，黃華光譯，《歐洲政治思想史》（北京：社會科學文獻出版社，1992）。

〔英〕托馬斯・莫爾，寧津渡譯，〈烏托邦〉，《西方四大政治名著》（天津：天津人民出版社，1998）。

〔義〕馬基雅維里，石應天譯，〈君主論〉，《西方四大政治名著》（天津：天津人民出版社，1998）。

〔英〕羅素，秦悅譯，《中國問題》（上海：學林出版社，1996）。

〔法〕盧梭，州長治譯，〈社會契約論〉，《西方四大政治名著》（天津：天

津人民出版社，1998）。

〔荷〕斯賓諾莎，溫錫增譯，《神學政治論》（北京：商務印書館，1996）。

〔荷〕斯賓諾莎，顧壽觀譯，《簡論上帝、人及其心靈健康》（北京：商務印書館，1999）。

〔荷〕斯賓諾莎，馮炳昆譯，《政治論》（北京：商務印書館，1999）。

〔德〕馬克斯・韋伯，王容芬譯，《儒教與道教》（北京：商務印書館，1997）。

後　記

　　《唐代諫議制度與文人》作為我的博士論文的一部分，已於 2003 年在中國社會科學出版社出版。在此後近二十年的學術時光裡，我關於唐代制度與文學的研究繼續進行著。這方面的研究以兩種方式展開，一是指導我學生分別對唐代制度與文學進行深入研究。所以，有幾屆博士生的論文選題基本都在制度與文學的關係方面。如于俊利的《唐代禮制與文學》、黎文麗的《唐代校書郎與文學》、霍志軍的《唐代御史制度與文學》等。他們的研究成果都已出版，產生了較大的反響。二是本人在這一方面的研究有所深入，除發表了一系列論文之外，還於 2010 年申請了《唐代諫議制度與文學》的國家課題，且順利結項。值得欣慰的是，經過我們師生的努力，唐代制度與文學的研究已成了一個較受關注的學術熱點，引起了更多學者的研究興趣。我相信，這一方面的研究還有很大的空間，還會產出更多的成果。

　　感謝蘭臺出版社駐北京總編輯党明放先生將拙作收入《中國文化史研究論叢》叢書出版。党先生有很高的學術修養和出版人素養，目光敏銳，勤奮敬業，組稿專業，效率很高，為拙作再版付出了很多心力，在此再致謝忱。

　　是為誌。

傅紹良

2021 年 6 月於西安

國家圖書館出版品預行編目資料

中國文化研究叢書. 第一輯7,唐代諫議制度與文人 / 傅紹良著. -- 初版. -- 臺北市 : 蘭臺出版社, 2024.06
　　冊；公分. -- (中國文化研究叢書. 第一輯；7)
ISBN 978-626-96643-9-9(全套 : 精裝)

1.CST: 中國文化 2.CST: 文化史 3.CST: 中國史

630　　　　　　　　　　　　　　　　　　　112008792

中國文化研究叢書第一輯7

唐代諫議制度與文人

作　　　者：傅紹良
總 編 纂：党明放　盧瑞琴
主　　　編：沈彥伶
編　　　輯：凌玉琳　沈彥伶
美　　　編：陳勁宏
校　　　對：楊容容　盧瑞容　古佳雯
封面設計：陳勁宏
出　　　版：蘭臺出版社
地　　　址：臺北市中正區重慶南路1段121號8樓之14
電　　　話：(02)2331-1675或(02)2331-1691
傳　　　真：(02)2382-6225
E‐MAIL：books5w@gmail.com或books5w@yahoo.com.tw
網路書店：http://5w.com.tw/
　　　　　　https://www.pcstore.com.tw/yesbooks/
　　　　　　https://shopee.tw/books5w
　　　　　　博客來網路書店、博客思網路書店
　　　　　　三民書局、金石堂書店
經　　　銷：聯合發行股份有限公司
電　　　話：(02) 2917-8022　傳真：(02) 2915-7212
劃撥戶名：蘭臺出版社　　　帳號：18995335
香港代理：香港聯合零售有限公司
電　　　話：(852) 2150-2100　傳真：(852) 2356-0735
出版日期：2024年6月 初版
定　　　價：全套新臺幣18000元整（精裝，套書不零售）
ISBN：978-626-96643-9-9

《臺灣史研究名家論集》

　　這套叢書是四十三位兩岸台灣史的權威歷史名家的著述精華，精采可期，將是臺灣史研究的一座豐功碑及里程碑，可以藏諸名山，垂範後世，開啟門徑，臺灣史的未來新方向即孕育在這套叢書中。展視書稿，披卷流連，略綴數語以說明叢刊的成書經過，及對臺灣史的一些想法，期待與焦慮。

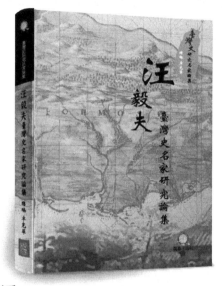

一編 ISBN：978-986-5633-47-9

臺灣史研究名家論集（套書）定價：29000

王志宇、汪毅夫、卓克華、
周宗賢、林仁川、林國平、
韋煙灶、徐亞湘、陳支平、
陳哲三、陳進傳、鄭喜夫、
鄧孔昭、戴文鋒

二編 ISBN：978-986-5633-70-7

臺灣史名家研究論集二編（精裝）NT$：30000

尹章義、李乾朗、吳學明、
周翔鶴、林文龍、邱榮裕、
徐曉望、康　豹、陳小沖、
陳孔立、黃卓權、黃美英、
楊彥杰、蔡相輝、王見川

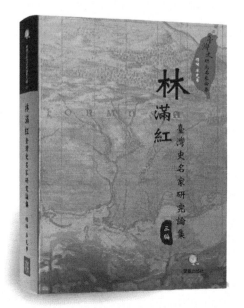

三編 ISBN:978-986-5633-70-7

尹章義、林滿紅、林翠鳳、
武之璋、孟祥瀚、洪健榮、
張崑振、張勝彥、戚嘉林、
許世融、連心豪、葉乃齊、
趙祐志、賴志彰、闞正宗

臺灣史名家研究論集二編（精裝）NT$：30000

古月齋叢書系列
李正中 編輯

ISBN:978-986-6231-07-0
（全套共四冊 ： 精裝）
定價新臺幣6800元

古月齋叢書 共四冊 定價：6800元

　　孫中山先生為了培養國家棟樑人才樹百年大計，於民國二年（1913）成立「中國大學」。
　　李正中先生是中國大學最後一屆學生，就讀時期即致力精進學科外，並精心搜集該校名教授講義並記錄課堂筆記，共十餘部。先生終身以「讀書、藏書、寫書、教書」為其「四書生活」。此部《中國大學名師講義》是歷經文革等，劫後餘存的搜集珍本。
　　這套叢書集當時文法哲和經濟學的講義精華，不僅對當時學科進行系統性闡述，更可窺見民國時期高校百花盛開的學術生態，對當前學術研究極具參考價值。

王國維年譜 增訂版

25開圓背精裝
定價新臺幣 800 元
ISBN:978-986-6231-42-1

蘭臺年譜叢刊 定價：800元

鄭板橋年譜 增訂本

25開圓背精裝 上下冊
定價新臺幣3000元（兩冊）
ISBN:978-986-6231-47-6

蘭臺年譜叢刊 定價：3000元

蘭臺國學研究叢刊
第一輯

- ●《論語會通、孟子會通》 ●《增補諸子十家平議述要》 ●《異夢選編》
- ●《齊諧選編》 ●《中國傳記文述評》 ●《中庸人生學》 ●《論語核心思想探研》
- ●《國文文法纂要》 ●《當僧人遇上易經》 ●《神祕文化本源──河圖洛書象理解讀》

ISBN:978-986-6231-56-8
25開圓背精裝 全套十冊
定價新臺幣 12000 元

蘭臺國學研究叢刊 共十冊 定價：12000元

錢穆著作選輯最後定稿版

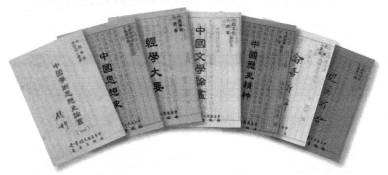

本版特色

1. 全書在觀點上和研究成果上已多不同於其他書局所出的同名書。

2. 對原書標點進行整理，全書加入私名號、書名號及若干引號，以顯豁文意，方便讀者閱讀。

3. 字體加大，清晰明顯，以維護讀者之視力。

4. 《經學大要》為首次出版；《中國學術思想史論叢》原八冊，新增了（九）、（十）兩冊，補入現代部份，選輯四十九本書，共新增文章二百三十餘篇，在內容上，本選輯是錢先生畢生著作最完整的版本。

ISBN:957-0422-00-9
錢穆叢書系列套書 定價:2850元
一、中國學術思想史小叢書
（套書）定價:2850元

ISBN:957-0422-12-2
錢穆叢書系列套書 定價:1230元
二、孔學小叢書
（套書）定價:1230元

ISBN:957-0422-17-3
錢穆叢書系列套書 定價:1780元
三、中國學術小叢書
（套書）定價:1780元

ISBN:957-9154-64-3
錢穆叢書系列套書 定價:1460元
四、中國史學小叢書
（套書）定價:1460元

ISBN:957-9154-62-7
錢穆叢書系列套書 定價:880元
五、中國思想史小叢書
甲編（套書）定價:880元

ISBN:957-9154-63-5
錢穆叢書系列套書 定價:1860元
六、中國思想史小叢書
乙編（套書）定價:1860元

ISBN:957-9154-61-9
錢穆叢書系列套書 定價:2390元
七、中國文化小叢書
（套書）定價:2390元

ISBN:957-0422-11-5
八十憶雙親、師友雜憶合刊本 定價:290元
《八十憶雙親、師友雜憶
合刊本》定價:290元

勞榦先生學術著作選集

勞榦是居延漢簡研究的先驅，他的相關考證和專題論文也開啟了此後研究的先河。漢代邊塞遺留下來的這些簡牘文書，內容十分豐富。它們直接、生動地記錄了大約從西漢中晚期至東漢初，當地軍民在軍事、法律、教育、經濟、信仰以及日常生活各方面活動的情形，為秦漢代史研究打開了一片新天地。

《勞榦先生選集1~4冊》，收錄其論著十一類一百二十四種，共分四冊出版，展現了勞榦先生畢生的研究成果，突出了論著之精華，為廣大學仁提供了研究之便利，更是對勞榦先生學術風範的繼承和發揚，意義非凡。

16開圓背精裝 全套四冊不分售
定價新臺幣 18000 元
ISBN：978-986-99137-0-6